XIANDAI HANYU YUYONGXUE
现代汉语语用学

孙汝建 著

华中科技大学出版社
http://www.hustp.com
中国·武汉

内 容 提 要

本书从符号学出发,把语用学分为小语用、中语用、大语用。在小语用层面上分析了与句法有关的话题、说明、表达重心、焦点、语气和口气、评议、句式变化、句类、冗余成分等;在中语用层面上分析了言语行为、语言环境、指示、预设、合作原则和礼貌原则、会话含义、会话结构等;在大语用层面上分析了语用与社会学、文化学、心理学接缘联系后产生的人的社会化、人际认知、社会态度、人际沟通、汉语语病、语用教学等问题。作者针对海外华文教育和汉语国际教育的实际,以汉语与使用者的关系为主线,分析语用学基本知识,配以思考和练习,兼顾分析前人未能研究或注意不够的汉语语用问题,注重交叉学科的整合,拓展了语用学视野。

图书在版编目(CIP)数据

现代汉语语用学/孙汝建著. —武汉:华中科技大学出版社,2011.11(2022.7重印)
ISBN 978-7-5609-7455-2

Ⅰ.①现… Ⅱ.①孙… Ⅲ.①现代汉语-语用学-教材 Ⅳ.①H1

中国版本图书馆 CIP 数据核字(2011)第 229927 号

现代汉语语用学   孙汝建 著

策划编辑:袁 冲
责任编辑:史永霞
封面设计:范翠璇
责任校对:何 欢
责任监印:徐 露

出版发行:华中科技大学出版社(中国·武汉)   电话:(027)81321913
         武汉市东湖新技术开发区华工科技园   邮编:430223
录 排:华中科技大学惠友文印中心
印 刷:广东虎彩云印刷有限公司
开 本:710mm×1000mm 1/16
印 张:12.75
字 数:233 千字
版 次:2022 年 7 月第 1 版第 6 次印刷
定 价:28.00 元

本书若有印装质量问题,请向出版社营销中心调换
全国免费服务热线:400-6679-118 竭诚为您服务
版权所有 侵权必究

作者简介

孙汝建，男，1957年生，江苏南通人；华侨大学华文学院院长、教授、研究生导师，上海师大汉语言文字学专业文学博士，中国修辞学会副秘书长兼常务理事，教育部高职高专文秘类专业教学指导委员会主任委员。出版个人语言学专著11部，合著、主编、参编著作、教材、词典24部。发表论文180多篇，为重庆大学出版社、华中科技大学出版社、大连理工大学出版社策划、总主编全国文秘专业通用教材三套，共53本。主持各类科研课题25项，8项语言学成果获省部级、市厅级优秀成果奖。获得"我与我的孩子"全国散文创作奖，发表小品、散文、随笔20多篇。

首创科技汉语语法学、接受修辞学、汉语性别语言学、汉语语法哲学、汉语语病学、社会心理语言学，参与创立民俗语言学、社会心理修辞学等新兴学科。论文被中国人民大学《语言文字学》、《新兴学科》、《出版工作图书评论》全文转载13篇，被《新华文摘》、《中国语言学年鉴》、《高等学校文科学报文摘》、《中国语言文学资料信息》、《文摘报》、《团结报》等转摘32篇。

语言研究的事迹被中央电视台、中央人民广播电台、中国国际广播电台、上海东方电视台、江苏电视台、江苏教育电视台等多家媒体及多家报刊介绍。小传被收入《中国语言学家词典》、《中国教育家辞典》等大型工具书。

前言

语言和言语，一字颠倒，意义迥然不同：语言是音义结合的符号系统，是从言语中抽象出来的一整套规则；言语是对语言规则的运用，包括言语活动（或者称言语过程）、言语能力（听、说、读、写、译）、言语作品（口头和书面）。语言和言语就像菜油和油菜的关系，菜油是从油菜里提炼的，语言规则是从言语里抽象出来的。语言如果是棋谱，运用棋谱下棋就是言语。

既然言语是对语言规则的运用，那么，把语用学看成是研究语言运用的学问，看成是言语学并没有什么不妥。在早期的研究中，也有人提出过言语学，但由于过于宽泛，因此学术市场不大。

语言学界普遍认为，pragmatics（语用学）这个术语，最早是由美国逻辑学家莫里斯在1938年出版的《符号理论基础》一书中首先使用的，莫里斯把符号学分为三个部分：

语形学（句法学），研究符号与符号之间的关系；

语义学，研究符号与所指之间的关系；

语用学，研究符号与使用者之间的关系。

语用学作为一门新兴学科得到确认，以1977年荷兰正式出版《语用学》杂志为标志。

自从莫里斯提出语用学以来，语用学的研究就存在着很大的分歧，关于语用学的定义、研究对象和范围、理论和方法、语用学与语义学的关系、语用学与修辞学的关系、语用学与言语学的关系等问题，在哲学界、逻辑学界、语用学界、语义学界、修辞学界、社会语言学界、心理语言学界、社会心理语言学界都存在不同的看法。

语用学的研究出现了三大领域：形式语用学、描写语用学和应用语用学。

形式语用学研究语用学的形式和范畴，主要研究语用学形式化最适宜的方法，在意义与文化、语言逻辑、言语行为与模式等领域探索语言在人类活动中的表现。

描写语用学对语言与情境结合而出现的各种用法进行描写，描写人类来自经验性的语言应用原则，解释话语中词语和结构意义受语境制约的种种因素。

应用语用学研究语言教学包括母语和外语教学、人-机对话、人工智能、异类语言的语用对比。

我研究汉语语用学，经过以下探索。

我在《汉语语用学探索》（中国文联出版社2001年1月第一版）一书中，把语用学分为以下三类。

A类：包括现在列于社会语言学、心理语言学、神经语言学等许多学科或分支下的内容。A类内容被莱文森看做是广义的语用学(1983)。

B类：包括言语行为、语境、指示、预设、语用含义、会话含义、合作原则和礼貌原则、话语结构等问题。B类内容是目前国内语用学界基本公认的语用学研究对象。

C类：包括与句法有关的主题、述题、焦点、表达重心、语气和口气、评议，以及与语用有关的句式变化、语序变化等问题。C类内容被国内语法学界看做是与句法有关的语用问题。

为了便于表述，后来我把以上三类内容称为大语用、中语用、小语用。

本书《现代汉语语用学》，对大语用、中语用、小语用的核心内容做了比较均衡的论述，并在大语用学中，增加了社会语用学、文化语用学、心理语用学等内容，每章后面都有思考与练习。这样做主要是为了教学的需要。本书可以作为海外汉语教师培训教材，也可以作为相关专业本科生、研究生教材使用，还可以作为语用学研究的参考书。

这本专著吸收了我以前的语用学研究成果，为了便于查阅，我提供一个著作目录，以便在教学时参考。

我对大语用的研究，主要著作如下。

《简明科技汉语》，学林出版社1987年1月第一版。张志公题写书名，张寿康作序。1988年12月获江苏省南通市政府第一次哲学社会科学优秀成果三等奖。

《现代语言学研究》，香港大名出版公司1998年7月第一版。2001年10

月获江苏省南通市政府第五次哲学社会科学优秀成果二等奖。

《性别与语言》,江苏教育出版社1997年10月第一版第1次印刷,1998年4月第2次印刷。2000年10月获江苏省教育厅普通高等学校人文社会科学研究成果第三届哲学社会科学优秀成果三等奖。1998年10月在江苏省南通市政府第四次哲学社会科学优秀成果评奖中获三等奖。

《汉语的性别歧视与性别差异》,华中科技大学出版社2010年2月第一版。

《修辞的社会心理分析》,上海外语教育出版社2006年2月第一版。2008年10月获江苏省教育厅普通高等学校人文社会科学研究成果第六届哲学社会科学优秀成果三等奖。

《修辞理论与修辞方法》,新星出版社(韩国)2002年4月第一版。

《从言谈举止捕捉交际信息》,中央广播电视大学出版社2006年11月第一版,2007年3月第1次印刷。

《口语交际理论与技巧》,中国轻工业出版社2007年1月第一版。2008年2月第2次印刷。

我对中语用的研究,主要著作如下。

《汉语语用学探索》,中国文联出版社2001年1月第一版,2003年12月获江苏省南通市政府第六次哲学社会科学优秀成果二等奖。

我对小语用的研究,主要成果和著作如下。

孙汝建主持完成的省级课题"影响句子语气的因素""现代汉语语气词研究"。

《语气和语气词研究》,上海师范大学汉语言文字学专业1998年博士论文。导师张斌教授。

《语气和口气研究》,中国文联出版社1999年10月第一版。2001年12月获江苏省人民政府第七届哲学社会科学优秀成果三等奖。该书当时定价为18元,现在网上炒作到200元、160元不等,最近准备再版。

此外,我与他人合著的成果也可以参考。

王德春,孙汝建,姚远《社会心理语言学》,上海外语教育出版社1995年12月第一版。

曲彦斌《中国民俗语言学》,上海文艺出版社1996年4月第一版。我撰写第6、7、13、14章。

孙汝建主编《现代汉语》(全国教育科学"十五"规划课题项目——全国高等师范学院新世纪专业教材),南京大学出版社2003年8月第一版,2009年1

月第二版。我撰写语法。

张登歧主编《现代汉语》(普通高等教育"十五"国家级教材),高等教育出版社2005年3月第一版。我担任副主编,撰写语法部分。

黄伯荣,廖序东主编《现代汉语(增订三版)教学说明与自学参考》,高等教育出版社2002年7月版。我撰写《句子的句法、语义、语用分析》专题。

黄伯荣,廖序东主编《现代汉语(增订五版)》(教育部普通高等教育"十一五"国家级教材),高等教育出版社2011年11月版。我撰写"语用与修辞"。

黄伯荣,廖序东主编《现代汉语(增订五版)教学说明与自学参考》,高等教育出版社2011年11月版。我撰写《汉语句子的三个平面分析》和《语用》。

马景仑主编《汉语通论》,江苏古籍出版社2002年6月第一版。我撰写语法。该书为教育部教育司"培养本、专科学历小学教师专业建设研究"项目——高等师范院校小学教育专业本科教材。

马景仑主编《汉语》(上编、下编),南京大学出版社2000年3月第一版,2002年7月第3次印刷。该书为教育部教育司"培养本、专科学历小学教师专业研究"项目——高等师范院校小学教育专业本科教材,我撰写语法。

王德春主编《大学修辞学》,福建人民出版社2004年10月第一版,我撰写第11章。

张斌主编《现代汉语虚词词典》,商务印书馆2001年9月第一版。我撰写语气词、语气副词部分。

曲彦斌主编《俚语隐语行话词典》,上海辞书出版社1996年3月版。我撰写部分词条。

关于语用学研究的论文可以在网上查阅"孙汝建"词条。限于篇幅,就不一一列出。

在教学研究过程中,建议参考其他前贤和同行的语用学成果。这里之所以列出我的主要成果,除了整体把握我的语用学研究的成果之外,还有一个目的,就是期望得到批评指正的意见,便于作者在以后的研究中借鉴。

本书得益于我主持的华侨大学高层次人才引进校级项目"汉语语法的三个平面分析"(项目编号10BS204),以及我主持的教育部课题"中国城市语言文字规范化工作评估指导标准研究"(项目批准号09YJA740064)的经费支持,得到华中科技大学出版社的大力支持,在此一并表示感谢。

孙汝建
2011年9月于厦门

第一章	语用学	1
第一节	语用学的分支	1
第二节	与语用相关的几组概念	4
第三节	与语用学相关的学科	11
第二章	小语用	17
第一节	小语用的前提	17
第二节	小语用的内容	21
第三章	中语用	28
第一节	言语行为	28
第二节	语言环境	34
第三节	指示	43
第四节	预设	48
第五节	合作原则和礼貌原则	51
第六节	会话含义	53
第七节	会话结构	56
第四章	语用与社会	61
第一节	语言与社会	61
第二节	汉语的社会变异	63
第三节	语言的接触	67
第四节	汉语的外借词和外来词	70
第五章	语用与文化	74
第一节	"文化"的词义演变	74
第二节	汉语与汉文化	76
第三节	地域方言与历史文化	82
第四节	汉语与英语的文化差异	91
第六章	语用与心理	114
第一节	语用与人际认知	114
第二节	语言禁忌心理	120
第三节	语言与联想	124
第四节	劝说与态度的改变	127

第五节　言语的模仿与暗示 …………………………………… 134
第六节　谣言心理与谎言心理 …………………………………… 141
第七节　听说策略与心理 ………………………………………… 145

第七章　语用偏误与语用教学 156
第一节　偏误分析 ………………………………………………… 156
第二节　语用障碍 ………………………………………………… 157
第三节　正常人的语病与非正常人的失语症 …………………… 164
第四节　语言病和言语病 ………………………………………… 166
第五节　语言规范与言语规范 …………………………………… 168
第六节　语病的外因与内因 ……………………………………… 169
第七节　"离经叛道"的语用现象 ……………………………… 171
第八节　正偏离和负偏离 ………………………………………… 176
第九节　"山内观山"和"山外观山" ………………………… 179
第十节　语用与汉语语病学 ……………………………………… 184
第十一节　语用与语文教学 ……………………………………… 185

参考文献 ……………………………………………………………… 190

语 用 学

第一节 语用学的分支

语用学(pragmatics)这个术语,最早出现于美国逻辑学家莫里斯1938年出版的《符号理论基础》一书。语用学作为一门新兴学科得到确认,以1977年在荷兰正式出版的《语用学》杂志为标志。"语用学研究特定情景中的特定话语,研究不同的语言交际环境下如何理解和运用语言。"①

一、句法学、语义学、语用学

莫里斯在《符号理论基础》一书把符号学分为三个部分:语形学(句法学),研究符号与符号之间的关系;语义学,研究符号与所指之间的关系;语用学,研究符号与使用者之间的关系。

用莫里斯的符号理论来分析,"草莓甜"与"甜草莓"属于句法,"鲁迅的书"可以指鲁迅写的书、研究鲁迅的书、鲁迅拥有的书,这属于语义。把"在一个伸手不见五指的夜晚,他蹑手蹑脚地走进后花园"说成"在一个伸手不见五指的夜晚,他走进后花园,蹑手蹑脚地",属于语用,状语的后置,体现了说话人的意图。

二、形式语用学、描写语用学、应用语用学

形式语用学研究语用学的形式和范畴,主要研究语用学形式化的最适宜的方法,在意义与文化、语言逻辑、言语行为与模式等领域探索语言在人类活动中的表现。

描写语用学对语言与情境结合而出现的各种用法进行描写,描写人类来自经验性的语言应用原则,解释话语中词语和结构意义受语境制约的种种因素。

---

① 何自然,冉永平编著《新编语用学概论》,北京大学出版社2009年9月第一版。

应用语用学有广义和狭义之分。广义的应用语用学研究语言教学包括母语和外语教学、人-机对话、人工智能、异类语言的语用对比；狭义的应用语用学研究语言教学包括母语和外语教学。

三、小语用、中语用、大语用

语用学可以分为小语用、中语用、大语用。②

小语用包括：与句法有关的话题和说明、表达重心、焦点、语气和口气、评议、句式变化、句类、冗余成分；与词和句子有关的语用，即语言的词和言语的词，语言的句子和言语的句子，形式、意义、内容与句法、语义、语用的对应规律。

中语用包括言语行为、语言环境、指示、预设、合作原则和礼貌原则、会话含义、会话结构等问题。这些内容是目前中国国内语用学界基本公认的语用学研究对象。

大语用有广义和狭义之分。广义的大语用包括现在列于社会语言学、心理语言学、神经语言学等许多学科或分支下的内容，即被莱文森看做是广义的语用学；狭义的大语用是指应用语言学，包括汉语作为第二语言教学。

四、社会语用学、文化语用学、心理语用学

一个人从小通过与同一语言集团其他成员的接触，习得和学习母语，用来交际和思维。本族语言或母语一般说都是个人的第一语言，可以是标准语，也可以是某种方言。人出生后，首先掌握和使用的语言叫第一语言。第二语言专门指非本族语。在多民族国家里，第二语言往往是和第一语言同时被使用的。与其说第一语言是我们的母语，还不如说，我们的母语是第一语言的某种方言，从这种意义上讲，第一语言或方言是我们的母语。对讲现代汉语的人来说，现代汉语作为第一语言或者第二语言，包括广义的现代汉语，即汉民族共同语——普通话，也包括狭义的现代汉语，即目前还在使用的汉语的各种方言。

就大脑来说，语言分"脑语"和"嘴语"，脑语就是我们时时在大脑里产生、称作"思考""思想""思维"的东西，脑语用嘴表达出来就叫"嘴语"。脑语和嘴语并不是同一个东西：第一，脑语和嘴语在表达时都有可能失真；第二，嘴语不是脑语的唯一表达方式，因为脑语还可以通过肌肉群来表达，就是人们的行为

---

② 孙汝建《汉语语用学探索》第1页，中国文联出版社2001年1月第一版。

表达。研究表明：语言活动主要是大脑左半球的功能，但大脑右半球在语言理解中也有重要作用。语言的生成是指人们通过语言发音器官或手写方式把所要表达的思想说出或写出来，它包括说和写这两种形式，说和写的表达方式就产生了话语和篇章。除了表达之外，还需要通过听和读来理解话语和篇章。无论是听、说、读、写，还是对话语和篇章的表达和理解，都离不开语言表达者和接受者的社会、文化、心理，也离不开语言本身蕴含的社会、文化、心理因素。

社会语用学、文化语用学、心理语用学就是从社会、文化、心理的角度研究语用现象的。传统语言学注重语言的规范性，结构语言学注重语言的描写性，现代语言学注重语言的解释性。从社会、文化、心理的视角对汉语语用现象进行综合分析，顺应了现代语言学的发展趋势。

五、汉语语用研究进展

从1949年到1989年是中国语用学的起步期。1989年在中国召开了首届中国语用学研讨会。大会主题报告《语用学在中国：起步与展望》将中国的语用学研究总结到1989年为止。有人认为胡壮麟较早地把西方语用学引进到国内，也有人指出："有的人可能没有注意，在胡（壮麟）先生的文章还没有发表的时候，已经有人把语用学的一部分要点介绍给中国读者。这些要点见于许国璋教授选译的Austin的《论言有所为》，1979年收入《语言学译丛》。"[③]许国璋，胡壮麟合写的《语用学》词条，载于《中国大百科全书·语言文字卷》(1988)，那是一篇短小精悍的佳作。他们对语用学做了比较全面系统的介绍、引进、评述，为我国语用学研究的兴起与发展奠定了良好的基础。

在国家语言文字工作委员会向上级报告近十年来我国语言学研究现状和对未来的展望时，就语言学的各个分支请有关专家写出了相应的报告。语用学的专家在分支报告[④]中分析了我国语用学研究三个方面的情况：面向外语教学的语用学研究；面向汉语语法的语用学研究；语用学理论的研究。作者在"语用学理论的研究"中指出："这一类研究（更加注重一般语用规律的探讨）在国内也比较薄弱，基本上是对西方现有的语用学理论加以评论、修正和补充。"我国的语用学研究已经二十多年了，自己的理论形态的缺乏，肯定是一个严重的问题。

目前，国际语用学研究的主流是：①鲜明的学术原创性，注重理论上的创

---

③ 王宗炎《中国首届语用学研讨会侧记》，《外语教学与研究》1990年第一期。
④ 沈家煊《我国的语用学研究》，《外语教学与研究》1996年第一期。

造;②不仅重视应用研究,也重视纯基础理论研究;③作者群体宽阔的学术视野和多样的研究方法;④选题非常普遍、深入地将语用视角射向一切现实生活领域、职业领域,语用学家贴近生活,表现出充沛的学术活力与敏感;⑤从人类行为模式中寻找相应的语言运用模式的研究非常普遍;⑥非常重视拿小语种与稀有语种做语用学的研究原料;⑦重视语用学发展史的研究。

与此相比,我国语用学在以上几个方面还不入国际主流,不要说成为国际语用学的主流了。我国语用学学者的大多数理论研究长期依傍国外。我国语用学研究的主流仍然处于幼儿式的没有断奶的时代,还是靠别人喂奶。从事语用学引进工作的几乎都是外语系特别是英语系的人。对语用学的引进无论在速度上还是在数量上都要优于对西方其他语言学理论的引进。语用学理论研究比较薄弱,基本上是对西方现有语用学理论的评论、修正和补充。⑤ 出自中国人之手的、能揭示语言共性的语用学理论还不够,对语用学理论上的新原则、新范畴、新论题的发现尚不太多。⑥ 如果我们在语用学的理论上不来一个突破、有所发现和创造的话,要赶上这一学科的国际水平,恐怕只是一句空话。有学者明确地希望"立足汉语的研究,创造自己的理论"⑦。要"借窝下蛋",窝是人家的,蛋是自己下的。然后"自筑窝自下蛋",要有原创性。理论研究要注重几个方面的问题:理论意识的建立、学术视野的扩大、方法论的多样化、语种选择的多样性。

第二节 与语用相关的几组概念

一、语言与民族

有一首歌,歌名叫《爱我中华》。"五十六个星座,五十六枝花,五十六族兄弟姐妹是一家,五十六种语言汇成一句话,爱我中华,爱我中华,爱我中华。"⑧ 乔羽《爱我中华》歌词的瑕疵在于:"五十六种语言汇成一句话"。我国有56个民族,是不是有56种语言?查一查语言调查的资料,有说73种的,有说不到

---

⑤ 沈家煊《我国的语用学研究》,《外语教学与研究》1996年第一期。
⑥ 钱冠连《语用学在中国:起步与展望》,《现代外语》1990年第二期。
⑦ 文旭《中国语用学二十年》,《解放军外国语学院学报》1999年第四期。
⑧ 《爱我中华》由乔羽作词,徐沛东作曲,是1991年召开的第四届中国少数民族运动会的会歌。谱曲时广泛采用广西、云南等地少数民族的音调。这首歌脍炙人口,多次在中央电视台春节联欢晚会上演唱,还被编入初中生音乐教材,并且被列入31首"嫦娥一号"搭载的歌曲中。

80种的,反正不止56种。除了汉族之外,我国有55个少数民族,约占全国人口总数的8%,分布在占全国总面积50%~60%的土地上,除了回族、满族已全部转用汉语外,其他53个民族都有自己的语言。有些民族内部不同支系还使用着不同的语言。全国各民族的语言分别属于汉藏语系、阿尔泰语系、南岛语系、南亚语系和印欧语系这五个语系。

二、语言与符号

人们习惯上讲的语言,就是指民族语言或自然语言。相对于无声语言而言,民族语言又称为有声语言。相对于人工语言而言,民族语言又称为自然语言。

语言就像一张纸,一张纸有两面。语言这张纸也有两面,一面是语音,另一面是语义。在语言产生之初,语音和语义的结合是任意的。语言具有任意性的特点。语言形成以后,语音和语义的结合是约定俗成的。约定俗成的语言用于社会交际,就具有社会性的特点。

语言是语音和语义相结合的符号规则系统,是语音和语义的结合体。语言这张纸不论怎样剪裁,不论剪裁成多少个单位,它始终是语音和语义的结合体。语素、词、词组、句子、句群这五级语言单位,就是语言学家从语言这张纸上剪裁出来的由小到大的单位,它们始终是语音和语义结合在一起的。

世界上的符号大体上分为四类:视觉符号,如红绿灯、文字;听觉符号,如语言、军号;触觉符号,如盲文;嗅觉符号,如气味。

语言属于听觉符号。语言是由各种规则组成的符号系统。语言的内部有语音、词汇、语义、语法四个要素,这四个内部要素有各自的规则,如语音规则、词汇规则、语义规则、语法规则,这些规则组成了语言的符号系统。

三、语言与文字

文字是由字形、字音、字义组成的记录语言的书写符号系统。

语言和文字有联系也有区别:语言属于听觉符号,文字属于视觉符号;语言是第一性的,文字是第二性的,即语言产生在先,文字产生在后;语言是用来表达思想的,文字是用来记录语言的,因此,语言是思想的符号,文字是语言的符号,也可以说,文字就是思想的符号的符号;一个民族一般都有自己的语言,但不一定有自己的文字。

在中国,汉字不但是汉族的文字,也是全国各个少数民族通用的文字,是在国际活动中代表中国的法定文字。56个民族共使用54种文字,回族、满族已不使用自己民族的文字而直接使用汉字,29个民族有与自己的语言相一致的文字,有的民族使用一种以上的文字,如傣族就使用4种文字,景颇族使用2种文字。

四、语言与语体

语体是语言使用所体现出来的特点的综合体。语体分为口语语体和书面语体。

口头语体是"面谈"交际情景下形成的,它又可以分为谈话语体和讲演语体。谈话语体是人们日常相互交谈的一种语体,讲演语体是个人独自讲话的一种语体。

书面语体是非"面谈"交际情景下产生的,主要用文字写出来的篇章,也可以是说出来的话语所体现的具有书面语特点的体式。书面语体包括政论体、文艺体、科学体、事务体。

值得注意的是,有人把口语看做是说出来的言语,把书面语看成是用文字写出来的言语,这种简单化的看法是不对的。书面语体也可以是说出来的,口头语体也可以是写出来的,关键是看特点。

口头语体的特点是:使用活在人们口头上的词语,包括方言词、俚俗词、歇后语、谚语等;词语丰富多彩,通俗易懂;在句法上以短句、不完全句最为常见,较少使用关联词语;结构层次明显,易于理解;在修辞上,多用比喻、夸张、反问、设问等修辞方法;句子与句子之间往往具有跳跃性;充分利用语音、词汇、语法系统中的种种表情成分作为表达的辅助手段;具有广泛性、生动性、多变性、简略性的特点。

口头语体中的谈话语体与讲演语体也有差别:谈话语体由于是相互交谈,因此对语境的依赖性较强,多用省略,在语音上往往夹有非语言成分,音素允许有脱落现象;讲演语体由于是个人讲话,对语境的依赖性不强,在语音上,要求清晰而标准。

书面语体的特点是:书面语体是适应交际的需要,在口头语的基础上经过加工而形成的;它较多使用书面化的词语,包括古语词、成语、外来词、专门术语等;在句法上,较多地使用长句、完整句和关联词语;在语音上,要尽可能避免非语言成分;具有体系化、严密性的特点。

口头语体和书面语体既有联系又有区别。

口头语体和书面语体的联系表现在:书面语体是在口头语体的基础上发展起来的,在某些语言材料的运用上往往有交叉现象。例如:口头语体用短句,书面语体也并不都用长句;某些科学术语常见于科技语体,也常见于从事该专业的人的口头上。

口头语体和书面语体的区别是:书面语体对所有语言材料加工的程度比口头语体深,力求规范,排斥多余部分和不必要的重复部分。

五、语言与副语言

雷·L.伯德惠斯特认为,人们面对面交谈时,其有声部分低于35%,而65%的交际信号是无声的,即65%的"社会意义"是通过非语言方式传送的。艾伯特·梅瑞宾发现,在一条信息传递的全部效果中,只有38%是有声的(包括音调、变调和其他声响),有7%是语言(只是词),而55%的信号是无声的。他提出了一个著名的公式:交谈双方的相互理解=语调(占38%)+表情(占55%)+语言(占7%)。艾伯特·梅瑞宾所讲的"无声"语言,伯德惠斯特所讲的"非语言方式",统称为副语言。副语言是指有声语言之外的功能性的表意手段,也就是说除了有声语言之外,一切可以用来表情达意的手段都属于副语言。与副语言手段可替换的术语是辅助语言、类语言、非语言交际手段、非言语行为。从副语言传递的信息量来看,副语言不"副",决不是简单地处于"辅助"的地位。

副语言比有声语言有着更广泛的使用范围。聋哑人借助副语言中的手势语进行交际,异族交际时你虽然不懂得对方所操的那种民族语言,但凭借副语言可以大体了解对方的意思,或者向对方传递副语言信息。在使用同一种有声语言进行交际时,副语言可以帮助你表情达意,有时可以弥补有声语言交际的不足。从一定意义上说,其功能远远超出了"副"的作用。就表意功能而言,副语言是有声语言的辅助交际工具。副语言的表意功能是建筑在有声语言基础上的,用有声语言来理解副语言更能领会副语言表意的完备性和独到性。早在周代,为了克服地广人稀、通信手段落后的困难,人们用烽火来传递战争信息。杜甫《春望》一诗中有"烽火连三月,家书抵万金"的诗句,可见唐代仍沿用此俗。中国的古长城,相隔十里即有一座烽火台。用烽火传递战事信息是约定俗成的,它作为一种制度形态得以传承。用烽火来传递战争信息,就是建立在有声语言基础上的。

人体语言在情感的表达、态度、性格、意向、风度和气质的表现等方面能够显示出独有的特性和作用。因此,它在社会交际、医学、文艺、公安等领域有着广泛的应用。在社会交际方面,人体语言使人们在交际中不仅可以"听其言而知其行",也可以"观其言而知其行"。已故的美国记者根室在《回忆罗斯福》一书中说,罗斯福"在短短二十分钟之内,他的表情有好奇、伪装的吃惊、真情的关切、担心、同情、坚定、嬉笑、庄严,还有超绝的魅力,但他可不曾说过一个字"。在医学方面,特别是患者的话语不能作为诊断依据时,患者的体态语将帮助医务人员对病情做出判断。临床研究表明,人的身体动作发出的信号,有时往往和他们嘴里讲的话意义相反。如,有一女子很肯定地告诉精神病医生,说她很爱她的男友,但在说话时,却无意识地摇摇头,可见,她内心深处对男友的"非爱意识"是通过摇头的动作表露出来的。有一次弗洛伊德发现,有一个病人在有声有色地讲述她的婚姻是如何幸福时,却下意识地将她的订婚戒指从手指上滑下。弗洛伊德对这种下意识体态的含义十分清楚,所以,后来当她的婚姻出现问题时,弗洛伊德并未感到奇怪。对无声信息理解的关键在于对体态的"察言观色"。在文艺领域,人体语言犹如一部词典,给作家、演员、导演提供了最有价值的参考,这部词典提供了能表现人物性格、个性、心态等丰富多彩的体态。在公安领域,人们往往借助于体态语所传递的讯号来帮助侦破。在课堂教学中,体态语就是教态,教态对课堂教学效果会产生重要的影响。

副语言也是民族文化的载体。跷起大拇指这种手势,在希腊表示要对方"滚蛋",在中国则表示称赞。由拇指和食指构成的"O"形手势,在讲英语的国家表示OK;在法国"O"形手势意思是"零"或"没有";在日本还可以指"钱";在地中海国家,常用来暗示一个男人是同性恋者,有时也用来暗指人的肛门;在中国"O"形手势常用来表示"零"。美国人架起腿坐着的时候,习惯于呈平面的"4"字形,而中国人往往喜欢将一条大腿压在另一条大腿上。至于美国人好耸肩的动作,中国人则很少使用。第二次世界大战期间,被德国盖世太保逮捕的许多美国情报员,大多数是因为他们用右手拿叉子吃东西,而没有严格训练成欧洲人用左手拿叉子吃东西的方式,因而露出马脚。如果德国反间谍组织多懂得一点人体语言的文化差异,特别注意寻找坐着时把腿架成"4"字形的人,那么落网的情报员起码会多出两倍。"摇头不算点头算"几乎是各种文化的人们都能接受的常规动作,但是在保加利亚和印度的某些地方,摇头恰恰表示肯定。文化的印迹会反映在副语言上,使之成为社会文化的一种镜像。从副语言考察社会生活,从社会生活研究副语言,这是双向的科学视点。副语言不是杂乱无章的文化事项的堆砌,而是语言学中一个自成系统的板块式分支学科。

六、语言与言语

言语是对语言规则的具体运用。如果说语言是象棋的棋谱,那么,言语就是运用棋谱下象棋。言语包括言语活动、言语作品和言语能力。

言语活动又称言语过程。我对小张说："你好。"小张听到了，没有回答。这个交际过程包括五个阶段：想说—说出—传播—接受—理解。在这五个阶段中，下列五个因素分别起作用：心理—生理—物理—生理—心理，即，想说阶段是心理因素在起作用，说出阶段是生理因素起作用，传播阶段是物理因素起作用，接受阶段是生理因素起作用，理解阶段是心理因素起作用。用言语链可以描述为：想说（心理）—说出（生理）—传播（物理）—接受（生理）—理解（心理）。研究言语活动或言语过程，就需要涉及心理学、生理学、物理学的相关知识。

言语作品就是说出来的话语或写出来的篇章。话语是口头言语作品，篇章是书面言语作品。

言语能力是听、说、读、写、译的能力。听、说用的是口头语言，读、写用的是书面语言；说、写属于表达，听、读属于接受；译有口译、笔译、互译。互译分为母语与外语的互译、母语中的文白互译。

七、语言与语境

语境就是运用语言的环境，又叫言语环境。语境可以分为大语境和小语境，大语境包括语言运用的时代、社会、文化三大背景，小语境包括语言运用的时间、地点、场合、交际双方、话题、具体情景。语境还可以分为主观语境和客观语境。主观语境是指交际双方，也就是表达者和接受者；客观语境是指语言运用的时代、社会、文化背景，以及语言运用的具体时间、地点、场合、话题、情景。"把生产搞上去，把人口降下来"是宣传计划生育的标语，若把它刷在火葬场的围墙上就不得体了。"文革"时期，西部山区经济很困难，山民不识字，用化肥袋做短裤，屁股后面写着"净重25公斤"，前面写着"有效期两年"，同样的话语在不同的语言环境中意思就发生了变化。

八、语言和心理

汉语中有"恕我直言"，"直言"为什么要"恕"？"生前友好"，生前能处友好吗？这涉及语言的心理问题。又如：

男：不知为什么，今天我把什么都告诉了你。
女：我知道。
男：你知道什么？
女：反正我知道。

从这段男女对话中,我们感觉到异性心理的存在。

斯特劳医生接到一位陌生人打来的电话:

"对不起,太太,您是谁?我好像不认识您。"

"我实在受不了了。我要和他一刀两断,这个无赖。"

"我是斯特劳医生,请问您找谁?"

"这个混蛋骗了我好几年,背着我和另外一个女人睡觉,把我和孩子丢在一边不管。"

"对不起,太太,您是谁?我好像不认识您。"

"他挣的钱一分也不往家里拿,叫我们娘儿几个用什么过日子?"

"太太,我不认识您,您拨错了。"

"什么,我错了,我根本没错。"

"太太,我不认识您。"

"对不起,我知道你不认识我,但我心里的话总得跟人说啊!谢谢您听完了我的话,我感觉现在好多了。"

原来这位太太和丈夫不和,怨气无处发,随便拨打了一个电话号码排泄一下怨气。医生耐心地听完了她的诉说,她感觉好多了。在交谈中如果能为对方分忧解难,一定会引起心理上的共鸣和感情上的沟通。

有一则歌谣《没钱与有钱》:

没钱的时候,萝卜饭,冬瓜汤,老婆一个,孩子一大帮;有钱的时候,白米饭,王八汤,孩子一个,老婆一大帮。

没钱的时候,养猪;有钱的时候,养狗。

没钱的时候,在家里吃野菜;有钱的时候,在酒店吃野菜。

没钱的时候,在马路上骑自行车;有钱的时候,在客厅里骑自行车(锻炼身体)。

没钱的时候想结婚,有钱的时候想离婚。

没钱的时候老婆兼秘书,有钱的时候秘书兼老婆。

没钱的时候假装有钱,有钱的时候假装没钱。

没钱的时候把第一次留给丈夫,有钱的时候把第一胎留给丈夫。

没钱的时候乡下早晨鸡叫人,有钱的时候城里晚上人叫鸡。

没钱的时候说股票是毒品,有钱的时候都在玩;

没钱的时候说美女是祸水,有钱的时候都想要;

没钱的时候说高处不胜寒,有钱的时候都想爬;

没钱的时候说烟酒伤身体,有钱的时候就不戒;

没钱的时候说天堂最美好,有钱的时候都不去。

《汉书·五行志》云"怨谤之气发于歌谣",此之谓也。这些歌谣也从一个侧面反映了社会文化心理。

第三节 与语用学相关的学科

一、修辞学

语用学主要研究语言使用者与语言的关系。已经形成语用原则(如合作原则和礼貌原则)、言语行为理论、信息结构等方面的理论。传统修辞学主要研究词语的锤炼、句式的选择和修辞格的运用。可以说,语用学从交际的角度研究遵循哪些大的原则方可使语言的使用达到更好的效果。而修辞学则多从语言表达的角度出发,讨论采取哪些具体的手段方可使语言更加优美、更加有说服力,它研究的是具体的手段。

语用学与修辞学都是研究语言运用,但是两者是有区别的。第一,研究目的不同。语用学注重解释性,目的在于分析语言运用的原则,建立意义解释理论,寻找语言运用的规律;修辞学注重规范性和实用性,注重研究修辞手段与技巧。第二,研究方法不同。语用学注重理论解释和推理分析;修辞学注重运用归纳的方法,如修辞格的确立、语言变异的表现方式等。第三,研究对象不同。语用学以言语行为、会话结构、预设、含义、指示语、信息结构等为具体研究对象;修辞学以辞格、句子、词语的交际特色、语体风格等为具体研究对象。第四,研究的角度不同。修辞学和语用学都是研究语言运用的,但修辞学只从编码的角度来研究,语用学则既从编码的角度,也从解码的角度来研究。

二、语义学

语义学最早称词义学,研究对象是词语的意义,是词汇学的一个分支。对于中文等方块文字而言,语义学则称为字义学。词和词之间的各种关系是语义学研究的一个主要方面,例如同义词、反义词、同音词等,找出词语之间的细微差别,让人们更准确地使用词语。后来,语义学研究的范围扩大了。语义学不仅研究自然语言中词语的意义,也可以指对逻辑形式系统中符号解释的研究。发展趋势是两者汇流,相得益彰。

语义学是研究语言意义(包括语言的各级单位的意义)以及一切与语义有关的现象的学科。语义学研究的对象是语言的意义,探索语言、思维和客观世界之间的关系。语义学研究的是用语言符号体系表达的意义,对语言意义的研究是通常意义下研究符号系统用途的一个重要组成部分。1893年,法国语言学家布内阿尔首先使用了语义学这个术语,从此语义学逐渐从词汇学中分离出来而成为语言学中一门新的学科,这个时期的语义学叫做传统语义学。传统语义学研究语音和词义之间的关系,词义与概念的关系,词义的色彩,多义词、同义词、反义词,词义的演变特别是扩大、缩小和转移等。主要特点就是将词义和语义之间画上等号。索绪尔的学说以及深受他影响的在欧洲和美国兴起的结构语言学导致了现代语义学的产生。现代语义学蓬勃发展,出现了很多学派和理论体系。语义研究不同学派之间的差异首先在于他们所持的语言观不同,也就是研究的出发点不同,继而是方法论上的不同。到目前为止,关于什么是语义的争论还在进行。

语义学有以下五个分支值得关注。

(1) 历史语义学。语文学家早就关注语义问题,尤其是词义演变问题。中国和西方学者都做过大量而细致的词源和训诂研究。

(2) 结构语义学。在结构主义理论影响下,一些语义学者由历时性的研究转向共时性的研究,由研究一个词的语义变化转向研究词与词的语义关系。

(3) 生成语法学派语义学。目标是描写和解释人们的语义知识,同时,也描写一切词组和一切句子的意义。

(4) 孟德斯鸠语义学。他认为了解一个句子的语义就是了解该句子是否符合真值条件,是否真实反映世界上的情况。

(5) 哲学语义学。这是哲学家对自然语言的语义的研究,围绕着什么是意义这一难题展开。古希腊时代的柏拉图提出,词语的意义就是其所指对象。这种观点称为指称论。有些哲学家如D.戴维森提出,语句的意义与命题的真假有关。这种观点称为真值论。L.维特根斯坦反对真值论,认为词的意义是它在语言中的用法。他的理论叫做用法论。

哲学语义学中的普通语义学影响较大。普通语义学是现代西方哲学流派之一,它形成于20世纪30年代的美国。创始人为原籍波兰的美国哲学家A. H. S. 柯日布斯基。附和并予以解说和发挥者众多,主要有政论家S.切斯和祖籍日本的美国语言学家S. I. 哈亚卡瓦(早川一荣),早川一荣的著作有《语言行动》、《语言与人生》。另外,还有数理生物学家A.腊波波特等人。他们除研究语言和符号与其所指之间的关系外,还研究语言、思维和行动之间的关系,并着重研究语言对思维和行动的影响。他们建立了普通语义学研究所、国际普通语义学会,主办了《普通语义学报》和《普通语义学评论》。

普通语义学家们把人类所处的世界分为实物世界和语言世界,并认为随着文化的发展,语言世界将不断扩大。在语言的海洋中,人人都需要有语义学修养,都应当接受语义学训练,掌握"外延法",用以辨别词语有无确指的对象。他们强调有对象的词语即有外延的词语,才是可信可用的。他们宣称研究普通语义学的目的在于增进人们的相互了解,从而做到协同合作、消除纷争。

在普通语义学家看来,任何语词均有内涵,即使是像"美人鱼"这类虚假概念也有内涵,即"美女头鱼身子的怪物"。但他们认为,虚假概念无外延,即无对象,因为外界并无此实物。例如,"天使夜里守护在我床头"这句话就无外延意义。因为天使是看不见、摸不着的,也不能用任何科学方法加以检验。他们指出,对这类虚假概念的争论,必然是无休止的。因此,无外延词语是人类纷争的根源,需要通过"外延法"教育加以清除。他们还把"荒唐的抽象"和"科学的抽象"混为一谈,认为资本主义、帝国主义、共产主义,等等,亦属"无外延的虚构",并说正是这类语词造成无数冲突和痛苦,要求勒令禁用。

普通语义学在20世纪40—50年代的美国产生了一定的影响,它研究语言与思想、行动的关系和语言的作用,也含有一定的合理因素。但它夸大语言的作用,视之为社会生活中的决定力量。同时,它否定科学抽象,贬低理性认识,深深陷于狭隘经验主义之中。

三、应用语言学

应用语言学是研究语言在各个领域中实际应用的语言学分支。它着重解决现实当中的实际问题,一般不接触语言的历史状态,也不大介入一般理论上的争辩。可以说,它是鉴定各种理论的实验场。

19世纪初,语言理论方面的研究和应用方面的研究开始分化。19世纪末叶,博杜恩·德·库尔德内提出了应用语言学这个概念,但没有得到广泛的注意。20世纪以后,语言科学得到了进一步的发展,应用范围空前扩大,语言应用方面的研究和理论方面的研究明确地区分开来,应用语言学这个名词开始广泛运用,并促成了应用语言学和理论语言学的分化。

应用语言学通常分为一般应用语言学和机器应用语言学。

(一)一般应用语言学

按其应用领域,应用语言学分为以下几个方面。

(1)语言教学。这是传统意义上的应用语言学,也是狭义的应用语言学。编辑高质量的教材和参考书,研究切合实际的教学方法,一直是语言教学研究中的重大课题。除一般的语言教学外，还有为不同对象和不同目的服务的第二语言教学、科技外语教学、双语制教学、聋哑盲教学。具体研究：①语言教学基本原理；②语言教学技巧；③语言教学辅助设施。

（2）标准语的建立和规范化，文字的创制和改革。建立通用于各方言区的标准语是很重要的。应用语言学要解决的问题是如何选好这种标准语的基础方言和标准音。为无文字的语言创制文字时，基础方言和标准音更是重要的依据。文字改革包括文字系统（字母表、正词法和标点符号）的部分改进和彻底更换。标准语的建立只是语言规范化的开始。为了确定语音、语法、词汇规范，需要编出相应的正音词典、规范语法和各种类型的词典。

（3）辞书编纂。词汇是语言中变化最快的部分，新词新义不断涌现。及时、准确地把这些新词新义固定在词典中，指导人们如何运用，这是辞书对语言规范化最有效的影响。

（4）翻译。这是在两种语言之间进行的综合性创造活动。如何处理好意义的传达和形式的转换，有很多问题要探讨。除上面这些课题外，一般应用语言学还涉及言语矫正、舞台语言研究、建立国际辅助语、制定速记系统。

（二）机器应用语言学

机器应用语言学研究如何利用电子计算机等先进工具来处理自然语言。其内容包括以下几个方面。

（1）实验语音学。运用电子计算机以后，语音实验从音素音节分析扩展到成句成章分析，同时超音段特征成了重要研究对象。除了语音分析，还有语音合成的工作要做。

（2）机器翻译。电子计算机和语言的最早结合开始于机器翻译。它开辟了计算机非数值应用的领域，同时又为许多语言学理论和方法及许多技术成果提供了一个广阔的试验场。

（3）情报检索。情报检索中的关键是情报检索语言的建立。这种语言应能准确表达文献主题和提问主题所需的词汇语法，不应产生歧义，并且便于用程序运算方式进行检索。

（4）汉字信息处理。汉字字形繁复，字数很多，而且存在大量的一音多字、一字多音现象。这给编码输入带来很多麻烦。为了使编码简单易学、操作方便、输入迅速，需要对汉字进行多方面的研究。机器应用语言学除了以上这些课题外，还涉及自然语言理解、言语统计和少数民族语文的信息处理。

应用语言学是不断发展的而非静止的学科。应用语言学定义灵活、没有结论,这有两个主要的好处:首先,它可以最大限度地适应每一项不同工作的确切需要;其次,它顺应了应用语言学发展的势头,并在新的理论的启发下对固有内容的发展起补充作用。

四、语言学

语言学是以人类语言为研究对象的学科。探索范围包括语言的结构、语言的运用、语言的社会功能和历史发展,以及其他与语言有关的问题。传统的语言学称为语文学,以研究古代文献和书面语为主;现代语言学则以研究当代语言和口语为主,而且研究的范围大大拓宽。语文学是为其他学科服务的;现代语言学是一门独立的学科,广义的语言学包括语文学。研究语言在某一时期的情况,叫做共时语言学;研究语言在不同时期所经历的变化,叫做历时语言学或历史语言学。对多种语言作综合研究,试图找出其中的共同规律,叫做普通语言学。把语言学知识运用于实际工作,叫应用语言学。通过语音和词形的比较追溯某些语言的亲属关系,叫历史比较语言学。用比较方法发现人类各种语言的某些共同现象,叫类型语言学。为了解决教学或翻译问题而对比两种语言的异同,叫对比语言学。

语音、语法、词汇及文字这些学科都注目于语言的结构本身,是语言学的中心,有人叫微观语言学。研究语音的物理属性、人类的发音方法、语音感知的生理过程等的是语音学;研究一种语言有多少个不同的音,彼此之间有何区别和关系的是音系学或音位学。研究词的构成方式和屈折方式的是形态学,也叫词法;研究如何把词组成短语或句子的是造句学,也叫句法。按传统语法,形态学和造句学合起来就是语法学。研究词汇项目、词汇意义、词语演变的是词汇学;追溯词的来源和历史的是词源学;搜集许多词项,把它们分类、比较、注释的是词典学。研究词项与概念及指称对象的关系,揣摩各种词义的异同、正反、上下、交叉等关系,剖析整个句子或其中某些成分的意义,这是语义学。研究文字的形状、体系、起源、演变和发展的学科是文字学。

语言教学是语言研究的动力,又是语言理论发挥作用的场所。语言教学分为第一语言教学、第二语言教学和外语教学。第一语言教学,所教的是母语;第二语言教学在双语社团中进行,既教母语,又教另一种语言;在外语教学中,学生所学的是外国语。翻译要求把原以某种语言写成的作品的内容用另一种语言表达出来。使用同一民族语言,语音、词汇、语法格式也因地区而异,因使用者的社会地位而异,还因交际场合和使用目的而异。研究这些问题的是社会语言学。与社会语言学关系密切的是方言学。研究区域方言的学科称为方言地理学。语体学近似社会语言学,研究在不同条件下语言使用的语体差异。文体学研究如何造成不同的文章风格。与此近似的传统学科是修辞学,包括雄辩术和作文法。文体学可以说是现代的修辞学。心理语言学从语言出发研究心理,摸索语言与感知、注意、记忆、学习等心理作用的关系。神经语言学探索人们学习语言、运用语言的神经学基础,试图做出人脑控制言语和听觉的模拟。研究伴随着语言交际而发生的种种现象的学科,叫副语言学,也叫伴随语言学。人类语言学研究社会制度、宗教信仰、职业、亲属关系等对语言习惯的影响以及语言对这些东西的或多或少的影响。民族语言学只研究民族类型、民族行为程式与人们的语言之间的关系。数理语言学是研究语言中的数学性质的学科。使用数学方法研究语言,最初是统计音素、语素、词汇等项目,后来人们运用数量计算学并使用各种模式来处理语言材料。数理语言学目前包括代数语言学、统计语言学和应用数理语言学。计算语言学阐明如何利用电子计算机来进行语言研究,其项目有统计资料,检索情报,研究词法、句法,识别文字,合成语音,编制机助教学程序,进行机助翻译,等等。

 思考题

1. 了解语用学及其分支。
2. 熟悉汉语语用研究进展。
3. 重点掌握下列概念:语言与民族;语言与符号;语言与文字;语言与语体;语言与副语言;语言与言语;语言与语境;语言和心理。
4. 注意甄别与语用学相关的学科:语用学与修辞学;语用学与语义学;语用学与应用语言学;语用学与语言学。

小　语　用

小语用的前提是把汉语的词区分为语言的词和言语的词,把汉语的句子分为语言的句子和言语的句子。

小语用包括:与句法有关的话题和说明、表达重心、焦点、语气和口气、评议、句式变化、句类、冗余成分;与词和句子有关的语用,如语言的词和言语的词、语言的句子和言语的句子,以及形式、意义、内容与句法、语义、语用的对应规律等。

第一节　小语用的前提

一、区分语言的词和言语的词

汉语的词可以分为语言的词和言语的词。语言的词只有形式和意义,如第二人称代词"你",它的形式是 nǐ,意义是第二人称单数。但是当人称代词进入交际后,即与现实话语情景发生联系,"你"就有了内容,它在不同情境中有不同的指称内容,如"赵大爷,冯狗子来过了,给疯哥赔了不是,你看他能改邪归正吗?"(老舍《龙须沟》)这儿"你"的指称内容就是"赵大爷"。因此,语言的人称代词只有形式和意义,进入交际情景后,因为有了现实性,所以是形式、意义和内容的三位一体。例如"我打你"作为语言的句子,它有一连串的语音形式,其意义是"我对你施加打这种动作行为",至于谁打谁,其内容无法判明。因为语言的词和语言的句子与现实的联系是隐含的,是尚未实现的,所以它只有形式和意义而没有内容,一旦当"我打你"之类语言的句子与现实发生外显的联系,它就增加了内容。如,苦成:"我打你,打你没有骨气,没有一点出息的畜生。"(曹禺《胆剑篇》)在这里,"我打你"出现了内容:"苦成打没有骨气没有出息的畜生某某。"当然在这段话语情景中,"我打你"的内容只出现了主要信息,至于它的全部内容(如究竟是谁被打了?)的毕现,还要依附于下文、前言后语才能最后确定。所以,人称代词进入语言的句子,只能从形式、意义上来分析,而对于进入言语的句子的人称代词,则可以从形式、意义、内容上来分析。

二、区分语言的句子和言语的句子

句子(单句)有两种:语言的句子和言语的句子。如,老师讲语法课,把"下午停课。"写在黑板上,要求对它进行句法分析,这个句子是语言的句子;如果"下午停课。"出现在通知中,它就是言语的句子。语言的句子是抽象的,言语的句子是具体的,因此,语言的句子又叫抽象的句子,言语的句子也叫具体的句子。

语言的句子和言语的句子之间的差别主要表现在:"具体的句子和现实的联系是实现了的,抽象的句子与现实的联系是隐含的、尚未实现的。或者说,具体的句子是形式、意义和内容的'三位一体',抽象的句子只有形式和意义,没有内容。"⑨

在理解语言的句子时,只要通过句子的形式理解句子的意义就行了,而理解言语的句子,除了通过形式理解意义之外,还要在特定语境中通过形式和意义来理解内容。对语言的句子一般是作句法、语义的分析,对言语的句子进行分析时,除了作句法、语义的分析之外,还要作语用的分析。

在言语的句子中,内容的理解有助于对意义的理解。即使是语言的句子,有时为了了解意义,也可以用创设话语情境的办法,即以创设的内容为参照来帮助理解意义。如,"我的天"作为语言的句子,其意义难合逻辑,也不好理解。我们可以为它创设话语情境:"我的天,船上竟这么挤。"诸如此类语言的句子,其意义的理解常常是以内容为参照的。

语言的句子和言语的句子有联系:它们都必须有语气(靠句调来表达),都表达说话人对命题的态度。

区分语言的句子和言语的句子有以下三个标准。

(1) 语言的句子转化为言语的句子主要靠语言环境,进入交际的句子是言语的句子,没有进入交际的句子是语言的句子。

(2) 指称有无内容。言语的句子在指称上有具体的内容,而语言的句子在指称上无具体内容(语言的句子只有形式和意义,而没有内容)。

(3) 陈述有无具体时间。言语的句子,其陈述有具体时间;而语言的句子,其陈述无具体时间。

"他现在饿了。"作为语言的句子,它有一连串的语音形式,其意义是"说话人在说这句话时认为第三者饿了",语言的句子没有内容,如"他"指谁,"现在"

---

⑨ 张斌,胡裕树《汉语语法研究》第 71 页,商务印书馆 1989 年 5 月第一版。

指什么时间,这些都没有具体的内容。因为语言的句子和现实的联系是隐含的、尚未实现的,所以,语言的句子只有形式和意义,没有内容。一旦语言的句子与现实发生了外显的联系,它就增加了内容,也就转变为言语的句子。如:1806年1月6日下午2时,约瑟芬谈到拿破仑时,她说:"他现在饿了。""他"是指拿破仑,"现在"指"1806年1月6日下午2时"。1920年1月7日下午3时,克鲁普斯卡娅谈到列宁时也说过"他现在饿了",这里的"他"是指列宁,"现在"指"1920年1月7日下午3时"。

句法、语义、语用是相互制约的。

(一)句法和语义相互制约

①我(施事)想(动作)他(受事)

②他(施事)想(动作)我(受事)

③喝水、吃饭

④﹡喝电灯、﹡吃思想

"我"和"他"在①、②中语义的不同是由于它们在句法结构里的地位不同。③能说而④不能说,是因为"水"、"饭"是受事,而"电灯"、"思想"不能成为"喝"、"吃"的受事,在语义特征上没有搭配的可能性。那么,"西北风"为什么能"喝"?与动词"喝"搭配的名词具有[+液体]的语义特征,而液体又具有流动性,风具有流动性。但是其他的风为什么又不能"喝"呢?为什么只有"西北风"能"喝"?因为"西北风"最强烈,给人的印象最深刻,所以就"取其一点,不及其余"。

(二)句法和语用相互制约

句法离不开语用,任何语用成分总是依附在句法上,如说明一般是以谓语的形式出现的。焦点总是在谓语中出现。话题可以与主语重合,或者是某种特殊的句子成分(如句首状语),语气副词表达口气也和状语重合。句式由于语用的需要可以改用变式,名词在动宾句中不做谓语,但由于语用需要,也可以转化为动词来用,如"春风风人"、"春雨雨人"。

(三)语义和语用相互制约

"高的人很矮"在语义上有问题,但是在"高的人很矮是矛盾的说法"中就能成立了,这是由语用决定的。"你真坏"用于情人之间可以表示"你真好",语义的变化也是由语用决定的。相反,语用也受语义制约,如:"我的学问比你的学问大"可省略说成"我的学问比你大"。但"我父亲的学问比你父亲的学问大"就不能说成"我父亲的学问比你大"了。

句法、语义、语用分析又称为三个平面理论⑩,它可以分析汉语歧义句、语序、虚词、语病。

歧义句。"鸡不吃了"。从句法上来分析:鸡不吃了(主谓句)。从语义上来分析:鸡(施事或受事)不吃了。从语用上来分析:鸡(主题)不吃了(述题,"不吃"是焦点)。

语序。"草莓甜"是主谓结构,"甜草莓"是偏正结构。这种语序的变化属于句法平面。"我请你"和"你请我"中,"我"由施事变成受事,"你"由受事变成施事。这种语序的变化属于语义平面。"你怎么了?"和"怎么了,你?"句法关系相同,语义关系相同,表达重心不同,这种语序的变化属于语用上的。

虚词。"读书"和"读的书",不用"的"是动宾结构,用"的"是偏正结构,"学生的家长"与"学生和家长"分别为偏正结构、并列结构,这是句法平面的。"我把旧书报卖了"和"旧书报被我卖了"中,"把"后面的名词性词语"旧书报"是受事,"被"后面的名词性词语是施事,这是语义平面的。"关于、对于、至于"是点明话题的,是话题标记,这些介词属语用平面。

语病。有的语病出在句法上,如"我感到荣誉和高兴"。"荣誉"作为名词不能做"感到"的宾语。有些名词不和副词组合("非常周末、非常可乐"是"非同寻常的周末、非同寻常的可乐"的简略形式)。有的语病出在语义上,如"石头读书","读"要求施事是有生名词。说"我吃大碗、我吃馒头"可以,"我吃大碗和馒头"就不行,在语义上,工具格和对象格就不能并列做宾语。有的语病出在语用上,如"把生产搞上去,把人口降下来"没有语病,但把它写在火葬场的围墙上就有了语病,它不适切于语境。

三、形式、意义、内容与句法、语义、语用

形式、意义、内容与句法、语义、语用有其对应规律,用表2-1来概括。

表 2-1 形式、意义、内容和现实性的对应规律

		形式	意义	内容	现实性
句子	语言的(抽象的)	+	+	−	−
	言语的(具体的)	+	+	+	+
人称代词	语言的(抽象的)	+	+	−	−
	言语的(具体的)	+	+	+	+

---

⑩ 孙汝建《语气和口气研究》,中国文联出版社 1999 年 10 月第一版。

（1）语言的句子和语言的人称代词无现实性，因而没有内容，不能作语用的分析。言语的句子和言语的人称代词都是形式、意义和内容的三位一体，都可以从句法、语义、语用三个平面加以分析。

（2）有无现实性决定了句子和人称代词是否有内容，决定了能否作语用分析。

（3）形式、意义、内容与句法、语义、语用有很强的对应性。形式、意义、内容分别是句法、语义、语用的分析对象。

第二节　小语用的内容

一、话题和说明

"话题—说明"是句子常见的语用结构，话题的不同反映说话人的着眼点不同。如："我吃过饭了"和"饭我吃过了"句法结构不同而语义结构相同。

句法结构：①我吃过饭了。（主谓宾句）
　　　　　②饭我吃过了。（主谓谓语句）
语义结构：我（施事）、吃（动作）、饭（受事）

同样的语义结构为什么要用不同的句法结构来表达呢？从语用上看，一个句子通常有话题和说明。话题表示旧信息，说明表示新信息。例①中的"我"和例②中的"饭"作为话题，表示旧信息，例①中的"吃过饭了"和例②中的"我吃过了"作为说明表示新信息。话题反映说话人关心的是什么，例①中说话人关心的是"我"，例②中说话人关心的是"饭"。通过句子语用结构的分析，我们可以研究句子中词语与说话人的关系，了解说话人的表达意图。

在一个句子中，话题和主语可以重合，也可以不重合，两者的区别如下。

（1）主语与做谓语的动词或形容词在语义上有选择关系，而话题除了兼做主语的情况以外，则没有这种关系。也就是说，做谓语的动词、形容词可以决定主语，而不能决定话题。如"昨天我去了学校"。与动词"去"发生语义选择关系的是"我"（主语），而不是"昨天"（话题）。

（2）话题一定出现在句首，而主语不一定出现在句首。如："昨天小王去北京了"。"昨天"是话题，在句首。"小王"是主语，不在句首。

（3）介词短语不做主语，却可以做话题。"关于这个问题我们还没讨论。"话题是介词短语"关于这个问题"。

（4）话题和主语不重合时，话题处在主谓短语的外层，如："青春，这是多么美好的时光啊。""青春"处于主谓短语"这是多么美好的时光"的外层。"青春"在句法上称为提示语,在语用上叫做话题。

二、表达重心

表达重心(又称"表达重点")是指句法结构中由于表达需要而着重说明的成分。表达重心不同于结构中心,两者分别属于语用平面和句法平面。如:

定心结构:我的书
状心结构:慢慢儿走
动宾结构:看电影
动补结构:洗干净

中心语"书、走、看、洗"是结构中心所在,它们作为向心结构的核心,与所在的结构具有同等功能。"我、慢慢儿、电影、干净"是表达重心,表达重心与结构中心是互补的。表达重心常在定语、状语、宾语、补语的位置上,但有时也在谓语上。如:

甲:你是怎么受伤的?
乙:我是跌伤的。

乙的答话是针对问话中的疑问点"怎么"的,表达重心"跌"做谓语。

三、焦点

焦点是说明中的重点,即新信息中的着重说明之点,它是表达重心的一种。它是陈述句中所传递的新信息的核心和重点,一般位于句末的实词语上,这时称为句尾焦点。如:

我们克服了困难。("困难"是焦点)
我们把困难克服了。("克服"是焦点)

焦点成分是说话人着意强调的部分,反映了说话人的意图。焦点可以用对比重音来表示,还可以用"是、的是"做焦点标记,这样的焦点称为对比焦点。如:

我是昨天丢了车钥匙。("是"轻读,"昨天"是焦点成分)
我昨天是丢了车钥匙。("是"轻读,"丢"是焦点成分)
我昨天丢的是车钥匙。("的是"是焦点标记,"车钥匙"是焦点成分)

值得注意的是焦点和重音的关系:焦点是说明中的重点,即新信息中的着重说明之点,常用"是、的是"做焦点标记;重音不仅可以在说明中表示焦点,还可以出现在话题中,同样可以反映说话人的意图,但是,只有在说明中出现的重音才是表达焦点的手段。

四、语气和口气

语气(modality)只有四种：陈述、疑问、祈使、感叹。根据语气给句子分出的类叫句类。口气(tone)包括肯定、否定、委婉、迟疑等。语气和口气都属于句子的语用成分，研究语气可以了解句子的目的或用途，如"房间里真冷！"是个感叹句，可以表示"祈使"的目的或用途：让人把开着的窗户关上。对在教室里抽烟的人说："你是否知道教室里不许抽烟？"这个疑问句的目的或用途是"祈使"：让对方停止吸烟。语气与目的或用途可以一致，也可以不一致，这反映了说话人所说句子的语气类型和言语行为类型的复杂关系。口气往往能反映说话人的情感和态度，语气副词、语气词等通常是表达口气的。"我认识他。"是陈述。"我认识他的。"中，语气词"的"表示"确认"的口气。

五、评议

句子中往往有评议性的词语，如表推测的："看起来、看样子"。表确定的："老实说、说真的"。表估计的："也许、恐怕"。表主观态度的："依我看、依我想"。研究评议词语可以了解说话人的态度。

六、句式变化

句式有常式和变式之分。在常式中，词语的位置是相对固定的，但进入语用后会发生变化，产生变式。像省略句、移位句就属于变式。如"晚上他走进后花园，轻手轻脚地。"状语移位表示说话人对"轻手轻脚"的强调。

七、句类

汉语的句子一般分为四类：陈述句、疑问句、祈使句、感叹句。在通常情况下，陈述句表示"陈述"，疑问句表示"询问"，祈使句表示"祈请"，感叹句表示"感叹"。句子语气与"目的或用途"也有不一致的关系，主要表现如下。

（1）陈述句的目的或用途是"陈述"："告诉别人一件事"。但陈述句还可以有其他的目的或用途："询问""祈请""感叹"。

学生对老师说：

"我刚才没有听清楚你问的问题。"

（询问老师问的是什么问题——询问）

（要求老师再重复一下刚才的问题——祈请）

孩子对父亲说：
"今天是星期天。"
(要求父亲遵守事先的约定带他到公园去玩——祈请)
(一天中经历了许多不顺心的事情)他说：
"今天是个倒霉的日子。"
(表示烦恼、懊丧的情绪和感情——感叹)

(2) 疑问句的目的或用途是"询问"："询问别人一件事"。但疑问句也可以有其他的目的或用途："陈述""祈请"。
"难道十个指头一样长？"
(告诉别人"十个指头不一样长"的事实——陈述)
"我们是不是再商量一下？"
(要求别人与自己商量——祈请)
对在公共场所吸烟的人说：
"你是否知道公共场所不许吸烟？"
(要求对方停止吸烟——祈请)

(3) 祈使句的目的或用途是"祈请"："要求别人一件事"。但祈使句也可以有其他的目的或用途："感叹"。
教师对经常无故缺课的学生说：
"别把这儿当做茶馆酒店！"
(表示强烈的不满——感叹)

(4) 感叹句的目的或用途是"感叹"："表示某种强烈的感情"。但感叹句也可以有其他的目的或用途："祈请"。
对坐在电风扇旁边的人说：
"今天真热啊！"
(要求别人打开电风扇——祈请)
母亲对女儿说：
"你的房间太乱了！"
(要求女儿整理房间——祈请)

八、冗余成分

(一) 汉语的冗余成分

1. 汉语词汇的冗余成分

缓急=急　得失=失　成败=败　盛衰=衰——前一个语素是冗余成

分。

人物＝人　质量＝质　国家＝国　窗户＝窗——后一个语素是冗余成分。

a 腈纶毛线　锦纶毛线　氯纶毛线
b 塑料皮鞋　泡沫皮鞋　塑料皮球

"毛"和"皮"是半冗余成分。以"毛线"为例。《现代汉语词典》对"毛线"的解释是："用兽类的毛纺成的线，通常指羊毛纺成的线"。a 组并不是指某种羊毛混纺的线，而是用腈纶、锦纶或氯纶纺出来的类似毛线的纺织品。"毛"由实指转向虚指，在这里只起比况作用。如果将这个半冗余成分省去，组成"腈纶线、锦纶线、氯纶线"，又会使人误以为是非针织用的线。b 组省去"皮"，似乎也讲得通，但人们会将塑料鞋、泡沫鞋、塑料球看成是由其他什么质料做成的鞋和球，而丢开了皮鞋（鞋的一种）和皮球（球的一种）的类别特点。

c 小小孩　大大后天
d 鸡肉肉松　牛肉肉松

两个相同语素相连，其中有一个是冗余成分。c 组中的"小小孩"是指比小孩还要小的小孩，"大大后天"是指紧接在大后天之后的那一天，省去冗余成分变成"小孩、大后天"，则语义会发生变化。d 组中"肉松"是中心词，这里用"鸡肉、牛肉"是为了和猪肉相区别，如果省去冗余成分"肉"，即说成"鸡肉松、牛肉松"，那么这时的"肉"即要瞻前又要顾后，在实际使用中虽然不影响语义，但此种说法不普遍。

e 果然　可以　悬殊很大
f 胜利凯歌传四方　看了一目了然　再三叮咛

e 组中"果然"里的"果"即"果然"，"可以"中的"可"即"可以"，"悬殊很大"中的"悬"也是"大"的意思，如果用经济的文字来表述，似乎应该说成"果、可、殊很大"，但是现代汉语不这样说，仍保留了"然、以、悬"这些冗余成分。f 组中"凯"表示"胜利"，"胜利"是冗余成分；"目"就是"看"，"看"是冗余成分；"叮咛"含有"再三"之意，"再三叮咛"中的"再三"是冗余成分。

2. 语法的冗余成分

公诸于世——"诸"是"之"和"于"的合音字，"公诸于世＝公之于于世"，其中有一个"于"是冗余成分。

非……不可——"非"是"不"的意思，"不可"是"不行"的意思，"我非去不可＝我一定去"。口语中，"非……"之后也可不用"不可"。如：

干这种活非得胆子大不可＝干这种活一定得胆子大。

他不来算了,为什么非叫他来不可=他不来算了,为什么非叫他来。
a 难免不犯错误
b 教室里好不热闹
c 没开会之前来找我
a、b 中的"不"和 c 中的"没",均是冗余成分,即:
难免不犯错误=难免犯错误
教室里好不热闹=教室里好热闹
没开会之前来找我=开会之前来找我
各位同志们、诸位代表先生们、许多人们——"各位"、"诸位"、"许多"表示多数,"们"表示复数,每例之中均有一个冗余成分。这种冗余用法历来有争议,一般看做是不规范的语言现象。

(二) 话语的冗余

有人认为说话只要把主要的信息传递出去,让对方通过你所传递最低度的信息来了解说话人的意图,这就取得了最佳言语交际效果了。传统修辞学过分强调了言语的简练,以致人们产生这样一种误解:多余的话总是消极的。其实,在特定的语境中,多余的话未必多余,在特定的交际场合讲一点适度的多余的话也未必是坏事。在无准备的即兴讲话中,讲话者为了思考下文,可以在一定的适度内借助于一些无实际意义的语句来延缓思考时间。在这里,多余的话成了说话人赢得思考时间的拐棍。如果说话人出口成章并且每句话都传递主要信息,不给听众一点儿思考的余地,无论是有准备的书面讲话,还是无准备的即兴发言,都难以达到这样的境界。

在谈话时,说话人为了避免伤害对方的感情,在挑选字眼时也往往出现多余的话。在甲方有求于乙方的交谈中,甲方往往是先说出一番与正题无关的多余的话,然后再道出正题。久别的朋友在一起交谈时往往会说出一大堆无关紧要的多余的话。热恋中的青年男女总希望听到对方反反复复地倾吐爱恋的悄悄话。自鸣得意的人也常常爱说多余的话。人逢喜事精神爽,话匣子一打开,重复啰嗦的话也就多起来,面临心理困境的人总是喜欢唠叨没完。女孩子常在老人面前"兜售"多余的话,因而讨得老人的喜欢,这是女孩子迎合了老人喜欢唠叨的心理。在礼貌性的言语交际中,一句"你吃了么"并非传达什么非问不可的主要信息,而是用多余的话表示问候。

1. 区分语言的词和言语的词、语言的句子和言语的句子。了解形式、意义、内容与句法、语义、语用的对应规律。

2. 重点掌握小语用的内容：话题和说明、表达重心、焦点、语气和口气、评议、句式变化、句类、冗余成分等。

3. 学会从小语用的角度分析句子的定义、句类划分标准、语序、虚词、歧义句、语病等。

第三章

中　语　用

中语用包括言语行为、语言环境、指示、预设、合作原则和礼貌原则、会话含义、会话结构等问题。

第一节　言语行为

自古以来,人们总是将言行区别对待的,"言"和"行"似乎成了相对立的两个方面。如"言论的巨人,行动的矮子"、"行动胜过言辞"、"始吾于人也,听其言而信其行,今吾于人也,听其言而观其行",这些都反映了人们在观念上是将"言"和"行"相对立的。但是,言和行也有一致的一面,言语也是一种行为。

言语行为理论的创始人是英国语言学家奥斯汀。奥斯汀早在1933年就提出言语行为理论。1955年,他在哈佛大学作了12次演讲后,由听讲者厄尔姆逊根据自己和别人的笔记,并对照奥斯汀的演讲提纲,整理成哲学演讲集《论言有所为》(又译作《怎样用词做事》),在奥斯汀谢世后出版。该书对言语行为理论作了经典性的系统探讨,奥斯汀的核心观点是"说话即做事","话语即行为"。言语行为理论又称为言语行为语义学,因为言语行为正是在语言使用过程中产生的一种意义。

一、奥斯汀的核心观点

(一) 行动性话语和表述性话语

奥斯汀在《行为话语》一文中,第一次认为说某事就是做某事。逻辑实证主义者有下述观点:一个句子只有在具有真假价值时才有意义。对此他认为许多极为平常而有意义的句子,既不真也不假。他根据传统语法中陈述、疑问、祈使三种方式,提出与之相对应的三种功能:陈述一件事实;获得信息;使别人做某事。奥斯汀把话语分为两种类型:行动性的和表述性的(又译作"有所为之言"和"有所述之言")。他认为话语能言之成声、言之成词、言之传意。

言之成声是指发出某种声音,言之成词是指发出某些可以发声之词,言之传意是指这些词具有相当具体的含义和所指。言之成词产生表述性话语,言之传意产生行动性话语。奥斯汀认为,真和假的区别出现于表述性话语之中。因为表述性话语是可以验证其真假的,而行动性话语由于是一种行为,故无真假可言。

奥斯汀后来发现表述性话语和行动性话语不能概括所有的语言形式,于是他中途放弃了这一理论假设,而对言语行为进行了新的分类。

(二)话语行为、话外行为和话后行为

《论言有所为》是奥斯汀后期思想的实录,可以说是他思想的精华。在《论言有所为》里,奥斯汀提出,人们说一句话总涉及三种不同的行为:话语行为、话外行为、话后行为。我国语言学界对这三种行为有不同的译法:有人译作表现行为、非表现行为、收言后果行为;也有人译作言之发、示言外之力、收言后之果;还有人译作本体行为、意向行为、效应行为。

话语行为即说话本身,是说出有意义话语的行为,如"猫在地板上"这句话,有一定的语音,符合语法关系,有一定的意义和所指。

话外行为是说话者想通过说话来做某事的行为,它表明话语真实的目的和意向,如商量、说明、劝告、警告、请求、命令、道谢,等等。奥斯汀认为,话外行为是以某种方式运用话语来表示讲话者意图的一种行为。如"你耳边有一只蚊子",这句话除了话语行为本身之外,同时也体现了说话者的"警告"及"吓唬"。

话外行为涉及人际相互关系,内容相当丰富。奥斯汀反复研究动词的内涵,并将话外行为与之相对应而分成以下五个大类:

评决式或断定词,指判决、评价和诊断等行为;

行使式或行使词,指命令、催促、建议、警告等行为;

约束式或承诺词,指允诺、打赌、发誓、同意等约束性行为;

行动式或行为词,指道歉、感谢、咒骂、祝贺等行为;

表述式或解释词,指确认、否认、接受等行为。

奥斯汀还提出"适切条件"的观点。他认为,话外行为要得以实现就必须具备"适切条件",如:"咒骂"行为的一个适切条件是,被骂的人在行为或品质方面总有这样那样的欠缺之处;"道歉"行为的一个适切条件是,说话者对道歉的事负有责任;"感谢"行为的一个适切条件是,说话者必须对听话者怀有感激之情;"命令"行为的一个适切条件是,说话者必须是听话者的上级或长辈,并有权威去发号施令。每一个话外行为都有一套适切条件,并受其制约,违背了适切条件,话外行为则无效。

话后行为是指说话人所说出的话对听话人产生影响从而取得某种效果的行为。比如:

①子弹已经上膛了。

②你先走。

③你可到外面去玩一会儿。

④晚安。

这几句话可以收到不同的效果:①使听话者恐慌;②可使听话者微笑、点头、伸出手、并有可能回答"你先请";③可使听话者跑出房间;④可使听话者发出会心的微笑,并体会到说话者的彬彬有礼。这三种言语行为之间的联系可以简单地概括为:说话者运用语言可以说出有意义的话语(话语行为),这话语体现了某种特定的意图(话外行为),并且能影响听话者,从而收到一定的效果(话后行为)。我们可以用以下三例来分析三种行为之间的关系。

例1:话语行为:把她枪毙。

话外行为:"怂恿"别人把她枪毙。

话后行为:终于使人枪毙了她。

例2:话语行为:你不能做这件事。

话外行为:"抗议"他做这件事。

话后行为:使他不再做这件事。

例3:话语行为:请抽一支烟。

话外行为:"提供"他一支烟。

话后行为:使听话者抽了一支烟。

二、塞尔的核心观点

言语行为理论的创新和发展主要表现在话外行为方面。后来塞尔提出的间接言语行为理论可视为奥斯汀言语行为理论的发展。塞尔任教于美国加州大学贝克分校,1969年出版了《言语行为》一书,修订和发展了奥斯汀的言语行为理论。要点如下。

(一)直接言语行为和间接言语行为

塞尔认为,间接言语行为理论是话外行为研究的深入和发展,话外行为应该首先区分命题和话外行为功能,同一个命题可以表示不同的话外行为功能。

如：

①她果真美丽。

②她果真美丽？

③她果真美丽！

这三句话命题相同，但表示了三种不同的话外行为：①为"描述"，②为"发问"，③为"赞美"。可见命题完全相同的语句在不同的语境中可以表示不同的话外行为功能。

话外行为功能可以在语句中直接体现，这时语句中常常出现表示某种意向的明显标志。如某人想干某事时，有人对他说："我劝你别去。"这句话的话外功能是直接由动词"劝"来体现的，它表现了"劝告"行为。这种由施为动词（实施某种行为的动词）直接体现话外功能的语句称为"显性施为句"。

但并非在一切情况下语句的话外功能都是由含义相应的施为动词来直接体现的。如：

例1：你走在大街上，有人问你："华联商厦怎么走？"

这句话是个疑问句，其直接的、字面的意思表现的话外功能是"发问"，但它实际的话外功能是有礼貌的"请求"，即请求对方指路。又如：

例2：甲说："下午一起去公园。"

乙说："下午有课。"

乙的答话直接的、字面的意思所表达的话外功能是"陈述"，即陈述一个事实："下午有课"。但在具体语境中，这句话的话外功能是对甲邀请的"拒绝"，即"下午不能去公园"。

可见，例1以"发问"间接表示"请求"，例2通过"陈述"间接实现"拒绝"的行为叫间接言语行为。如果要将直接言语行为和间接言语行为作一个区分，那就是：直接言语行为所表现的实际话外功能是显性的、直接的、字面的，而间接言语行为所表现的实际话外功能是隐性的、间接的、非字面的。

（二）间接言语行为的主与次

间接言语行为同时体现着两种话外行为，塞尔称之为主要话外行为和次要话外行为。如例1字面上体现为"发问"，例2中乙的答话直接体现为"陈述"。这种间接言语行为中由字面直接体现的行为是次要话外行为。而在间接言语行为中，间接体现出实际话外功能的则是主要话外行为，如例1实际体现为"请求"，例2实际体现为"拒绝"。主要话外行为是通过次要话外行为来间接体现的，主要话外行为和次要话外行为共同组成间接言语行为，两者互为依存,失去一方,另一方就转化为直接言语行为。

(三) 间接言语行为的规约性与非规约性

奥斯汀在《论言有所为》中多次指出话外行为是规约性的,是受规则制约的,但他只是提出了一种笼统的概念,而没有解释清楚话外行为规则的实质和具体表现。塞尔对话外行为作了深入研究后认为,话语的话外行为功能不仅取决于意图,而且取决于规约,他将间接言语行为区分为规约性间接言语行为和非规约性间接言语行为,间接言语行为的规约和非规约之分,主要是着眼于主要话外行为和次要话外行为之间的联系性。

在规约性言语行为中,主要话外行为和次要话外行为之间,有时具有约定俗成性和程式化的特点,似乎已成为语言使用者的共同"规约"。如用例1那样的"发问"表示"请求",即属规约性间接言语行为;又如交际言语以天气或其他的内容为题材,用不同的行为方式来表示"问候"行为,也属规约性间接言语行为。早晨看到邻居刚刚起床,问一声"吃了吗"、"今天有课吗"之类的话语,这种"发问"并非一定要求对方回答(当然对方回答亦无妨),只是表示对对方的"问候"行为,这在言语生活中已成规约。塞尔认为,规约性间接言语行为有一定的成语性特征,尽管话语本身并不能算作成语。

主要话外行为与次要话外行为之间,有时具有非约定俗成性的特点,如例2中乙以"陈述"间接表示"拒绝",即属非规约性间接行为。

(四) 话外行为的适切条件

为了进一步研究话外行为的规约性,寻找发话人的话语意图、受话人了解发话人意图的规律,塞尔提出每一种话外行为都必须具有适切条件。他将适切条件分成四类:一为先决条件,二是真诚条件,三是命题内容条件,四是基本条件。每一种话外行为都具备这四种条件,并根据条件的差别区别出不同的话外行为。如"请求"的话外行为必备的四种适切条件如下。

先决条件:受话者 H 有能力实现行为 A。

真诚条件:发话者 S 希望受话者 H 完成行为 A。

命题内容条件:发话者 S 将未来的行为 A 加给受话者 H。

基本条件:发话者 S 祈使受话者 H 完成行为 A。

塞尔认为这种分析方法可推广到其他的话外行为,如命令、肯定、祝贺等。他试图通过对四种适切条件的分析来寻找各种交际语境因素与发话者表示的意图之间的规律性联系。

塞尔除了研究间接言语行为外,对话外行为的分类等问题也作了深入的研究。此后,威斯德勒、格赖斯、罗斯、戈登和雷可夫等人对言语行为理论均有所贡献,特别是格赖斯对言语内涵的研究,罗斯的"行为删除"分析方法,戈登和雷可夫提出的"交谈假设"的方法都极大地丰富了言语行为理论。

言语行为理论在国内外已经成为人们公认的语言哲学理论。言语行为理论的出发点和基本原理是:人类言语交际的基本单位不是句子或其他的语言表现形式,而是某种行为的实现,人说出话语不仅是提供信息,而且是完成许多其他的行为,人在交际过程中不单单是构造语句,而是利用语句的信息来完成各种行为,如陈述、发问、请求、建议、命令、警告、许诺、致谢、道歉等。

言语行为理论也研究句子。但它是手段而不是目的。传统语言学和结构语言学研究句子,其出发点和最终目的是研究句子内部的结构体系。言语行为理论突破了它们的局限,它将句子视为交际中的行为表现,而不是孤立地分析句子的结构体系,它将交际的主体——人,作为观察语言现象的中心,人的交际意图(表现为话外行为)成了言语行为理论的核心问题。言语行为理论突破了传统语言学和结构语言学对语言进行描写研究的局限,为进一步深入研究人类语言奠定了基础。

三、言语行为的局限性

言语行为是社会心理活动的产物,何人何时何地对何人说何种话语,要受社会心理因素的制约。说话人作为言语的主体,其言语活动要受社会心理的支配。受说话人心理支配的言语及其行为,应适切听话人的心理,否则是不得体的。"言为心声",完全可以用来说明言语是表达心意的行为,这种心意是群体所能接受的。

人的言语心意源于群体心理,言语行为是言语心理的外化,它是通过言语形式表现出来的。可惜,已有的言语行为理论,只是研究言语表现了什么样的行为,而没有深入到心理的底层。言语行为理论应该继续发展,从研究言语所表现的各种行为,进而深究说话人深层的心理活动。

说话人的心意或"心声",可以分为两类:一是传递某种感情信息,如高兴时谈笑风生,愤怒时破口大骂;二是通过传递信息使对方产生预期的反应行动,如谈话、报告、批评、表扬。表达感情的言语和使对方产生预期反应的言语,其行为效能是不相同的,这是其一;其二,人有各种心理需求,如安全的需求、归属的需求、求美的需求、求知需求、自我实现的需求,说话人的动机不同,言语的话外行为也不相同;其三,言语行为是言语心理的反应,说话人的乐观与悲观、豁达与狭隘、热心与冷漠、公正与狭隘,这些心理素质也会影响言语的话外行为;其四,言语行为离不开语境,言语行为有时可以借助于动作表情等非言语手段来表达。

我们应将言语行为看成是言语心理的外化和折射,并不像既往的言语行为理论那样孤立地以言语形式本身研究其行为表现,而是将社会心理、言语主体(说话者)、言语对象(听话者)、语境等有关因素纳入研究框架,综合而系统地剖析言语行为的得体性、意向性。

第二节 语言环境

语境(context)是语言运用的环境,又叫言语环境。从语境研究的历史与现状来看,不同的学科、不同的学术流派对语境的类型、内容、作用有不同的看法。

一、语境的类型与内容

(一)情景语境和文化语境

语境这一概念是由波兰籍人类学家马林诺夫斯基于1923年首次提出的。他区分出两类语境:一是"情景语境";一是"文化语境"。他提出了语境的概念,并用以确指情景语境。但是他的主张仍不十分完善。于是在此基础上,另一位语言学家弗斯对语境进行了深入的研究,并确立了语境理论在语言学理论体系中的应有地位。继马林诺夫斯基和弗斯之后,许多语言学家都曾先后致力于语境的研究,代表人物有韩礼德、布隆菲尔德和费什曼。

情景语境是指与言语行为直接相关的场景,布朗和弗雷泽这两位语言学家曾把情景划分为场景和参与者两个部分,而且两部分又各自包含更细的分类;文化语境是指言语行为所依赖的社会或文化背景。这两种语境是交际过程中影响会话含义理解的重要因素。

(二)语言性语境和非语言性语境

语境通常可分为两类:语言性语境和非语言性语境。

语言性语境是指交际过程中某一话语结构表达某种特定意义时所依赖的各种语言要素,包括音位语境、语法语境、语义语境、语体语境。语言性语境表现为言辞的上下文,它既包括书面语中的上下文,也包括口语中的前言后语。

非语言性语境指的是交流过程中某一话语结构表达某种特定意义时所依赖的各种主客观因素,包括时代与时间,地点与空间,场合与情景,话题与对象,话语的前提,交际者的身份、地位、心理因素、文化背景、交际目的、交际方式、交际内容,各种与话语结构同时出现的非语言符号等语境因素。简言之,非语言性语境包括情景语境和文化语境。

把语境分为语言性语境和非语言性语境,就是说,语境包括语言知识和语言外的知识两个方面。

语言知识包括两类:一是交际双方对所使用的语言所具备的知识,包含所用语言的语法、词汇、语音的系统及其规则等,这也是最基本的语境知识;二是对语言的上下文的了解。交际是动态的、不断发展的过程,在交际过程中,新的话语不断产生,每一段话语都和前面已经出现过的话语存在联系,有语用方面的也有语言方面的联系,了解与上文的联系对理解一段话来说是必要的。

语言外的知识也可分成两大类。一是与特定的交际情景有关的知识,包括言语行为发生的时间、地点,交际活动的话题,交际场合的正式程度,参与者的相互关系,相对的社会地位,各人在交际活动中所处的地位等。二是特定的交际情景之外的一般的背景知识,包括:①属于某一特定文化的特定的社会规范和习俗;②与特定的文化相关的特定的会话规则和方式;③有关客观世界的一般知识,即常识或所谓百科全书式的知识;④每个参与者对对方所具备的知识的了解,以及对方在所具备的知识的基础上进行推理能力的估计。

语言知识以及语言外的知识,在对言语行为发生影响时,是综合起来发生作用的。发生作用的若干因素综合起来,就成为某一语言片断的实际语境。

(三)主观语境和客观语境

主观语境是指交际双方,也就是表达者和接受者;客观语境是指语言运用的时代、社会、文化背景,以及语言运用的具体时间、地点、场合、话题、情景。

除了把语境分为情景语境和文化语境、语言性语境和非语言性语境、主观语境和客观语境之外,还有以下分类。

(1)微观语境和宏观语境。宏观语境指的是语言运用的社会文化历史背景,就交际主体来说表现为一种世界的知识;微观语境包括当下情景和上下文。

(2)狭义语境和广义语境。狭义语境指书面语的上下文或口语的前言后语所形成的言语环境;广义语境是指言语表达时的具体环境(既可指具体场合,也可指社会环境)。

(3)大语境和小语境。大语境包括语言运用的时代、社会、文化三大背景;小语境包括语言运用的时间、地点、场合、交际双方、话题、具体情景等。

二、语境的作用

任何言语行为都以一定语境为条件,依赖于语境知识,任何言语要素的价值也都以出现在它前后的其他要素为条件。通常,语境是从语言生成的角度来说的,但是,要真正理解别人话语的意思,也必须考虑语境因素。因为言语交际是一个说、听双方共同参与的互动过程。所以,语境对语言生成、语言理解都有制约作用。

(一)语境是话语的依赖对象

话语只有同语境结合,才能成为使用的言语,否则只是抽象的表达式。例如,"明天她去那里"这句话如果缺乏具体的语境,"明天"是哪一天,"她"指谁,"那里"指什么地方,这些都是无法确定的,所以这个句子的意义也只是概括的、一般的意义。当语言片断进入交际领域后,就和具体语境结合在一起,这时所表达的就是具体的意义了(为了与抽象的意义相区别,有学者称之为内容)。如"明天她去那里"这句话,句子的各个成分在具体的语境里,所指都是很明确的。这时句子所表达的意义便是一般与特殊、抽象与具体的统一体。

甚至客观规律的抽象表述,其语言使用也无法脱离语境。"$x+y=z$"的表述要依赖于一定的语境才是正确的,才能被人们正确理解。"x""y"作为客观事物的数量概念的概括,在具体运用时总是同一定数量的具体事物联系在一起的,所以"$x+y=z$"实际上是"x个具体事物加y个具体事物等于z个具体事物"。在这里,"具体事物"是受限制的。如,x个学生加y班就无法等于z了。

(二)语境的生成作用

言语的真实意义要在语境的参与下才能获得,字面意义无法用来进行正常交际。故意违反合作原则所获得的会话含义,就是依靠语境生成的,如"送信的刚来过"所蕴含的时间就是由语境生成的。再如,手势可以确定指示语的确切所指,说话时的时间、地点可以确定时间词、方位词的确切所指等。

(三)语境的确定作用

孤立的语言要素或单位是无从判断它的价值的,语境对语音、词义、句法有确定作用。①确定语音:盛(chéng)碗面条/繁荣昌盛(shèng)。②确定语义:结果把事情搞砸了。/这棵梨树结果了。/李逵一板斧结果了他。③确定句法:我要炒鸡蛋。(我要吃炒鸡蛋。/我要发出炒鸡蛋这个动作。)④确定语句的意义:意义不单存在于语言形式之中,而且存在于使用中。词不像数学符号那样严格限于一个固定的、明确的意义,多义性是我们语言中很多词都具有的特性,它们只有在一定的语境里,意义才会明确起来。语境之所以重要,就是因为它可以决定一个词在某种情景下所要表达的意义,而且每种语言的词都会发生变化,它是最有力的因素之一。如"鸡不吃了"这个句子,就可以通过语境来明确意义:鸡不吃了,喝点汤就行了。/鸡不吃了,病了。

（四）语境的制约作用

语境对话语的制约作用表现在以下几个方面。

（1）语体色彩。在不同的场合对语言的使用也会提出不同的要求,如:一个人要答应某事,在庄重严肃的场合,他的态度自然也会很庄重,会选用"宣誓""发誓""保证"之类的说法；而在一些比较随意的场合,也许会用"答应""同意"之类的说法。再如下面这两句话,它们就表现出不同的语体色彩。"他是直肠子,什么想法都是竹筒里倒豆子一粒都不剩的。""他城府不深,总是直言不讳。"前者是口语色彩,后者是书面语色彩。

（2）交谈对象。如,有个托儿所的阿姨教唱"郎呀,咱俩本是一条心",一个孩子却大声说:"狼是大坏蛋,不能跟它一条心。"显然,这首歌不是幼儿所能接受和理解的。

（3）文化背景。不同的文化背景会影响语言的表达和理解,如,美国观众不理解《舞台姐妹》中的一个情节:姐姐劝妹妹以后不要再和唐经理在一起了。妹妹听后讲了一句"晚了,我已经是他的人了",即使有英文字幕,美国人仍然看不懂什么叫"他的人"了。

（4）语义解析。不同的对象对同一事物会有不同的理解,"0"是什么？数学老师说是"零",汉语老师说是"o(喔)",化学老师说是"氧",语法老师说是"空位",学生们说是"鸭蛋(零分)"。

（5）时代特征方面。不同时代的社会现象也会影响语言的解析,如《天安门诗抄》的"江桥摇"就有特定的所指对象:江青、张春桥、姚文元。今天的读者解读时就必须借助于背景介绍。

（五）语境的补足作用

语境可以对句子的省略部分给予补足。如"小王是日语,小张是法语"这句话似乎有语病,小王和小张都是人,怎么能说是日语、法语呢？但是如果有一定的语境,句子就可以成立了:"研究生都要学习第二外语的,小王是日语,小张是法语。"

三、主客观语境对表达和理解的影响

语言的使用离不开语言环境。语境包括主观语境和客观语境。主观语境包括言语表达者、言语接受者;客观语境包括说话的时间、地点、场合、时代及社会文化背景等具体情境。主观语境和客观语境对话语的表达和理解都会产生影响。

（一）表达者诸因素对话语的影响

话语与表达者诸因素相协调,这些因素是身份地位、性别、年龄、职业、籍贯、性格、修养、经历、处境、心绪及说话目的等。

1. 身份地位

身份地位是表达者的社会属性之一,它往往制约着言语交际。下级对上级、晚辈对长辈多用敬称谦词;上级对下级、长辈对晚辈常用含爱抚关怀之意的词语。古汉语中的"汝",只能用于长辈对晚辈或平辈之间,晚辈对长辈忌用。称呼是身份地位的体现,上级对下级可以直呼其名,长辈对晚辈甚至可称小名,反向相称则不恰当。贾母可以称王熙凤为"凤丫头",如果黛玉这样称呼,王熙凤会大发雷霆的。"嘛""啊"之类的语气拖腔,"研究研究"之类的官用词语,"亲自"的滥用,都反映了为官的特定身份地位。

2. 性别

性别差异也反映在话语中,如女性喜欢使用"吧、吗、呢、啊"之类的语气词。有人曾作过统计,女性 82 句话中语气词出现 69 次,平均为 72%,男性 141 句话中出现了 46 次语气词,平均 33%。男女的言语差异主要表现在语音、用词、交谈和体态等方面。

3. 年龄

表达者的年龄因素制约着话语,儿童喜欢用迭词和摹声词,如"饼饼、糕糕、小猫喵呜喵呜叫"。幼儿园里的老师和少儿节目的主持人针对儿童的心理特点,使用儿语和小朋友们沟通情感。如果成人用儿语交际,大学里用儿语讲课,都会令人捧腹。

青年人有青年人的言语,北京青年常用的"盖帽儿、一张分",上海青年流行的"不要太潇洒哦!"反映了青年人追求新奇、着意创新的心理,而老年人喜欢用通俗的大众化的词语,这反映了老年人力求稳妥的心态。

称呼也反映年龄的差异。同是称呼自己的父亲,不同年龄的人有不同的称呼法。儿童无论在什么场合都称"爸爸";青年人则在父亲面前称"爸爸",在

他人面前称"父亲"或"老头儿";中老年人对别人称自己的父亲一般不称"爸爸",而用"家父、父亲、家严"等庄重的词语。同是称呼自己的妻子,老年人常用"老伴、内人、老太婆、孩子他娘",而青年人喜欢用"爱人、老婆、我那位"。电影《爱情啊,你姓什么》中,一位老年知识分子和一位青年人在一起谈"怕老婆"问题,青年人用"怕老婆",而老年人用"惧内"。

4. 职业

"三句话不离本行"讲的是言语的职业特点。如,一个律师的儿子回家晚了,邻居问他:"你回家晚了,会挨爸爸的打吗?"他回答:"不会的,我爸爸是律师,如果他要打我,我妈妈就会申请缓刑,再向奶奶提出上诉,就可以宣判无罪。"儿子生于律师之家,他的言语感染上了律师的职业特点,这真是"兵家的孩儿早识刀枪,木匠的孩儿会玩斧凿"。

5. 籍贯

籍贯对话语的影响主要表现在方言上,方言伴随人的一生,正如贺知章所云:"少小离家老大回,乡音未改鬓毛衰。"一般人对乡音都有特殊的感情,在言语交际中,我们凭口音就能辨别说话人的籍贯。方言的差别主要表现在语音、词汇、语义和语法上。上海人常常学苏北人的口音说:"小三子,你家妈妈在哪块",以造成诙谐的气氛。在闽方言中,"客人"称"人客","拖鞋"称"鞋拖","们"作为名词复数的后缀,在普通话中只用于人,如"学生们、我们",而河北藁城话有"树们、衣服们"的说法,广州话有"书们、米们、肉们"之说。在广州话中,把"我先走"说成"我先行",浙江温岭话说"我走开先"。这些方言在语音、词汇、语法上的分歧势必会反映到言语交际中来。我国公安机关在案件侦破中已经采用言语鉴别的新技术,包括利用方言特征侦查罪犯。

6. 性格

著名戏剧艺术家坦尼斯拉夫斯基说:"人用以说话的语言就是一把了解他的性格的钥匙。"老舍说过:"一个老实人,在划火柴点烟而没有点燃时,便会说:'唉,真没用,连根烟也点不着!'一个性格暴躁的人呢,就不是这样,而也许高叫:'他妈的!'语言体现了性格,属于人物自身的'印记',这就是性格的语言。""多乎哉,不多也"、"君子固穷"是孔乙己迂腐书生的性格化语言。阿Q和秀才同是骂人,秀才用官话骂"忘八蛋",而阿Q用俚语骂"妈妈的"。阿Q的求爱语言也是个性化的:"吴妈,我和你困觉,我和你困觉。"如果阿Q像现代青年那样说:"亲爱的密司吴,你是我心中的月亮。"他就不再是阿Q了。

7. 修养

表达者的修养充分反映在他的话语中。《红楼梦》中,宝玉和薛蟠就同一话题"女儿悲"吟诗,宝玉吟道:"女儿悲,青春已大守空闺。"薛蟠却吟道:"女儿悲,嫁个男人是乌龟。"显示出两人文化教养的差别。

  修养的高低不仅表现在话语的文雅和粗俗上,还反映在一般的用语差异上。某医院的大夫告诉患者,有一二十种副食品应少吃,工人听了说:"这也不能吃那也不能吃,这不是叫我等死嘛。"知识分子听后说:"这也忌口,那也忌口,这不是叫我坐以待毙嘛。"表达同样的意思,用语显著不同,前者口语味浓,后者书卷气足。又如马烽在《刘胡兰传》中有一段描写:王莲不懂什么是持久战,她悄悄地问金香:"金香,顾县长说的是什么'吃酒战'?"金香自以为是地说道:"你真是个笨蛋!连个'吃酒战'也不知道,就是喝醉酒打架嘛!喝了酒打人最厉害了,我后爹喝醉酒,打起我妈来没轻没重的。"王莲和金香都不了解什么是"持久战",都将"持久战"理解成"吃酒战"了,这也从一个侧面反映了说话人的文化修养。

8. 经历

  经历不同,话语的特点也不同。《水浒传》中林冲接管草料场时,老军对林冲说:"火盆、锅子、碗、碟子都借与你。"林冲回答说:"天王庙内,我也有在那里,你要便拿了去。"老军终年守护草料场,孤陋寡闻,一个"借"字透出小家子气。而林冲虽然落难,但他毕竟见过大世面,阅历深、见识广,一个"拿"字表现了他的豁达大度。再如,阿Q进了一趟城,见识大增,说起话来,与贵同乡颇不相同,什么"条凳",什么"革命党",什么"小鬼见阎王",辞藻比过去丰富多了。

9. 处境

  处境不同,话语也有差别。同是赵老太爷,同是对阿Q说话,革命前后大不一样。革命前赵太爷对阿Q说话是声色俱厉的:"阿Q,你这浑小子!你说我是你的本家么?""你怎么会姓赵?……你哪里配姓赵?"革命起来后,处境不同了,赵太爷对阿Q说:"老Q……现在……","现在……发财么?"契诃夫小说《变色龙》中围绕"狗"的主人的变化,那个"变色龙"式的警官的话语出现了多次反复,倨恭无常。

10. 心绪

  说话人心绪的好坏也会影响自己的话语。苏联小说《战争》中有一个情节,莫洛托夫等人获悉斯大林的儿子被德军俘虏的消息后向斯大林作了汇报,斯大林听了以后默不作声,毫无反应。莫洛托夫激动地大声发问:"你怎么啦?你听见了没有?"斯大林答道:"斯大林不是聋子。"可想而知,斯大林听到儿子被俘的不幸消息,心情很沉重,对莫洛托夫的催问感到烦躁而又不便直接表明,故而做出"斯大林不是聋子"这种异常的回答。人的情感往往最直接地反映在话语中,恩格斯在马克思墓前的讲话,闻一多的最后一次演讲,《高山下的花环》中雷军长对全军战士的严厉讲话,无不受到说话者心绪的影响。

11. 说话目的

说什么往往受制于为什么说,话语是围绕着说话目的而展开的。例如,求人帮忙或劝告他人,言语就要委婉些。为了达到预期的说话目的,常常要调节言语。比如,在公共汽车上,你想要对方向里移一个座位,如果以命令式的语气说:"坐过去!"对方难以接受;如果改用商量的口吻说:"您能不能向里移一移?"这样的言语会使你达到预定的说话目的。在一家餐厅里,顾客对女服务员说:"你把大拇指伸进我的面汤里去了。"女服务员回答说:"没关系,不烫。"显然,服务员误解了顾客的说话目的。再如公安人员对小偷说:"当你偷窃时,你难道一点都不为你的妻子和孩子想想吗?"小偷回答说:"想是想了的,但那个服装店没有女人和孩子的衣服。"清朝的徐骏写了"明月有情还顾我,清风无意不留人"的诗句。该诗系闲适之作,并无深意,有人歪曲他的言语目的,上奏皇上,说他"思念明代,无意本朝,出语诋毁,大逆不道"。皇上听信谗言,传旨将徐骏斩首,造成冤案。难怪古人云:"出言陈辞,身之得失,国之安危也。"

表达者在言语交际中起着相当重要的作用,对此,古今名人雅士多有论述。冯时可在《两航杂录》中云:"文如其人,人如其文。"《周易》曰:"将叛者其辞惭,心疑者其辞歧,吉人之辞寡,躁人之辞多,诬善之人其辞激,失其守者其辞屈。"清代学者章学诚在《文史通义·文理》中说:"富贵公子虽醉梦中不能作寒酸求乞语,疾痛患难之人虽置之丝竹华宴之场,不能易其呻吟而作欢笑,此声之所以有其心,而文之所以不能彼此相易,各自成家者也。"鲁迅在《花边文学·看书琐记》中曾说,写人的对话时,须达到这样的境界,"使读者由说话看出人来"。

(二)接受者诸因素对话语的影响

就表达者而言,言语表达既要"自适",即适合表达者自身的因素,又要"他适",即适应接受者的因素;就接受者而言,接受者要主动接受对方的话语信息,并作适当的调节,动态地理解话语。

"说话要看对象",这是从表达者的"他适"要求研究语言表达的基本规律:说话要充分考虑接受者的身份地位、年龄、性别、性格、修养、文化程度、职业、籍贯、经历、处境及心绪等因素。阿Q不喜欢听"光"之类的字眼,这和他头上的癞疮疤有关。黄济人的小说《将军决战岂止在战场》中,写我军干部对国民党战俘们讲话:"你们要放下包袱。"这时一个战俘诚惶诚恐地说:"请贵军体察,我是火线上被俘的,除了一件大衣,别无行李,实在没有什么包袱可放呀!"我军干部没有考虑听话对象的身份和经历,他们对"包袱"一词的引申用法不熟悉,因而造成误解。朱元璋当了皇帝以后,从前结交的朋友纷纷求见,有的因此当了大官,一位穷朋友也来求见说:"我主万岁!还记得吗?从前你我都给人看牛,有一天,我们在芦花荡里把偷来的豆子放在瓦罐子里煮着,还没等煮熟,大家就抢着吃,把瓦罐子都打破了,撒下一地的豆子,汤都泼在泥地里。你只顾从地下满把抓豆吃,却不小心连红草叶子也送进了嘴里,叶子哽在喉咙口,苦得你哭笑不得。还是我出的主意,叫你用青菜叶子放在手上拍一拍吞下去,才把红草叶子带下肚子里去了。"话没说完,朱元璋连声大叫:"推出去斩了!"那位穷朋友之所以送了命,是因为他讲话不看朱元璋现在的身份和地位,触犯了皇上,招来杀身之祸。

(三)客观语境对话语的影响

话语的表达和接受是在客观语境中进行的,客观语境包括言语交际的具体时间、地点、场合、时代、社会及文化背景等因素。

"文革"时期的话语,由于受到时代因素的制约,有其鲜明的特点。如一位老太太春节前到副食品商店去买猪肉,老太太说要买五斤,售货员说"节约闹革命",这时老太太也应该回答"节约闹革命"售货员才能切猪肉。老太太不懂这个规矩,便改口说买三斤,可售货员仍旧说"要节约闹革命",老太太又改口说买一斤,可售货员还是说"节约闹革命"。老太太生气了。售货员解释说,我说"节约闹革命",你也应该说"节约闹革命",我就好给你卖肉了,而不是要你少买。今天看来,这好像是一个笑料,实际上这就是"文革"时期对言语交际的要求。"文革"语言已成历史的陈迹,那些政治标签式的话语,今天已不合时宜。

在言语交际时,合理地利用时间、地点等情境因素,就会提高言语交际的效果。邓小平在卡特总统为他举行的宴会上说:"我们来到美国的时候,正好是中国的春节,是中国人民自古以来作为'一元复始,万象更新'而欢庆的节日。此时此地,我们同在座的美国朋友有一个共同的感觉:中美关系史上的一个新时代开始了。"邓小平在致辞中利用春节这个特定的情境,表达了中美关系开创新时代的美好愿望。1923年,鲁迅在北京女子高等师范学校作题为《娜拉走后怎样》的演讲,时值寒冬,听讲的女学生大都围着紫红色的绒线围巾,鲁迅因境设辞,借题发挥道:"她除了觉醒的心以外,还带了什么去?倘若只有一条像诸君一样的紫红绒线围巾,那可是无论宽到二尺或三尺,也完全是不中用。她还须富有,提包里有准备,坦白地说,就是要有钱。"

言语交际不能离开文化背景。各民族语言反映了不同的民族文化,比如言语禁忌。西方忌"十三",忌"星期五",广东忌"猪舌",说话时不能触犯当地的忌讳。我国生产的紫罗兰牌内衣,曾出口某国,出口后销路不畅,原来"紫罗兰"在那个国家的语言中是暗喻同性恋和性变态者。

言语交际也不能离开话语的背景知识。《六十年的变迁》中,季交恕问方维夏:"你知道这个消息吗?"方维夏:"什么消息?"季交恕:"蒋介石开刀了!"方维夏:"什么病开刀?"季交恕:"你还睡觉,杀人!"这里的"开刀"是蒋介石的"四·一二"反革命大屠杀,而方维夏不了解当时的背景知识,闹出了笑话。又如,刘克在小说《古碉堡》中,写程副司令员向群众挥手致意。针对平息叛乱,百万农奴彻底解放,他欣然地说:"乡亲们,天亮了!"农奴们并未理解:"天本来就没黑,太阳刚偏西,怎么又亮了?"一句极易理解的话,这里的乡亲却不知所云,原来他们从来不知道"天亮"一词蕴含的背景含义。

言语还必须注意场合。电影剧本《十五桩离婚案的调查剖析》中有一段对话,老年妇女:"我说这位大姐呀!我说话不到的地方你有文化,能听明白,我说大姐呀……"审判员:"别叫大姐,称同志,或者叫审判员,法庭开庭,别叫大哥大姐的。"法庭是庄严的场合,不能将日常生活中的称呼拿到法庭上使用。反过来,用于庄严场合的词语也不适用于日常谈话。在路遥的小说《人生》中,高加林支支吾吾地对亚萍说:"有时间,我一定去广播站拜访你。""外交部的语言!什么拜访?你干脆说拜会好了!我知道你研究国际问题,把外交辞令学熟练了!"亚萍一语中的,外交辞令用于此时此刻,反而疏远了两人的关系。

第三节　指　示

一、指示语

deixis(指示)一词源于希腊语,意为指点或标示。指示语是那些含有指示信息的语言单位或语素。它反映的是被语法化或被编码的那些语言和语境之间的关系,指示是语言和语境之间的关系在语言体系中的反映。

指示研究最早是由古希腊和古罗马的一些哲学家发起的。如今,指示已经成为语言学的一个重要课题。许多杰出的语言学家包括莱文森和莱昂斯都曾致力于指示的研究并为指示理论的日益成熟与完备作出了极大的贡献。

语言学界对指示的界定有很大的分歧:有人认为指示具有语义学的本质,它应该属于语义学的范畴;有人持反对意见,认为指示应属于语用学。一般认为指示语的语言意义只能在具体的话用环境中得以实现,因此指示是一介于语义学及语用学之间的边缘课题。

话语中跟语境相联系的表示指示信息的词语叫做指示语,涉及代词、称谓、时间、处所词语等。这些词语的具体或确切的指称意义,必须结合具体的语境才能准确理解。传统地看,指示语分为三类:人称指示语、地点指示语、时间指示语。后来又有两种新的指示语被列入指示语的行列,它们是篇章指示语和社会指示语。莱文森认为指示语分为五类:人称指示语、时间指示语、地点指示语、篇章指示语、社交指示语。[11]

常见的指示语主要有以下五类。

（1）人称指示。人称指示是话语中关于人物人称的指示。最典型的是人称代词,又分第一人称指示、第二人称指示、第三人称指示。人称指示语可用来破译言语交际的参与者或言语所涉及的人物的角色。

（2）时间指示。时间指示是话语中关于时间的指示,指交际双方用话语传达信息时提到的时间。时间是一个抽象的概念,人们只能人为地选定一些参照点。在言语交际中,时间指示是以说话时刻作为参照点来计算和理解的。

（3）地点指示。地点指示也叫空间指示,是话语中关于处所、方位的指示。地点指示主要有表示方位和处所的名词、副词、指示代词,具有位移意义的动词,如"来""去""走""离开""到达"等。地点指示语可提示有关物体的方位或说话时说话人或听话人双方所处的位置。

（4）篇章指示。篇章指示又称话语指示、语段指示、上下文指示。篇章指示语可反映一句话、一段话与其他话语、段落或篇章之间的关系,是用来指明话语中部分与部分之间关系的。由于言语交际是在一定的时间和空间中展开的,所以篇章指示与时间指示、地点指示有密切关系,有些时间指示、地点指示同时也是篇章指示。

（5）社交指示。社交指示语是用来指明发话人和受话人之间或发话人跟所谈及的人(第三方)之间的社会关系的词语,可标明交际双方或说话人与所指人物之间的关系。

在指示语的研究中,传统的语用意义区分了指示性用法和非指示性用法,

---

[11] Levinson,S C Pragmatics[M]. Beijing:Foreign language teaching and research press,2001.

指示性用法包括姿势型用法和象征型用法,非指示性用法包括前照应用法和非前照应用法。但这种严格的区分会影响对指示语的理解。指示语的特征之一是自我中心,即在语言事件中说话者以自身的视角为中心。实际上,指示语常常发生中心转移的情况,这种指示映射现象,传统的指示研究没能给出令人满意的解释。[12] 一般说来,指示系统是以自我为中心的,具体说来,指示语的指示中心一般是:①人物中枢是说话人;②时间中枢是说话人说话的时间;③地点中枢是说话人在说话时间所处的空间;④话语中枢是一句话中说话人当时正讲到的地方;⑤社交中枢是说话人相对于说话对象的社会地位和等级。[13] 但是,指示语在使用过程中,指示中心并不总是以说话人为中心,有时也会发生转移。常见的情况是将指示中心转移到听话人,但也不排除转移至会话参与者以外的人或物上,这种现象称为"指示映射"或称"视点转换"[14]。指示与语境的关系存在于语言和语境的关系中,因为指示是隶属于语言系统的。指示语和语境的关系是:一方面指示语可反映一定的语境,另一方面语境对指示语的理解起到决定性作用,人们可在语境所提供信息的帮助下充分理解指示语。

二、指示语与语境

关于指示语和语境的关系的研究表明,语境在指示语的理解中起着十分重要的作用。

(一)人称指示语与语境

第一人称、第二人称、第三人称指示语的根本区别在于包含性与排斥性:第一人称包含说话人,第二人称包含听话人,第三人称既不包含说话人也不包含听话人。但是,这一分析并不适合所有的情况,有时对人称指示语的理解完全取决于特定的语境,在特定的语境中人称代词可以发生指称的变化。

(二)时间指示语与语境

时间指示语可以是一些时间副词或时间名词,也可以是一些有时态标志的动词。但是,无论是哪一种类型的时间指示语,都可以区分三种基本的时态:过去时、现在时、将来时。大部分时间指示语都能指示确切的时间或时间

---

[12] 张国军《指示语的认知基础分析》,北京城市学院学报 2008 年第二期。
[13] 何自然,陈新仁《当代语用学》第 125 页,外语教学与研究出版社 2004 年第一版。
[14] 同 12。

段。但由于场景或社会文化背景的不同,不同的人对同一时间指示语的理解会大相径庭。

（三）地点指示语与语境

英语中有些指示代词、地点副词或词组,甚至一些动词都可用作地点指示语。地点指示语的指示作用在于区分距离远近之间的差别。但是空间是一个没有界限的概念,对于地点指示语的理解也需依赖于特定的环境。

（四）篇章指示语与语境

篇章指示语的特殊之处在于它的指示成分往往存在于篇章或语句之内,而其他指示语的指代成分则存在于语言之外的语境当中。因此,把篇章指示语放到上下文中去理解就会相对容易得多。

（五）社交指示语与语境

社交指示语可清楚地标示说话人和听话人之间的社会关系。通常来讲,社交指示语可反映出以下与言语行为参与者有关的三个方面的问题:①参与者的社会地位;②说话人与听话人之间相对的社会地位关系;③说话人与谈话所涉及的人之间的相对社会地位关系。但是,由于社会历史和文化背景的不同,社交指示语的用法在现代英语中并不像在日语等语言中那样典型。

三、指示语的交际功能

指示语有以下交际功能。

（1）指称功能。一般来说名词具有指称功能,但在日常交谈中,因为谈论的人或事物就在眼前,说话人通常能够方便地用代词辅以手势来指称人或事物。交际的直接性是指示语具有指称功能的主要原因。

（2）替换功能。人称代词在语义方面可以转化。

（3）情感功能。指示语与表示度量的词、程度代词、副词连用构成具有评价意义的结构,可以加强某种意义,表达某种评价意义,表达某种口气。

（4）虚化功能。一是弱化功能。指示功能的弱化就是指示语本身的指示功能已基本丧失或丧失大半,其残存的指代性要由其所处的句法模式或言语套语的句法功能所决定,处于这一句法位置的指示语往往是固定的、不可替换的。二是填补功能。由于说话是无准备的,因此说话人即兴组织自己的话语,往往不自觉地用一些口头语来赢得时间,填补语流中出现的空白,以便引出后面的话来。

四、人称代词的指称变化

人称代词在具体的句子中会发生指称的变化,其规律如下。

(一)人称意义的消失

人称代词的基本作用是替代人或事物。但是在人称代词进入具体的句子后,有时会失去特定的人称意义。

1. 指代作用消失

"不管柴米账,玩他几天,名称又好听,叫作'养病'。"(鲁迅《病后杂谈》)

"他"没有实际的指称内容,只有协调音节的作用,这种用法的人称代词仅限于第三人称的"他",有时也用"它"。

2. 表示泛指

人称代词并非指某一具体的人,而是指称适应于某一情况的所有人。如:

"我清楚地知道,任何新的局面,都不是任何一个人的力量所能够打开的。如果他没有群众的支持,那么他就什么都作不成。"(峻青《黎明的河边》)

这里的两个"他"都是泛指。

3. 表示任指

"你端起酒碗来说几句,我放下筷子来接几声。"(叶圣陶《多收了三五斗》)

"你"、"我"无特定的称代内容,而且总是"你"与"我"(或"他")配合使用,构成固定的格式。如:你来我往;你一句他一语;你瞧瞧我,我看看你;你走你的,我走我的。

(二)人称的变换

1. 用第二人称代词指称第一人称代词的内容

把说话人自己放在对方的地位上,拉近说话人与听话人的心理距离,使听话人认同自己的感受。如:

你这样穷酸,别人才看不起你呢。

这里的两个"你"实际上是指说话人自己,完全可以用"我"来替换。

2. 用第三人称代词指称第一人称代词的内容

那天在汽车站给你指路的是我,他是你的新邻居。

写你人民来信的是我,你能把他怎样?

这儿的两个"他"都是实指"我"。

3. 用不定指代词指称定指内容

"人家"本来表示除说话人以外的人,是不定指的。但有时是定指,用来指

代说话人自己,相当于"我"。如:

我就是和他见了一面,怎么啦,你也不能打人啊,人家嫁给你,生儿育女,没有功劳也有苦劳,怎么能动手呢,真是的。

(三) 单复数的变换

1. 用代词的单数形式指称复数内容

"形势有利于我而不利于敌。""我"相当于"我方"。又如,"我校、我厂、我国、我党、我军"中的"我"相当于"我们"。

2. 用复数形式指称单数内容

我们要介绍的祥子,不是"骆驼",因为"骆驼"只是个外号;那么,我们就先说祥子,随手儿把骆驼与祥子那点关系说过去,也就算了。(老舍《骆驼祥子》)

说话人把"我"说成"我们"。"我们认为、我们以为、我们觉得"都是谦逊的口吻。

第四节 预 设

一、蕴涵

句义蕴涵是一种基本的语义组合关系。就话语本身所表达的意义而言,在没有本话语外的知识参照下,如果有句义甲就必然有句义乙,我们就说甲蕴涵乙,或甲以乙为蕴涵。例如:

他买了一篮子白菜。蕴涵了:他买了一篮子蔬菜。

他拍了拍小张的肩膀。蕴涵了:他拍了拍小张。

蕴涵关系一般都发生在有上下位关系或整体与局部关系的句义之间,如"白菜"是"蔬菜"的下位词语,"小张的肩膀"是局部概念,"小张"是整体概念。蕴涵的规律是:含有下位概念或局部概念的句义蕴涵含有上位概念或整体概念的句义,而不是相反。比如从"他买了一篮子蔬菜"无法推知"他买了一篮子白菜",从"他拍了拍小张"也无法推知"他拍了拍小张的肩膀"。

但是,如果上位词语或表示整体的词语是周遍性的,即强调所述之事涉及某类事物的全体成员或某一整体的所有部分,则含有上位概念或整体概念的句义蕴涵含有下位概念或局部概念的句义,而不是相反。例如:

他过节照样要上班。蕴涵了:他国庆节要上班。

那棵白菜全烂了。蕴涵了:那棵白菜芯烂了。

语义学研究的蕴涵关系是就话语本身所表达的意义而言的,这种蕴涵关系通常可以从句子本身的意义推知,而无须依赖特殊的背景知识。

下面的蕴涵关系不是语义学中的蕴涵关系:

今天是 9 月 9 日。蕴涵了:明天是教师节。

今天是端午节。蕴涵了:今天吃粽子。

理解类似句义的蕴涵关系需要具备有关的民族文化知识。

因为词的上下位关系是相对的,上位之上可能还有上位,下位之下可能还有下位,所以句义的蕴涵关系可以不止一个,它们可以形成一个序列。例如:

小张有汽车。蕴涵了:小张有车。蕴涵了:小张有交通工具。

一个句子还可以从不同的角度与不同的句子构成蕴涵关系。例如:

那个英国学生送给她一挂钻石项链。蕴涵了:那个英国学生送给她一挂项链。

那个英国学生送给她一挂钻石项链。蕴涵了:那个英国人送给她一挂项链。

蕴涵关系的研究不仅可以深化对句义构成的认识,还有助于说明句义之间的其他关系。如果两个句子互相蕴涵,它们之间就是同义关系。例如:

苏轼是苏洵的儿子。(互为蕴涵)苏洵是苏轼的父亲。

教学楼在图书馆的北面。(互为蕴涵)图书馆在教学楼的南面。

在一定论域中,两个句义互相以对方的否定命题为蕴涵,它们之间就是矛盾关系。例如:

小芳是学生。(互相以对方的否定命题为蕴涵)小芳不是老师。

小芳是老师。(互相以对方的否定命题为蕴涵)小芳不是学生。

"小芳是学生"和"小芳是老师"分别以对方的否定命题为蕴涵,二者之间是矛盾关系。

二、预设和蕴涵

语句的恰当性是语句具有交际价值的先决条件,也是语句具有真假值的必要条件。比如"请开门!"这个祈使句,要使其具有交际价值,就必须满足"门是关着的""听话人有把门打开的行为能力""说话人对听话人的意愿或行为有一定的支配能力且听话人愿意接受一定限度的支配",等等。在实际话语中,所有的语句都必须是恰当的,但不是所有的语句都有真假值,只有恰当的句子才有真假值。

预设和蕴涵一样,也是就话语本身表达的意义而言的,也是有句义甲就必然有句义乙。但是蕴涵包含在句子的断言范围之内,是话语的断言部分表达的意义;而预设不在句子的断言范围之内,是句子的背景信息。例如:

①他弟弟在上海上大学。蕴涵了:他弟弟在上海上学。
②他弟弟在上海上大学。预设:他有弟弟。

例①和例②的左端都是断言某人在做某事,但例①的右端在例①左端的断言范围之内,因而例①的甲和乙是蕴涵关系;而例②的右端虽也是例②左端表达的内容,但不在例②左端的断言范围之内,即左端并不是在说他有没有弟弟,右端只是左端成立的条件或背景,因而例②的左端和右端是预设关系,即例②的右端是左端的预设。

一般情况下,如果乙是甲的预设,否定甲时,乙依然可以成立;如果乙是甲的蕴涵,否定甲时,乙可能成立,也可能不成立。例①中的乙是甲的蕴涵,如果对甲进行否定,"他弟弟没在上海上大学",那么,乙可能成立,因为他弟弟有可能在上海上中学,乙也可能不成立,因为他弟弟可能根本没在上海上学。例②中的乙是甲的预设,如果对甲进行否定,乙依然可以成立。跟蕴涵一样,一个句子的意义可以通过预设关系与其他句义相联系,使这些句义成为这个句子潜在的意义。因此有时在说出一个句子后,再说出这个句子的预设,就会使人感到重复啰嗦。例如:

＊我借了他的伞,他有伞。
＊他弟弟又来了,他有弟弟。

预设最初是作为一个哲学概念受到关注的,后来成为语义学的一个重要概念,指隐含于一个断言中的为交际双方共知的信息。

三、预设的类型

从预设所实现的直接形式看,种类繁多,这里简单列举几种。

句中的"指称词语"预设所指的存在。例如:中国国家主席胡锦涛观看了演出。预设:胡锦涛是中国的国家主席。

含有后悔等意义的动词的句子预设谓语后的事物。例如:我真后悔买了这件衣服。预设:我买了衣服。

含有停止、继续等动词的句子预设着后面的情况曾经存在过。例如:你什么时候停止偷东西的? 预设:你偷过东西。

含有"又""再"等词的句子预设着某动作或事物有先例。例如:你怎么又来啦? 预设:你曾经来过。

四、预设的语用价值

作为断言的一个重要组成部分,预设是断言有效的必要前提,因此预设作为一个语义实现手段,是逻辑学、语义学、语用学研究的重要内容。同时,言语行为人也可以充分利用这一手段,使自己的言语活动以最合适的形式取得最适切的效果。一般看来,预设的语用价值主要有两个方面。

1. 减少断言单位,减轻说话人的表述负担,免去听话人的接受辛劳

由于预设是交际者双方所共知的信息,因此,在实际言语活动中,发话人一般不需要将背景信息以断言的形式表述出来,而是隐含于话语中,这大大减轻了发话人在语码的选择和组合中的负担,同时,由于接受者对所隐含的信息已经知道,发话人简洁的语码也使接受行为更加便捷有效。

(夏顺开对刘慧芳说)"我对我那女儿是太惯了,简直拿她一点办法没有。过去一直不在身边,又离了婚,总觉得欠她什么,她一哭一撒娇,我什么没原则的事都干得出来。"(王朔《刘慧芳》)

这句话显然是发生在两个彼此非常熟悉的人——夏顺开和刘慧芳之间,否则,就要用更多的言辞才能说清意思:我结过婚,后来生了个女儿,本来应该和她一起生活,但过去一直没和她在一起生活,后来又和她妈妈离了婚,在养育她这件事上欠了她很多,所以,我一直非常宠她,千方百计地想补偿她。她有很多要求,她会撒娇,而且通过撒娇提出要求,只要她提出,无论如何我都会答应。由此可见,预设的多少与交际者之间的关系亲近度密切相关。

2. 以隐蔽的形式体现实际意图,增强表述的影响力

腰间常挂有手枪的县委副书记韦某曾说:"你反映的情况(死人)如果真实,坟头在哪里,你敢签名吗?"(王定《一颗"卫星",五万人命》)

句中通过一个短语"反映的情况"指称预设(死人),不经意却让人震撼地描绘出这位副书记的作风,为描写当时的现实提供了背景。

在日常话语行为中,有人常常利用预设设下"陷阱",如,"小王最近不旷课了"就预设了"小王以前旷课"。

第五节 合作原则和礼貌原则

语用原则就是制约话语实施者在特定语境中合理选择语言手段、有效实现话语意图的原则。语用学一般归纳为合作原则以及为补救该原则而提出的礼貌原则,还有幽默原则、克制原则等。这里介绍合作原则和礼貌原则。

一、合作原则

合作原则是格赖斯提出的一套日常交际需要遵守的最低限标准。美国语言哲学家格赖斯认为,谈话是受一定条件制约的,在交谈中交际双方都应当"按需要做出应有的贡献"。格赖斯认为,人们的正常语言交流不是一系列毫无关联的话语的组合,说话人是互相合作的,谈话双方都有着一个共同的愿望:双方的话语都能互相理解,共同配合。因此,他们都遵守着某些合作的原则,以求实现这个愿望。格赖斯提出合作原则主要包括四个准则:数量准则、质量准则、方式准则、关系准则。"新格赖斯会话含义理论"问世以后,我国的学者对这种语用推导机制进行了广泛的研究,提出了适合我国国情的会话含义理论框架。例如:对"礼貌原则"的探讨中应该充分考虑"面子"概念;在讨论"言语行为"过程中,认为言语行为不是说话人单方面的行为而是与听话人有关的双方共同的行为。因此,把言语行为置于社会活动的大范围里加以考察,才能使言语行为的研究产生更新的含义。

(一)合作原则的四条准则

(1)量的准则。言语信息不多也不少,包括:所说的话应该包含交谈目的所需的信息;所说的话不应该包含超出需要的信息。

(2)质的准则。在言语行为中努力说真话,包括:不要说自知是虚假的话;不要说缺乏足够证据的话。

(3)关系准则。交际双方所说的话要有关联、要切题。

(4)方式准则。所说的话要清楚明白。包括:避免晦涩;避免歧义;简明扼要;井井有条。

(二)合作原则的遵守与违反

一般来说,人们为了使交际活动正常进行,应该遵循上述各项准则。如果违反这些准则,有可能产生两种情况。

一是不自觉违反合作原则,其结果应该是导致交际障碍甚至中断交际。例如刘恒《本命年》中的一段对话:

"现在都看什么好书?"

"哟,一下子还真想不起来,琼瑶什么的,我也没正经看过。"

"琼瑶是谁?"

"可能是华侨,女的,听我妹妹她们整天念叨,据说故事编得挺好,你到街上转转，那儿有卖的。"

"女的我不爱看。"刘宝铁看着他，好像没听懂。

"我不爱看书。"

"我"的话之所以让刘宝铁"好像没听懂"，就是因为"女的我不爱看"这句话所提供的信息不够完整，对话也因此产生了障碍。

二是违反准则是故意的，是交际一方为了回避直接说出所想表达的意思，而采用迂回的办法，故意从符号表层上违反合作原则，从而含蓄地表达自己真实的意图，这就与"会话含义"有关。

二、礼貌原则

人们在言语交际中既要遵守合作原则，但是又经常故意违反合作原则，交谈中往往拐弯抹角，这是出自礼貌的需要。要给谈话对方面子，也为了给自己带来某些益处，如得到别人对自己的好感等。里奇对言语行为中的礼貌现象进行了深入细致的研究，在其《语用学原则》一书中提出了人们在言语交际中一般都遵守的原则。"礼貌原则"包含六条准则：

得体准则，即减少表达有损于他人的观点；

慷慨准则，即减少表达利己的观点；

赞誉准则，即减少对他人的贬损；

谦逊准则，即减少对自己的表扬；

一致原则，即减少自己与别人在观点上的不一致；

同情准则，即减少自己与他人在感情上的对立。

当然，人们并非在任何时候、任何地方、对任何人交际都要恪守礼貌原则，例如，在紧急或意外事件中，在激烈的争辩或紧张工作的场合，或者在十分热情友好的朋友之间不拘礼节的谈话中，礼貌原则可能会让位于话语的内容，屈居次要地位。

大家会觉得在中国，最能体现语用学中的礼貌原则的就是谦逊原则，可是随着时代的变迁，人们都说在中国，谦逊原则的主导性已经变了。

第六节 会话含义

会话含义也是由格赖斯提出的。他认为，话语所表达的意义一般可分为两种：一种是说话者的话语所表达的字面意义；另一种则是说话者通过说出的话语想要传递的字面意义背后的意义。格赖斯的会话含义理论正是以这种

"会话含义"为研究对象的。

会话含义就是一种超出语句本身意义范围的意义,即说话者的"言外之意"。会话含义不是语言系统内部各语言单位所呈现的意义,而是语言符号之外所暗含的意义或意图,即语言在特定情景中所产生的意义。例如,听完一次公开课后,小王和小张的以下对话。

小王:你喜欢她的课吗?

小张:我觉得她今天穿的那件裙子很漂亮。

很显然,小张答非所问,但是小王应该能够理解小张的真正意思是"她课讲得不好"。这个意思就是小张通过他自己所说的话所暗示出来的"会话含义"。

在很多交际场合,人们不会一丝不苟地严格遵守合作原则中的四个准则。相反,常常会故意违反这些准则,并借此传达隐晦的含义。

一般来说,与合作原则相关的会话含义可以通过以下方法产生。

一、违反量的准则产生的会话含义

1. 故意提供不足的信息

李民教授写信推荐他的学生王清到某中学任语文教师,李教授只是例行公事般地写了下面这封介绍信。

尊敬的张校长:你好!王清同学在校学习期间,遵守学校的各项规章制度,思想端正,从不迟到。特此推荐。李民谨致。年月日。

作为老师,李教授对自己学生的情况当然十分熟悉,但是他不认为该生适合担任这一工作,可又不便直说,便有意违反了量的准则,委婉地表达了这一意思。在推荐信中介绍了该学生的品行,对其专业成绩和能力却不置一词。张校长一旦接到这封特短的推荐信,自然会推导出这样的含义来:王清根本不适合从事中学语文教学工作。

2. 信息冗余

甲:他在你们银行工作得怎么样?

乙:挺好!他不常跟同事吵架,跟顾客吵架也不多。

正常情况下,作为对甲的回答,"挺好"已基本够了,但乙又说了后面的话,"他不常跟同事吵架,跟顾客吵架也不多",提供了似乎毫无必要的信息,但是,表达出乙的含义:他这人不讨人喜欢。

二、违反质的准则产生的会话含义

1. 故意说一些与事实不符合的话

他真是我的好朋友!让我妻离子散。含义:他是一个背信弃义的家伙。

(王熙凤)粉面含春威不露,丹唇未启笑先闻。含义:她性格泼辣。

2. 说一些没有根据的荒唐话

甲:伯父就是伯伯的父亲,是吗?

乙:师母一定是老师的母亲,我觉得。

三、违反关系准则产生的会话含义

甲:哎,我觉得市长夫人真是个长舌妇。

乙:噢,今晚的天气真是不错,不热也不冷,是吧?

乙的回答和甲的话题毫无关联,明显转换了话题,显然,他不想接甲的话题,但又不想不理他,于是就用毫无关联的回答来暗示:别说这种无聊话了,会闹矛盾的。

豆豆:妈!我想看"米老鼠与唐老鸭",行吗?

妈妈:豆豆,明天要交的手工完成了吗?

四、利用方式准则推导出会话含义

1. 故意晦涩难懂

韩信曰:"善,先生相寡人何如?"

(蒯)通曰:"相君之面,不过封侯;相君之背,贵乃不可言。"(《史记·淮阴侯列传》)

蒯通意在劝韩信背叛刘邦,以成帝王之业,但又不便明说,便采用了含蓄的双关手法,隐晦地表达了意思。

"拥挤里的孤寂,热闹里的凄凉,使他像许多住在这孤岛上的人,心灵也仿佛一个无期盼的孤岛。"(钱钟书《围城》)

这是将意义相互矛盾的词拼合起来,故意违反简明准则表达含义。

2. 故意使用歧义

"出租汽车、打死了猎人的狗"之类,是有意使用歧义结构,达到一种特殊的表达效果。其中的真实含义只有通过语言环境了解说话人的实际情况才能推导出来。

3. 故意啰嗦繁复

修辞中的反复、排比故意用铺排的结构和重复的成分强化基本点意义,让人产生言外之意,它们可以被看做违反该准则而应用的有效手段。

少顷,看见大路上黄尘滚滚,一辆摩托车驰过;少顷,又是一辆;少顷,又是一辆;又是一辆;又是一辆。车中人不分明,但见金边帽。

生产多么需要科学!革命多么需要科学!人民多么需要科学!

4. 故意把顺序打乱

故意不按类别叙述,破坏了话语的条理性,达到特殊的表达效果。

第七节 会话结构

会话结构是话语结构中的一种,指在言语行为中,由两个或多个交际者交替活动共同合作所形成的话语单位。如:

甲:祝贺你通过了这次考试。

乙:谢谢。

这就是由甲和乙两人会话所形成的一个会话单位。

一、会话结构的语用分析

会话结构的语用分析,是指对话语中语用结构的分析。从广义上说,言语行为、指示语、预设、合作原则和礼貌原则、会话含义,都是话语结构的语用分析内容,但这里将集中探讨话语中某些语用结构本身的问题。

会话结构无论从形式上还是从内容上,都很复杂,直至现在还不能说已经有了很成熟的研究。会话结构从其功能构成来看,主要有以下几个部分。

(一)预示语列

预示语列就是施为前语列,即在以言行事之前,先用某些话语进行试探,看可否向对方实施某一言语行为。预示语列是表达"请求""邀请""宣告"等"言外之力"的最典型的会话结构形式。如:

甲:你在干嘛?

乙:没干嘛啊!

甲:要下棋吗?

这个例子中,甲说的第一句话就是预示语列。使用预示语列,主要动机是探听有无可能实施某种言语行为,如果对方对预示反应不力,随后的言语行为就难以提出和实施。

（二）插入语列

会话的典型格式之一是一问一答,始发语通常是一个疑问句,表达某种言语行为,应答语则根据始发语所表达的言语行为做出反应。但是在实际会话中,人们往往会违反这种典型的会话格式,在其中添加插入语列。插入语列表现出各种语用功能。

母亲:爸爸从梯子上摔下时,他说什么了吗?
儿子:妈,粗话我是不是应该忘掉啊?
母亲:当然,宝贝。
儿子:没说什么。

父亲从梯子上跌下来时,尽说些"骂娘"的话,儿子先问母亲是否不应复述父亲那些粗话,当他明确不应复述时,他回答母亲原先的提问就只好是"没说什么"了。这里的插入语列充当了应答语（首句）的条件或前提。

另外,插入语列可以是一个回答/认可、疑惑/解惑等过程。

（三）话轮

会话是一个有序衔接的过程,参加的人在没有预先安排的情况下一个接着一个说话。话轮是会话结构中的最小单位。话轮至少是一个句子,只要当中没有插进过对方的话语,无论有多少个句子都属于一个话轮。

最简单的会话结构由一个话轮构成,复杂的会话则需要由两个以上的话轮构成。会话的特点是轮流发话,轮流发话中发话人的话语从开始到结束,看做是一个话轮,如果会话不断进行下去,一个话轮终止之后,另一个话轮又会开始,直到整个会话结束。

"相邻对"是话语结构的基本单位,指的是具有以下特征的一前一后的两个话轮:①邻接的;②由两个说话人分别说出;③分为始发语和应对语;④始发语和应对语之间在功能上要相配,比如问-答、提议-认可或拒绝,等等。

二、语篇分析

语篇分析是语言学研究领域中较为年轻的一个分支,直到20世纪60年代才逐步发展起来。它没有一个确定的理论作为指导,但语言学界已有许多语言学家提出种种理论方法,从不同角度、不同层面对各类语篇进行剖析,即语篇分析。

语篇研究主要涉及以下问题⑮。

（1）语篇分析的形成和发展。

（2）语篇的本质及语篇分析的基本方法。

（3）书面语和口语的关系问题：书面语和口语有各自明显的带有区别性的语言特征，但在语言使用中由于语境等因素，口语亦可能带有书面语的某些特征，书面语也可能具有口语的特征。这些特征在词、小句和整体语篇中都有不同的体现。

（4）从语言使用意图和理解两方面讨论语言的使用，内容主要涉及语言功能、言语行为以及使语言使用意图得以实现的各种因素和条件。

（5）语篇中各种成分之间的微观结构：语篇组织体系中词汇和语法层面上语篇的衔接，从而形成有意义的语篇。

（6）口语语篇：语用学理论对语篇分析的贡献，话语分析和交际理论中的限制问题。

（7）书面语篇：语篇标记的特征、功能及分类，小句的意义、分类、方式，以及语义关系和修辞关系，书面语篇基本模式。

（8）主位和述位的意义、类型、功能、结构，以及与之相关的信息结构。

（9）体裁分析：专门用途语篇如学术语篇的体裁分析、系统功能语言学家对语篇体裁的分析、新修辞学者对语篇体裁的分析和各领域研究的框架模式及其对语言教学的启示。

（10）互文性：互文性的概念，语篇间对话的本质特征，不同层面的互文性，互文性在语言形式上的体现以及实际运用。

（11）语篇的批评性分析：批评语篇分析的基本概念和重要特征、研究目的，批评语篇分析的形成和研究方法。

三、信息成分

信息成分是指在构成一个话语时，话语结构中表现出不同交际价值的结构成分。每一个话语都是一个信息片断，每一个信息片断的内部或在多个信息片断之间，都可分出已知信息（或称旧信息）和未知信息（或称新信息）以及指称信息和关系信息。

---

⑮ 林伟、杨玉晨编著《英语语篇分析》，复旦大学出版社2007年4月第一版。

（一）已知信息和未知信息

已知信息是指说话人相信他所传递的信息是听话人已经知道的，可能在交际语境中提供了，也可能在前述话语中已有所提及；未知信息是指说话人认定他所传递的信息是听话人所未知的。

话语结构的每一个片断（即反映在句法上的各个成分）的交际价值是不同的。如果这个片断只传递一个已知信息，其交际价值就小；如果它传递一个未知信息，其交际价值就大。话语结构的信息一般按交际价值大小呈线性排列。作为新信息，其交际价值较大，往往放在话语的后部；作为已知信息，其交际价值较小，往往放在话语的前部。

王师傅住在北京。
我们的生活越来越幸福。

话语在没有特殊因素影响的情况下，新信息焦点总是在末尾这个正常位置，所以称无标记位置（又称末尾焦点）。当话语受到特殊因素影响时，新信息焦点就会出现变化，可以落到话语的任何一个词上，这时的新信息焦点位置称为有标记位置。有标记位置的新信息焦点常见于对比与强调的场合，所以又称为对比焦点，与末尾焦点相对。

人们常从句法结构或词语变化等方面去描写信息焦点出现的规律，但是信息传递不仅是一个语言形式安排问题，它更多地取决于说话人的意图和话语的环境，其表现是十分错综复杂的，常常取决于具体的语境和交际意图。

（二）指称信息与关系信息

指称信息是话语中最普通的语言信息，它指说话人第一次提出来的事物，也指第二次提及的同一事物，或说话双方共知的事物。

昨天，我看到一个小女孩被一只狗咬了，她想抓住小狗，但它跑了。

句中"一只狗"是第一次提出的新的指称信息，"小狗""它"作为第二次、第三次提及的已知指称信息。

关系信息在语言上的传递手段是词序。说话人可按照说话的意图来变动话语结构中各成分的关系，从而突出新信息。关系信息的新信息往往是会话结构的语义中心部分，即交际价值最大的部分。

此外，还得注意语境信息。语境信息是指双方交际前已经确立的环境，或话语上下文中已作交代的语言形式。人们要正确了解交际意图，必须依靠语境信息。掌握语境信息有助于确定话语的信息结构，正确选择话语表达形式。

在一般的情况下,语境信息提供了前提,有了共知的前提作为语境,在话语中就容易确定哪些是新信息,哪些是已知信息。

 思考题

1. 了解言语行为理论的基本观点,尤其是奥斯汀、塞尔的核心观点以及言语行为的局限性。

2. 了解语言环境的构成、表达者诸因素对话语的影响、接受者诸因素对话语的影响、客观语境对话语的影响。

3. 了解指示中的指示语、指示语与语境的关系、指示语的交际功能,能以人称代词的指称变化为例分析语用中的指示现象。

4. 了解预设、蕴涵,以及预设和蕴涵的关系、预设的类型、预设的语用价值。

5. 了解语用原则中的合作原则和礼貌原则以及相关准则。

6. 了解产生会话含义的方式:违反量的准则产生的会话含义、违反质的准则产生的会话含义、违反关系准则产生的会话含义、利用方式准则推导出会话含义。能举出相应的汉语现象进行讨论分析。

7. 了解会话结构的语用分析、语篇分析、信息成分。

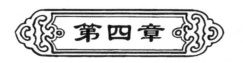

语用与社会

第一节 语言与社会

一、"社会"的词义演变

"社会"一词始于《旧唐书·玄宗纪上》。古人特别重视土地和粮食,认为土地和粮食是养育人的根本,因此对社稷神非常崇拜。"社"就是土地神,"稷"就是五谷神。当时,从最高统治者到平民百姓,都会在春秋两季用不同的方式祭祀社稷神。在民间产生了以祭祀为中心的社会组织——社。社的大小不一样,有的社上百家,到了举行祭祀活动的那天,全社的人都要参加。无论男女都要在祭坛旁的树下搭起棚屋,并从自己的家里带来酒和菜,举行庄严、隆重的祭祀仪式。祭祀活动结束后,大家在一起畅饮欢歌。后来,有人就把这种集会的方式叫做"社会"。

英语中的"society"和法语中的"societe"均源于拉丁语"socius",意为"伙伴"。日本学者在明治年间将英文"society"一词译为当用汉字"社会"。近代中国学者在翻译日本社会学著作时袭用此词。

那么,日本学者为什么会将英文"society"一词翻译成"社会"呢?一方面考虑到"伙伴"义。另一方面,"社会"由日语借入,有"中国古代每年春秋两季乡村学塾举行的祭祀土地神的集会"义,据日本学者铃木修次考证,在江户末期,日本已将以教会为中心的教团、教派称作"社会"。

由于社会是人类所特有的,所以"社会"和"人类社会"一般具有相同的含义。但在科学研究和科幻小说中,有时也有"外星人社会"。

社会是人类生活的共同体,是由自我繁殖的个体构成的群体,处于一定的空间和时期,具有其独特的文化和风俗习惯,并且拥有社会分工。构成社会的基本要素是自然环境、人口和文化。

社会有广义和狭义之分。广义的社会可以指一个国家、一个大范围地区或一个文化圈,例如,英国社会、东方社会、东南亚社会、西方社会;狭义的社会也叫"社群",指群体人类活动和聚居的范围,例如村、镇、城市、聚居点等。

社会的主要功能包括以下几点。

(1) 整合功能。社会将无数单个的人组织起来,形成一股合力,调整矛盾、冲突与对立,并将其控制在一定范围内,维持统一的局面。所谓整合主要包括文化整合、规范整合、意见整合和功能整合。

(2) 交流功能。社会创造了语言、文字、符号等人类交往的工具,为人类交往提供了必要的场所,从而保持和发展人们的相互关系。

(3) 导向功能。社会有一整套行为规范,用以维持正常的社会秩序,调整人们之间的关系,规定和指导人们的思想、行为的方向。导向可以是有形的,如通过法律等强制手段或舆论等非强制手段进行;也可以是无形的,如通过习惯等潜移默化地进行。

(4) 继承和发展功能。人的生命短暂,人类更替频繁,而社会则是长存的。人类创造的物质和精神文化通过社会而积累和发展。

二、语言与社会的共变

语言是社会的产物,语言随着社会的产生而产生,随着社会的发展而发展。语言是一种特殊的社会现象。语言既不属于经济基础,又不属于上层建筑,语言没有阶级性,语言具有民族性。语言是人类的交际工具和思维工具。语言和思维是同劳动一起在人的社会化过程中产生的,其社会性几乎可以说是与生俱来的。语言与社会的关系是"共变"关系。语言是一个变数,社会是另一个变数。两个变数互相影响,互相作用,互相制约,互相变化,这就是共变。当社会生活渐变或者激变时,语言一定会随着社会生活的步伐而发生变化。社会的变化会引起语言的变化,语言的变化反映了社会的变化。旧词的消亡、新词的产生、词义的变化(扩大、缩小、转移或改变原义或恢复古义)是社会生活变化的一面镜子。新事物的出现导致新词语的产生,如"宇航""航天""未来学""OK带""迪斯科""艾滋病"等。一些事物消失了,但指称它的词语仍然存在,变成了历史词,如中国古代皇帝自称"朕",现在没有了皇帝,没人用"朕"了。新的事物刚开始出现的时候,往往没有自己的专用名称,而借用旧事物的名称,"倒爷"最初是指干"倒"这一行的成年男性,随着"倒风"愈演愈烈,也有妇女干这行的,只好叫"女倒爷"。这就是社会系统所反映的语言词汇系统。

社会语言学认为,社会的变化会引起语言的变化,语言的变化反映了社会的变化。从这种意义上讲,语言是社会变化的一面镜子。语言和社会是共同变化的,这是社会语言学"共变"理论的核心观点。

第二节 汉语的社会变异

语言的社会变异是指说话人的语言表达系统由于社会因素(社会等级、职业等)、社会心理因素而产生的语言形式变化。语言变异实际上是说话人在特定语境下,在语音、句法和语义等语言层次上进行特异组合的结果。人类创造并运用语言,语言受使用者的阶级、阶层、行业、性别等因素的影响会产生变异,变异就是语言由于变化产生异质。语言的阶级变异、阶层变异、行业变异、性别变异等在社会语言学中属于"社会方言"。

一、阶级变异和阶层变异

人们在不同的语言环境中都有一定的社会地位,充当一定的社会角色。讲话者所属的阶层、行业不同,在具体的场合常使用一些特殊的词语称为"阶层惯用语"或"行帮语",西方上层社会曾经流传的"客厅语言"或"雅语"就是阶层惯用语的典型代表。他们称日历为"将来的记录",把擤鼻涕说成"轻松了一下鼻子",杯子有臭味说成"杯子行为不好",女主人招呼客人坐时就说"请满足这把椅子想要拥抱你的愿望吧",把"睡觉"说成"把身体放到床上去"。这样的表达方式在莎士比亚、莫里哀的戏剧中很常见。贵族要发动战争,他会这样说:"啊!我衷心悲伤,因为我必须拔出我腰间的剑,使人间平添多少寡妇!"看到对方流泪:"为什么你的眼睛噙着满眶的伤心之泪,就像一条涨水的河流,泛滥到它的堤岸上了。"在中国古代,上层阶级说弄璋(生儿子)、弄瓦(生女儿)、东床(女婿)等"雅言",也是语言阶级差别的表现。不同的阶级和阶层除了有自己的特殊用语之外,对一些词语也有自己特殊的理解。如,"剥削""劳动""妓院""妓女""卖淫""资产阶级""无产阶级"等词语。

二、行业变异

北京饮食业把制作米饭、馍馍、面条之类的主食叫"白案",把烹制菜肴的副食品叫"红案"。煤矿工人把井下运送煤炭的铁皮槽叫"溜子",把进壁或顶板的坍塌叫"冒顶"。汽车司机把新车或大修过的汽车的试车运行叫"走合"。

行业语也叫行话。由于社会劳动分工不同,社会上出现了不同的职业集团。这些职业集团具有各自的职业特色,行业语是社会上从事某一行业的人为了生产和工作的需要而使用的专门用语。语言的行业变异是社会发展、职业分工的结果。从事某一行业所使用的工具和操作方式的名称,生产所用的原材料及其性质、名称,劳动成品及其各部分和性质名称等各行各业特殊的词语,构成行业语。木工、铁工、渔人、猎人、农民、牧民等都有自己的行话。教师、学生、军人也有自己的行话。"长刨、短刨、边刨、槽刨、手锯"等是木工的行业用语;"处方、休克、血栓、粥样硬化"等是医药界的行业用语;"行头、龙套、鹞子翻身、虎跳、角色、亮相、生旦净丑末"等是戏曲界的行业用语;"开夜车、吃鸭蛋、站黑板"等是学生的行业用语。科学技术的术语是一种特殊的行业用语。"音节、元音、辅音、主语、谓语"等是语言学的术语;"有机、无机、催化、卤素、氧化"等是化学术语。由于社会各方面的交往越来越频繁,全民族的科学文化水平不断提高,或者由于某行业在社会生活中的地位很重要,行业语中的某些词语可能被吸收为全民语言的成分,从而成为丰富全民语言词汇的一种途径,如"休克、处方、角色、按揭、催化"等,都已被汉语普通话所吸收,成为全民语言词汇的成员了。

还有一种特殊的语言变异形式,即黑话(又称"隐语")。黑话是某些集团所创造使用的秘密词语或语句。黑话具有比较强烈的排他性,《林海雪原》中的杨子荣就是掌握了座山雕这群盗匪的黑话,才取得了盗匪的信任,打进匪窟,生擒匪首。又如旧时的商业界,不说"一、二、三、四、五、六、七、八、九、十",而说"旦底、挖工、横川、侧目、缺丑、断大、皂底、公头、未丸、田心",这些都是黑话。黑话除了集团内部的人可以了解和使用外,对本集团外的成员采取保密政策。而其他的社会方言没有排他性,不拒绝其他言语团体的人们了解和运用,因而其中的有些词语也可以被全民吸收而成为日常的交际用语,如"爆炸、角色、休克、腐蚀、感染"等。

行业语、黑话(隐语)都没有独立的语言结构系统,只是在共同语或者地域方言的基础上,按照构词规则组成一些特殊词语,或者给已有词语附上另一种意义。

三、年龄变异

有时青年和中老年的语言之间存在明显的差异。比如上海话中,老年人对"烟"和"衣、简、既"两类字的读音分得很清楚,而年轻人已经不分。词汇方面也呈现有这种差异,例如汉语中"洋火、洋油、洋船"等词,现在年轻人都不说了,在老年人口中还可听到。而"洋烟"一词在部分年轻人口中又通行起来。年轻人爱新奇,富于创造性,活动范围广,口中的新词比老年人多,如北京学生口中的"盖、盖帽儿、一张分",老年人不常说。网络中的新词语、新的表达方式,老年人也不常用。

四、性别变异

语言的性别歧视和言语的性别差异统称语言的性别变异。[16] 不过,这种变异不像惯用语和行业语那样,是社会中的一部分人由于生活、职业的联系而采用一些特殊的词语,使局外人感到陌生,甚至听不懂,它不是由于社团的距离、交际的障碍引起的,而是由于社会心理、文化背景等复杂原因造成的。因而这种差异不以特殊词语的陌生性为主要特征,否则在一个家庭中,男女老少共处,各用各的词,势必造成交际的障碍。

汉语的性别歧视表现在:语言以男性为规范,把男性的语言作为标准和主体,而女性语言只是一种附属或变体;女性名词向"贬义化"方向发展,而男性名词向"褒义化"方向发展,使得男性名词具有积极的意义,而女性名词具有消极的意义;在语序上男性在先而女性居后,如"夫妻""子女""公婆"等。语言中的性别歧视根据不同的语种而异,对英语的性别歧视研究得比较充分。

对语言性别差异的研究,一是从语音、语调、词汇、句式等角度来探讨男女在言语使用中的差异,二是从言语交际方面对比考察男女在话语风格、谈话策略、话题内容等方面的特点。性别因素以某种特定的方式影响着人们的语言行为,女性无论从语音、词汇还是语法方面都更注重语言的准确性,更注意语言的文雅、含蓄和委婉;同时,夸张修饰语的应用和语调的变换也显示出女性语言中含有较多的情感因素。在话题的选择、话语量的大小、话语方式与策略等方面,男女之间都存在着不同程度的差异。三是对语义性别差异的研究。从语义的多层面去研究性别差异可以拓宽词义研究的范畴,并为语义学和社会语言学研究提供一种科学的、切实可行的研究方法。[17]

五、其他变异

语言变异还有种族变异与民族变异,语言变异还表现在双语或双方言中,即操两种语言或地域方言的人可以根据情景语境选择使用哪种语言或方言。例如在中国普通话流行地区旅行时,一般用普通话交谈,见到家乡人则改用家乡话交谈,表示亲近。有的人在正式场合说普通话表示庄重,在家中则用家乡

---

[16] 孙汝建《性别与语言》,江苏教育出版社1997年10月第一版。
[17] 孙汝建《汉语的性别歧视与性别差异》,华中科技大学出版社2010年4月第一版。

话表示随便和亲热。语言学称之为"代码转换"。

语言变异还有功能变异。说话人在具体场合,言语因谈话目的、对象的不同也会产生变异。这种由于谈话场合的不同而产生的语言特点,综合起来就是语言的功能变体或变异。语体(口语语体、书面语体)是语言使用所体现出来的特点的综合体。

时下,语言变异也是"泥沙俱下"的。"亲自"的滥用是一种语言的变异形式。"亲自"是地位变异,领导干部本来就应该做的事情,滥用一个"亲自",有拍马之嫌。如"王书记亲自到场""顾书记亲自讲话""李书记亲自主持",等等,如果这种语言变异延续下去,估计将来,这些领导会"亲自吃饭""亲自洗澡""亲自上茅房""亲自结婚"了。对领导干部的讲话滥用"重要",干部不分大小、不分男女、不分场合、不分内容,只要想恭维,都用"重要",如,"刚才,李局长、王校长、顾书记、赵主任分别发表了重要讲话,使我们很受启发,对几位领导的重要讲话,我们要深刻体会,认真落实",其实,对这几位领导的讲话不需要深刻体会,也不需要落实,这是开学典礼上礼节性的讲话,讲的是大白话,没有具体内容,也无从落实。

"经典"也在变异。"经典"指一定的时代、一定的阶级认为最重要的、有指导作用的著作,或者是宗教徒中用来指各种宗教宣扬教义的经书。随着汉语词汇意义的延展,"经典"一词的词性逐渐发生了变化,由名词演变为形容词,用来形容或指代一部分较具典型意义和影响力的科技理论、文艺或音像作品。我们惯常听到的词组,如"经典理论""经典著作""经典老歌""经典电影""经典雕塑"等,无一不是与这些划时代的具有非常意义的科技理论、文艺或音像作品相关联,而与"经典"二字画上等号的,无疑都在人类文明的某个领域的某个时代起到了决定性的里程碑式的作用。然而,曾几何时,"经典"泛滥了,且一发不可收拾,成为口口相传、毫不节制的词,附加在一切包含了惊叹或者仅仅是淡漠的恭维的日常用语之后,以装饰的形式频频出现。在一个较为出彩的句子后面跟上一句"经典",似乎就足以说明这个句子巧妙、高明和深远;在一个并不出色的笑话戛然而止之后,送上一句"经典",似乎就足以挽救尴尬的局面,替代满堂笑声或会心的粲然;甚至在一个容貌不佳的女人的照片前来一句感叹——"你长得真经典",似乎就足以言明其丑陋,并表达出观者内心的不屑、不甘和遗憾。凡此种种,"经典"像蝗灾一样,以不可遏制的速度和力量蔓延在话语和文本里,触目皆是经典之作、经典之语、经典之人,总之,经典得无以复加,经典得如同冬日脸上的烂疮,却给强加上艳若桃花的称赞。

第三节　语言的接触

人类文明发展到现代,世界上几乎没有一种语言是完全自给自足的,各民族之间的贸易往来、文化交流、战争冲突、移民杂居等,会使不同的民族和社会发生接触,这种接触必然会引起语言的相互接触。随着社会的发展,民族之间的接触越来越频繁,相应地,语言之间的接触也越来越频繁。语言接触有不同的类型,会产生不同的结果,语言成分的借用、双语现象、语言融合及语言混合等都是语言相互接触的结果。

一、词语的借用

语言接触最典型、最常见的现象是语言成分的借贷。语言成分间的借贷,最常见的是词语的借入与借出。借词是一种语言对另一种语言最简单的影响,是一种重要的社会语言现象。民族的交往和接触,会扩大人类生活的内容,也会增加语言表达所需要的成分。所以,任何一种语言,在与别的语言接触的过程中,要向别的语言借用一些它本来缺少,而社会生活的发展要求它应该有的词语。借词是丰富词汇的一条重要途径。

狭义的借词又叫外来词或音译词,它指的是语音形式和意义内容都来自外语或其他民族语言的词,例如汉语中的"雷达、沙龙、拷贝、马达、扑克、卡车、啤酒、绷带、基因、蒙太奇、高尔夫、冰淇淋"等就借自于英语,"哈达"来自藏族语言,而英语中的有些词是从法语、德语、意大利语、汉语借入的。

广义的借词还包括意译词,它是用本民族语言的构词语素和结构规则,把外语里某个词的意义移植过来,构成一个表示外来概念的新词,这类词的结构本身具有民族性。如汉语里的"科学、技术、火车、飞机、工程师、银行、青霉素、面包"等都是意译词。意译词里面还有一种特殊的形式,就是"仿译词",它是用本民族语言的材料,逐一翻译原词的语素,也就是说,仿译词不但把意义,而且把内部结构形式也移植过来了,如汉语仿英语的"篮球、黑板、游泳池、铁路、蜜月、热狗、超市、黑匣子、软件"等。

民族间的接触是经常发生的,因而各种语言中大都有一定数量的借词,但是各语言中借词的数量有所不同。有些语言易于接受借词,借词比重较大。据统计,现代英语中的借词占总量的60%,其中大部分又借自法语。这主要是因为法国诺曼人在公元1066年入侵英国,法语成了国家、宫廷、教会的语言。日语中的借词也占词汇当中相当大的比例,从汉语借的词就几乎占了总量的五分之二。这主要是因为魏晋六朝后,汉字被用做日语的书写工具,汉语的词也就大量地涌入了日语。现在很多日语词还有很多保留了汉语的古音。当然,日语在汉语借词的基础上,又赋予它们新的意义,或者用汉语的构词材料重新构词,有时一些日语词又被汉语借回来,如"艺术、自由、经济、运动、理论、劳动、理性、现象、垄断、悲观"等。由于这些词从构词材料、构词规则,甚至词语本身都是汉语所固有的,因此,人们一般感觉不出它们是外来词。与这种情形稍有不同的是,有的词,从甲语言借出去,经过一段时间,又从乙语言(或丙语言)借回来,例如汉语的"大风"被英语借去,称为"typhoon"(汉语的粤语方音),汉语又从英语借回,就是"台风"。这种情况和汉语从日语里的借词情况类似,只不过从日语里面是借形,从英语里面是借音。

借词在汉语词汇中所占比例并不大。汉语自古以来就和其他民族有来往,在各个不同历史时期从外族语中借入了不少词。如"石榴、菠萝、狮子、骆驼、琵琶"等就是从西域各民族借入的;"佛、塔、夜叉、罗汉、阎罗、魔、和尚、尼姑、刹那、真谛、口吐莲花"等是汉代以后随着佛教的传入而从印度梵语里借来的;"胡同、站、戈壁、蘑菇"等词是元代时借入的蒙古语词;"耶稣、圣母、上帝、十字架"等是明代以后随天主教传入中国而借来的。鸦片战争以后,特别是五四运动以来,随着中外交往的日益频繁,进入汉语的外来词也不断增加起来,如"苏维埃、纳粹、坦克、尼龙、蒙太奇、香槟、拷贝、克隆"等都是近、现代从欧美借入的。

由于汉语使用的是意音文字体系,音节结构也较之西方大多数语言不一样,比如有声调,所以汉语在吸收外来语的时候不喜欢借音,喜欢用自己的语素来构词。很多音译借词后来都被意译词所代替,如德律风(电话)、麦克风(话筒)、水门汀(水泥)、赛因斯(科学)、喀秋莎(火箭炮)、白脱(黄油),等等。

借词是民族关系的一种见证,是研究民族发展史的一项重要材料。

二、语音的借用

除了词语借贷外,民族语言之间语言成分的借用还包括借音。在借外族语的词时,语音、语法也得服从本族语言的结构规则。另外,如果词语的借用数量很大,那么它们的语音特点也可能渗入借入语言的语音系统中。词语借入时,如果遇到了本族语言所没有的音,就要借用借入语言里相近的音去代替。

新中国成立后,我国少数民族借用了大量的汉语词语,并从汉语里面吸收了一些音位、语音结构规则。例如,侗语的[ph]、[th]、[kh]等送气音,原来只是相对于不送气音的音位变体,现在都已经变成独立的音位了。壮语中的武鸣话本来没有央中元音[ə],由于借用了汉语的"革命、特别、道德"等一系列词,[ə]就很自然地进入了一部分人的口语了。再如,景颇、傈僳、哈尼、佤等语言的方言里逐渐增加了唇齿清擦音[f]。苗语中的养蒿话,清送气音声母和清擦音声母[h],原来都不能同高平调和低降调结合,由于借进了汉语的"调查、讨论、红旗、考验、合作社"等词,在语音系统中便有了[phu]、[tsha]、[thau]、[khau]、[ho]等音节结构,出现了新的音位组合关系。

三、语法的借用

语法方面的借用主要包括词缀的借用、虚词的借用以及语法规则的借用。例如,英语的后缀-ive,-ish,-ous 等借自于拉丁语,后缀-able,-ment,-tion 等借自于法语。我国有些少数民族语言借用了汉语的一些虚词,如侗语就吸收了汉语的结构助词"的"以及介词"比、连、为"等,广西龙胜瑶族从汉语借了连词"虽然、但是"等。

有些少数民族语言还吸收了一些汉语的语法结构规则。如,仫佬语原来是以名词为中心的词组,除数量词外,其他限定成分一般在名词之后,现在也可以把限定成分放在前边了,两种形式并存,后者与汉语一致,显然是受汉语组合关系的影响。又如,纳西语原来只有"主语——宾语——谓语"结构次序,由于长期与汉语交往,受后者的影响,吸收了汉语里的"主语——谓语——宾语"语序。再如,京语中介词结构做状语,其固有的语序是介词结构要放在被修饰的中心语之后,受汉语影响,现在介词结构放在中心语之前的现象越来越普遍。

结构规则除了借用外,也可以仿造。五四运动以来,通过翻译,汉语里增加了一些"欧化句式"。比如汉族读者已经习惯了比较长而复杂的修饰语。外来句式的仿造在报纸新闻的翻译中最为活跃,例如"他相信他的企业不仅应该而且也能够多做类似的有益于弱势群体的服务活动""他并不排斥会导致裁军的谈判解决途径""任免、培训、考核、奖惩公务员""支持、监督和帮助自己的政府",等等。

语音成分和语法成分的借用一般不如词语的借用常见,而且在产生之初,往往只在借词的范围之内使用,一段时间后才可能逐渐将使用范围扩大到本族语言的词语上。

第四节 汉语的外借词和外来词

一、汉语的外借词

中国文化对其他文化曾产生过重大影响,中国文化的输出表现为汉语词的外借,通过外借词可以看出汉文化交流的印迹。

中国的物产早在张骞通西域前就传入中亚,当时主要是四川一带的特产经云南、印度辗转到达中亚。中国的丝绸、造纸、火药、指南针和印刷术对其他文化影响最大。养蚕业在中国至少有五千年的历史,比西方早三千多年。公元6世纪罗马皇帝查士丁尼曾派两个僧侣到中国刺探这一秘密,他们将几只蚕茧藏于竹杖里,带回君士坦丁堡。中国的丝绸通过丝绸之路传遍世界。许多语言中"丝"字读音非常相近,似乎来自同一个源头。英语的 silk、俄语的 sŏlk、蒙古语的 sirgek、新波斯语的 sarah 等都含有"丝"的音。在许多文化中,常用对中国或中国人的称呼来指称中国产品,梵语中 cinapatta 有"丝"的意思。这个字的两个组成部分 cina(支那即中国)和 patta("带"、"条")都可独立存在。中国的制糖法从印度传入,现代印地语中,白糖、白砂糖叫 cīnī,基本含义是"中国"。阿拉伯人认识了中国制造火药的硝石,遂称硝石为 thely-as-sin (中国雪)。英语中 china 兼有中国和瓷器两层意思。茶原产于我国西南一带,最初是作为药物兴奋剂在使用,直到明代,李时珍在《本草纲目》中仍将茶看成是利弊参半的药物。16世纪后半期,茶才开始传入欧洲,汉语的"茶"这个词被借入西方语言,现代英语的茶叫 tea,法语叫 thé,德语叫 tee,都含有闽南方言"茶"的读音[te],说明这些国家的茶叶是从福建通过海路输入的。17世纪初,俄国人通过荷兰人品尝到茶的滋味儿,后来直接从我国西北地区进口茶叶,俄语中的"茶"叫 Чaǔ,正是北方方言"茶"的对音,波斯语、土耳其语、希腊语对茶的称呼也是从北方方言中的"茶"辗转音译的。这表明中国茶叶出口的另一条路线是经西北陆路西传的。有一种本色布原产于南京,英语叫 Nankin。有一种白铜(一种铜、镍、锌合金),因18世纪末以前欧洲一直由广东进口白铜,因此一直按广东方音以 Paktung 称呼白铜。

二、汉语的外来词

汉语作为汉文化的内容和载体,常常显示出很大的宽容性,汉文化对外来文化的吸收常常反映在汉语的外来词中。历史上对汉文化产生重大影响的外来文化,如北方游牧民族文化、中亚文化、印度佛教文化和近现代欧洲文化等,都在不同时期不同程度地反映于汉语的外来词中。

公元前139年,汉武帝派张骞出使西域,两汉和西域的交流日渐繁盛。西域的语言、风俗、饮食、文物制度与两汉完全不同,而且有许多闻所未闻、见所未见的奇草异木、珍禽异兽、奇货宝物。当时这些东西在汉语中无恰当的词语可以称呼,于是就用中亚现成的语音来称呼,如苜蓿、蒲桃、安石榴、狮子等,或者用类似于汉土原有的事物的名称,再冠以"胡"字,如胡桃、胡葱、胡麻等。苜蓿另称"怀风""光风",是大宛天马的饲料,汉武帝爱好天马,因爱屋及乌而种满了苜蓿于离宫别观的旁边,后渐渐传至民间。但人们很少知道苜蓿源于伊朗语的buksuk,更不知关于苜蓿与汉武帝的这段轶事趣闻了。葡萄源于古大宛语(即伊朗语),被音译成蒲陶、蒲桃、蒲萄,明代名医李时珍误以为葡萄是"人脯之则陶",不知它源于伊朗语budawa。安石榴是从中亚的安息国传来的,安息即帕提亚古国,帕提亚古国的王朝名为Arshak(安石),安石榴即为今天的石榴。狮子原产于域外,狮子舞亦产生于域外,狮子是从西域以外的外国传来的,它是在中亚文化和汉文化交流达到高潮的唐代以后盛行于全国各地的,成为传统民间舞蹈。其他如琥珀、箜篌(拨弦乐器)、木偶戏、抓饭、菠菜、鹦鹉等都源于中亚文化。(周振鹤、游汝杰《方言与中国文化》,上海人民出版社,1986年版)

佛教文化最初是东汉明帝时传入我国的,南北朝由于统治者的信奉和扶持,佛教文化得以迅速传播,北方寺院从七千多所增至三万多所,僧尼人数由七万多人增至二百万人。从北魏永明年间到魏末半个多世纪,唐代佛教形成体系,处于鼎盛时期。佛教的传入引起了佛经翻译的繁荣,其中的译员多为北方人,因此由佛教文化带来的外来词往往体现了北方音。由于佛教文化是纯粹的外来文化,译মর只好用音译,如佛、塔、罗汉、夜叉、沙门(按戒律出家修道的人)、和尚、魔等佛教用语作为外来词进入了汉语的词汇库。佛经译文和古文相比,前者不用"之乎者也"等语气词(个别译本除外),倒装句很多,名词的修饰语很长,这可能影响了一般古文的语法。

16世纪利玛窦来到中国传教时,就带来了西方的科学文化,但只是涓涓细流。在清代"天朝大国"故步自封的时代,日本在吸收中国文化的同时,加快吸收西方科学文化。日本人对外来词的吸收,往往采用以下方法:第一,借用古汉语词去"意译"欧美语言的词,如文化、博士、革命、艺术、自由、法律、改造、环境、经济、财政、教授、主席、铅笔等;第二,用汉字的组合去意译欧美词汇,如辩证法、共产主义、历史、干部、突击队、世界观、下水道、电报、超短波等;第三,模仿汉字字形创造的新字即"当用汉字",如癌、瓦千等。1840年鸦片战争后,西方文化如巨流并以外来词的形式注入了汉语词汇库,这时期的汉语外来词直接从西方各语言中引进的占少数,更多的是通过日本这个中转站,即从日语的外来词输入的。日本明治维新(1868)的成功和鸦片战争后清帝的落后挨打,使大批知识分子东渡日本学习西方文化,寻求救国之道,仅在1901—1906年间,留日学生就近13万人,日语中以汉字表达的源于西方语言的外来词通过他们迅速涌入中国,并反映在汉语的词汇库中。

汉语直接从欧美语言中吸收相当数量的外来词,其吸收方式:一是书面输入,一是口头输入。口头输入的外来词只流行于方言区并带有方言特征。近代以来上海和广州是对外开放的两大门户,许多外来词首先在这两大门户的方言中流行,然后再进入全民语言。"沙发"源于英语sofa,上海话的"沙"字读成[so];"太妃糖"源于英语方言toffee或taffy,上海话的"太"字读[tha];"加拿大"英语读作canada,上海话"加"字读作[ka],这三个外来词的读音只有用上海话念,才与外语原词对应。可以断定,沙发、太妃糖、加拿大这三个外来词是从上海登陆的。在广州话中最先定型的外来词有鸦片和三明治等,"的确凉"也是从广州输入的,最初广州人称它为"的确靓"。靓是漂亮的意思,它是英语Decron的译音,其他地方的人模仿广州译音就称作"的确良"或"的确凉"了。近年来,有一种进口的纺织品fiber(快巴),广州话将"快"读作[fai],"快巴"是广州话的音译。又如"唛"是英语mark(商标)的音译,广州话中"唛"读作[mak],所以在广州话中"梅花唛"就是"梅花牌"。

有的外来词只流行于方言区,有的已开始为其他方言所接受,如上海的拍[pha](传球,英语叫pasa)、罗宋汤(一种俄式羹,英语叫russian-soup)、水门汀(混凝土,英语叫cement)等,它们只流行于方言区。而粤语中的一些外来词,如的士(英语taxi)、巴士(英语bus)、菲林(胶卷,英语film)、恤衫(衬衫,英语shirt)等外来词已渐渐为其他方言区的人采用。

汉语外来词与汉语社会的共变主要表现在:汉语吸收外来词有其阶段性和地域性,它们是社会生活变化的产物,社会生活的变化引起了外来词的吸收,在外来词的吸收过程中反映出社会文化的变迁。

思考题

1. "社会"一词是怎么演变的,什么是广义的社会,什么是狭义的社会,社会有哪些主要功能?

2. 为什么说语言与社会的关系是"共变"关系?
3. 举例说明语言的阶级变异、阶层变异、行业变异、年龄变异、性别变异。
4. 举例说明语言接触有不同的类型,会产生不同的结果,语言成分的借用、双语现象、语言融合及语言混合等都是语言相互接触的结果。
5. 汉语的外借词和外来词是语言接触的结果。

第五章

语用与文化

第一节 "文化"的词义演变

"文化"一词起源于拉丁文的动词"colere",意思是耕作土地,后引申为培养一个人的兴趣、精神和智能,是人的人格及其生态状况的反映。

一、文化的"文"

在古代汉语中,"文化"的"文",其本义指各色交错的纹理。如:

《易·系辞下》:"物相杂,故曰文。"

《礼记·乐记》:"五色成文而不乱。"

《说文解字》:"文,错画也,象交叉。"

在此基础上,"文"又有若干引申义。

(1) 包括语言文字在内的各种象征符号,进而具体化为文物典籍、礼乐制度。如:

《尚书·序》所载伏羲画八卦,造书契,"由是文籍生焉"。

《论语·子罕》所载孔子说"文王既没,文不在兹乎"。

(2) 由伦理之说导出"彩画""装饰""人为修养"之义,与"质""实"相对。如:

《尚书·舜典》疏曰:"经纬天地曰文。"

《论语·雍也》云:"质胜文则野,文胜质则史,文质彬彬,然后君子。"

(3) 在前两层意义之上,导出"美""善""德行"之义。如:

《礼记·乐记》谓"礼减两进,以进为文",郑玄注"文犹美也,善也"。

《尚书·大禹谟》所谓"文命敷于四海,祗承于帝"。

二、文化的"化"

在古代汉语中,"文化"的"化",本义为"改易""生成""造化"。"化"指事物形态或性质的改变,同时"化"又引申为"教行迁善"之义。如:

《庄子·逍遥游》:"化而为鸟,其名曰鹏。"
《易·系辞下》:"男女构精,万物化生。"
《黄帝内经·素问》:"化不可代,时不可违。"
《礼记·中庸》:"可以赞天地之化育。"

三、"文"、"化"联用

"文"与"化"并联使用,较早见于战国末年儒生编辑的《易·贲卦·象传》:"刚柔交错,天文也。文明以止,人文也。观乎天文,以察时变;观乎人文,以化成天下。"这里的"文",即从纹理之义演化而来。这段话是说,治国者必须观察天文,以明了时序之变化,又必须观察人文,使天下之人均能遵从文明礼仪,行为止其所当止。在这里,"人文"与"化成天下"紧密联系,"以文教化"的思想已十分明确。日月往来交错文饰于天,即"天文",即天道自然规律。"人文"指人伦社会规律,即社会生活中人与人之间纵横交织的关系,如君臣、父子、夫妇、兄弟、朋友等构成复杂网络,具有纹理表象。

西汉以后,"文"与"化"合成一个词。如:

《说苑·指武》:"圣人之治天下也,先文德而后武力。凡武之兴,为不服也;文化不改,然后加诛。"
《补之诗·由仪》:"文化内辑,武功外悠。"
《文选》李善注:"言以文化辑和于内,用武力加于外远也。"

这里的"文化",或与天造地设的自然对举,或与无教化的"质朴""野蛮"对举。

在古代汉语中,"文化"的本义就是"以文教化",它表示对人性情的陶冶、品德的教养。"文化"实际是"人文教化"的简称,前提是有"人"才有文化,"文"是基础和工具,包括语言和文字。"教化"是"文化"这个词的意义重心。作为名词的"教化",是人类精神活动和物质活动的共同规范;作为动词的"教化",是共同规范产生、传承、传播并得到认同的过程和手段。

在现代汉语中,"文化"是一个多义词。作为英语的对译词,有时相当于

culture(文化),有时相当于 civilization(文明),有时相当于 education(教育) literacy(读写能力)。⑬

汉语是汉文化的载体,是汉民族历史的活化石,语言本身也是人类的文化世界。在语言和文化问题上,我们既要注意语言对文化的影响,也要注意文化对语言的影响。

第二节 汉语与汉文化

一、语音与文化

语音是汉语的物质外壳,汉语常常借助于语音实现其交际功能,语音反映了汉文化的一些特点,如,作为传统注音法的"反切"在行话中运用范围极广。

谐音现象在避讳中是常见的。渔夫忌说"帆",因"帆"与"翻"同音。广州人喜欢在春节时摆一盆金橘,因"橘"与"吉"同音,取吉祥如意之意,人名、地名、产品名等也非常注意谐音现象。谐音文化的积淀和传承,具有浓厚的汉民族文化蕴涵。《现代汉语词典》解释"谐音":"字词的音相同或相近"。普通话的基本音节有 1 200 个左右,据收词近 6 万条的《汉语拼音词汇》(中国改革文字委员会编《汉语拼音词汇·前言》,文字改革出版社 1964 年)统计,其中同音词约占 10%,同音而异调的词占 20%。汉语中音同、音近的字词较多,就为谐音的产生提供了客观的物质基础。

谐音是人的心理因素与民族文化、民族习俗相结合的一种产物。自古以来,人们对语言都有一种魔力般的崇拜和信仰心理,认为语言有着超自然的精神力量,认为语言既有一种行善的能力又有一种为恶的能力。因而,人类借助语言来向自然祈求真善美的东西,表达人们共同而美好的心愿,而对于假恶丑的东西则利用禁忌的方式来加以回避。例如:人们在购买年画时,常选择画有五个蝙蝠的图画,是利用"蝠"和"福"的音同关系,取"五福临门"之意或"福从天降"之意,表达人们祈求幸福的一种美好的心愿。过年过节,很多人在自家大门上倒贴上一个大大的"福"字,以表示"福到家"。因为在汉语中"倒"与"到"同音。汉语的"四"与"死"音近,因此,汉民族忌讳"四"。有些方言,如常州话甚至把骂人的话"寻死"避讳成"寻三"。再如,亲朋好友吃梨,再大的梨,也不能切分成几份,分几个人吃,若这样,汉民族认为就犯了"离"的忌讳,因为

---

⑬ 戴昭铭《文化语言学导论》第 3 页,语文出版社 1996 年 12 月第一版。

"梨"与"离"同音,分梨就等于分离。

网络用语也有许多新的谐音现象:"拜拜喽"用数字谐音为"886";"一生一世我爱你"谐音为"1314520";"就是就是"谐音为"9494";"别生气"谐音为"847";"我深情依旧"谐音为"53719"。

在广告行业,商家为了追求经济效益,不断地想象出一些新奇、独特的宣传广告,一些谐音现象由此产生。沐浴露的广告:"随心所浴(欲)"。手机广告:"机不可释,爱不释手"。还有太太乐鸡精的广告:"一路领鲜(先)"。还有电信行业,如果一个手机号码或一个电话号码中"8"或"6"比较多的话,它的价格就会比较高,因为商家利用了求发、求顺心理。"8"与"发"谐音,有发财之意;"6"与"顺"谐音,有"六六大顺"之意,等等。相反,有"4"的号码不太受欢迎,有时还要降价。

文学作品中也有大量的谐音现象。唐代诗人刘禹锡的《竹枝词》:"杨柳青青江水平,闻郎江上唱歌声。东边日出西边雨,道是无晴却有晴。"利用"晴"与"情"的谐音,由表面上写天气的晴朗,实际上道出对恋人的情爱。毛泽东在《蝶恋花·答李淑一》中"我失骄杨君失柳,杨柳轻飏直上重霄九",巧妙地使用了谐音双关,赞颂为革命事业献身的杨开慧和柳直荀二位烈士,既贴切,又含蓄生动。

谐音的运用可以造成一种轻松、幽默、风趣的气氛。如:小葱拌豆腐——一青(清)二白,中堂挂草帘——不像画(话),马背上打掌子——离蹄(题)太远,外甥打灯笼——照舅(旧),腊月里的萝卜——冻(动)了心,石头蛋子腌咸菜——一盐(言)难进(尽),十文铜钱少一文——九文(久闻)。

在一些特殊的社交场所,利用谐音可以含蓄、委婉地表达自己的要求,又不失语言通畅明了的表达效果。如在许多公共厕所里,只要稍微注意一下,你就会发现这样的标语,"来也匆匆,去也冲冲",利用"匆"与"冲"的谐音,不仅读起来顺口,还让人一目了然地领会了其中的意思。

二、词汇与文化

中国是个农业国,"民以食为天"。因此,人们见面最常用的寒暄语是"吃了吗"。由于思维的定向性,使这个寒暄语一直延续至今。虽然,现在人们丰衣足食,再也不用担心饿肚子,但传统的习惯及思维的定向性,使这个在目前看来几乎没有信息含量的寒暄语得以广泛运用,以至外国人听到这个作为寒暄的用语,还以为问者要请客呢。同样,以"吃"构词的现象也比较广泛。例如"吃香"就引申为"受欢迎"的意义,与词的最初义"吃香的、喝辣的"不等同。

"吃醋"又引申出"妒忌"的意思。还有如"吃不开、吃劲、吃紧、吃亏、吃气、吃回扣、吃洋荤、吃独食、吃官司、吃败仗、吃开口饭、吃闭门羹、吃大锅饭、吃里爬外",甚至"吃耳光（方言）、吃豆腐（方言指用言语或动作调戏女青年）"等,有的简直让你吃得莫名其妙。汉民族特别善于以"吃"表达情感,婚丧之事、悲喜之情都可以通过"吃"来传达。中国人重视吃,在中国文化中,用"吃"来表达各种思想行为现象的语汇极其丰富,含义极其广泛复杂,几乎什么都可以用"吃"来说事儿。做生意叫"吃算盘子饭",文人叫"吃笔杆子饭",教师叫"吃粉笔灰"。没有正当职业的人,靠女人为生的叫"吃软饭"。卖弄口舌的叫"吃嘴巴皮子饭"。见面打招呼,不说"你好""再见",而是"吃饭没有","吃了饭再走"。情况紧急叫"吃紧",受了惊吓叫"吃惊",经受困难叫"吃苦",力不从心叫"吃力",受了损失叫"吃亏",占便宜叫"吃了甜头"。被打耳光叫"吃巴掌",被诉讼叫"吃官司",枪毙叫"吃花生米"。成批购进叫"吃进",赌博全赢叫"通吃"、"一吃三"。还有表示各种含义的"靠山吃山,靠水吃水""管什么吃什么""吃软不吃硬""癞蛤蟆想吃天鹅肉""吃里爬外""吃着碗里,看着锅里""吃虱婆子留一只脚""好看不好吃""吃不了兜着走"。后来,又陆续出现了"不要吃老本,要立新功""吃大锅饭""分灶吃饭""吃透精神""吃不准"一类政治性的新语汇。除了直接带"吃"字说事儿的外,还有间接带"吃"字说事儿的,在吃的过程中各种味觉感受如甜酸苦辣,就广泛用来形容各种事物,如"甜蜜的事业""甜美的声音""辛酸的回忆""寒酸的样子""毒辣的手段""泼辣的性格",等等。特别有意思的是,爱和恨这两种极端的感情,都可以用"吃"来表示。女子漂亮招人喜爱,说是"秀色可餐",对憎恶的仇人,则要"寝皮食肉"。

再如对人的称呼上,就从"先生""太太""小姐"到"同志""师傅"一统天下,再由"同志""师傅"回归到"先生""太太""小姐",这种选择的背后是社会生活和民族文化在指挥着,这就是语言的镜像功能。

词汇是语言的"建筑材料",词义的联想也有浓郁的民族色彩。如汉民族忌讳"乌龟",因为"乌龟"在汉民族的语义色彩上是贬义的,送人乌龟等于骂人。而在日本,"乌龟"却是褒义的,送人乌龟是很吉利的。

在翻译外来词时,汉民族也选择吉祥的,运用符合汉民族审美习惯的词语。有一种考试形式"Test of English as a Foreign Language",英文的缩写是"TOEFL",用汉语翻译时,有好几个词语可供选择,可汉民族独独选择了吉利的、充满美好寄托的"托福"这个词语。有一个名牌小汽车叫"Benz",音译成汉语有多种组合的选择,而汉民族也选择了汉民族心理上更容易接受的"奔驰"。

词汇和文化有着最直接的联系,"宫、室、房、屋、床、桌、椅、鞋、帽、裤、袜"

等词,直接反映了有关汉民族在居住、服饰等方面的习俗。(王力《汉语史稿》,科学出版社1958年版)在现代汉语中,"独生子女""独苗""一孩户""小皇帝""小太阳"都有其特定的民俗含义。词汇中的民俗文化可以从以下几个方面加以考察。

第一,民俗词义形成的历史文化背景。如"牛鬼蛇神",在唐代诗人杜牧说:"牛鬼蛇神,不足为其荒诞幻也。"这里用"牛鬼蛇神"形容诗的朦胧美,后来泛称荒诞怪异的事物。20世纪70年代却用"牛鬼蛇神"来诬称当时被迫害的人,当时有"进牛棚""斗鬼会"之说。

第二,民俗词语的习俗含义。用"半边天"指称妇女,是因为毛泽东在20世纪50年代曾说过妇女能顶半边天。"白杨"是一种落叶乔木,它本来有悲哀、悼念的象征义,这是由于古人有在墓地上栽白杨的习俗,古诗中有"白杨多悲风,萧萧愁杀人",后来由于茅盾《白杨礼赞》的影响,"白杨"又产生了"朴实、坚强"的象征义。又如,"爱人"一词在20世纪50年代泛指丈夫、妻子、情侣,有明显的亲昵意味和相当广泛的使用范围。后来"爱人"的词义缩小,专指丈夫或妻子,而未婚情侣用"对象"或"朋友"来指称。"先生""太太""小姐"在20世纪70年代有轻蔑嘲讽之意,90年代其色彩起了变化,含有尊敬的意味。

第三,民俗词语的特殊用法。阿Q本是鲁迅小说《阿Q正传》中的人物,现在成了以精神胜利法为自我安慰者的代名词。诸葛亮是智慧的化身,红娘是媒人、介绍人的代名词,"粽子"作为端午节的食物,黏附有祭奠屈原投汨罗江而死的民俗语义。红豆因王维《相思》诗中有"红豆生南国,春来发几枝,愿君多采撷,此物最相思"之句,故被视为夫妇、情侣相思的象征物。竹子象征高风亮节,青松象征坚贞不屈,七夕、鹊桥、牛郎织女因有特殊的出典用来表示坚贞、缠绵的爱情。太极拳、四化、五讲四美、知青、上山下乡、子弟兵、三讲、三个代表、计划生育、独生子女等词语,反映了中国特有的民俗文化,外语中没有现成的对译词语。

三、语法与文化

语法是语言的结构规律,它制约着句子"通"的问题。由于汉语语法具有意合特点,因此,句子的"通"与"不通",有一定的弹性。如《牵手》的歌词"悲伤着你的悲伤,幸福着你的幸福",这是"通"还是"不通"呢?只要是汉民族,或者是使用汉语的民族,谁都不会不明白,那就是"通"的。修辞为了使句子表达"好",但"好"必须以"通"为前提。因此可以说,语法是修辞的基础。句子合乎语法,才有调整、加工的可能。汉语的语法手段主要是语序和虚词,同时,语序也是修辞的手段之一,相同的字,语序不同,意义也随之发生变化。如曹禺先生的《北京人》第二幕中,江泰的一段话:"我们只会叹气、做梦、苦恼,活着只是给有用的人糟蹋粮食,我们是活死人,死活人,活人死!"这段话中"活死人,死活人,活人死"就是把"活、死、人"三个字调换语序形成的。

同样,复合词内部各语素的次序安排,也反映了汉民族的价值取向。如夫妻、父母、公婆等,构成这些词的两个语素之间的关系是并列的,按构词理论来说,并列的两个语素可以互换位置,且意义不变。因此,"夫妻"完全可以说成"妻夫","父母"也可以说成"母父","公婆"当然也可以说成"婆公",这些都是合乎语法规范的。但是,汉民族却固执地、潜意识地把男性的词素放置首位,这多少也映射出汉民族重男轻女的传统价值观。

语法与民俗的关系反映在词法、句法和敬语上。在词法中,"名·名"结构是汉语构词法的一个重要特点,在"名·名"结构中,男女的语序也反映了各自的社会地位,"男女、夫妻、夫妇、子女、公婆、兄妹、哥嫂、父母、岳父岳母"等词语中男先女后的词序也是民俗文化在构词上的反映。句法上的民俗文化主要表现在汉语特有的句法上,礼貌语言中的"请问",是古汉语的遗留,是"请允许我问"的意思,《项羽本纪》中有"臣请入,与之同命"。敬语最明显地反映了民俗文化的影响,古汉语中的第一人称代词吾、余、予、联、台,以及第二人称代词汝、君、子、公、先生、足下、左右、执事,都各有其语用条件。

四、修辞与文化

由于修辞的需要,语法上的某些偏离现象也是允许存在的。事实上这些偏离现象也是建立在合乎语法规则基础之上的。于庭兰《豆蔻春初》:"一碗山风,一碟虫鸣,一群山里娃,醉成柳絮。"从微观上看,这些句子是不符合语法规范的,"山风"怎么用"一碗","虫鸣"怎么用"一碟"来修饰呢?但这个偏离,恰恰起到了很好的修辞作用。鲁迅先生在《白光》中有这样一段描写:"他去得很早,一见榜,便先在上面寻陈字。陈字也不少,似乎也都争先恐后地跳进他眼里。""字"如何"跳"进他眼里,这看似搭配不当,不合语法,但这里却恰如其分地反映出陈士成看榜的急切心情。这是修辞上的偏离,不能用符合不符合语法来衡量。席慕蓉的诗《青春》之一:"所有的结局都已写好,所有的泪水也都已启程,却忽然忘了是怎么样的一个开始。""泪水"怎么能发出"启程"这个动作呢?显然是不符合物理世界的逻辑,但却增强了表达效果。

我国第二炮兵政治部文工团为纪念建党85周年,创作演出的音乐舞蹈史诗叫《东风颂》;而英国诗人雪莱却写了一首名叫《西风颂》的诗。这是由于特殊的地理环境决定的。我国东临太平洋，海风从东吹来，和煦温暖；而英国西靠大西洋，西风吹来，和煦宜人。因此，我们常说"东风和煦"，而英国人却说"西风和暖"；我们常说"西风刺骨"，而英国人却说"东风凛冽"。

黎运汉先生曾举过一个有趣的例子：据说几十年前，国际联盟曾以"大象"为题征文，英国人写的是《英国统治下非洲的猎象事业》，法国人写的是《象的恋爱论》，意大利人马上哼起了《象啊，象啊……》的诗歌，德国人提笔就写思辨性很强的《关于象之研究》，俄罗斯人写的是《俄罗斯之象——世界之最》，中国人写的是《象群的"伦理纲常"》，美国人写的是《象与驴之战》（象为共和党的象征，驴为民主党的象征），而波兰人则写了一篇政论——《波兰的主权与象之关系》。这 8 位作者的论题是同一客观对象——大象。但由于各自的文化历史背景不同，反映出来的意象也就不同。其修辞意象蕴含着各自的民族性格、精神面貌、思维习惯、生活情趣等文化特征。[19]

修辞从筛选、锤炼的角度去研究词语的运用。刘勰在《文心雕龙·章句篇》中指出："夫人之立言，因字而生句，积句而成章，积章而成篇。篇之彪炳，章无疵也；章之明靡，句无玷也；句之清英，字不妄也。"古人卢廷让说："吟安一个字，捻断数茎须。"著名的"推敲"典故，讲述了唐代诗人贾岛骑着毛驴做诗，当写到"鸟宿池边树，僧敲（推）月下门"时，对句中用"推"还是用"敲"，吟哦不定，后遇到韩愈，切磋再三，最后定下"敲"字，既有动作表现，又有音响效果，表现力极强。古代讲的字也就相当于今天的词。汉字是在汉民族特有的文化土壤中诞生的，它是中国文化的脊梁，瑞典汉学家高本汉说过："中国人抛弃汉字之日，就是放弃他们的文化基础之时。"

五、逻辑与文化

逻辑研究的是思维的形式和规律，只有合乎逻辑的思想才能被交际对象接受和理解。因此，只有合乎逻辑，才能提高语言的表达效果。修辞当然要以逻辑为基础，但是有时有条件地突破逻辑限制，故意违反逻辑常规，产生出各种变异用法。尽管在语言的表层理解上往往不合情理，但蕴含在深层的含义却是常态语言无法比拟的。如臧克家在《有的人》这首诗中写道："有的人活着，他已经死了。有的人死了，他还活着。""活着"的人却说成"死了"，"死了"的人却说成"活着"。这话看起来似乎非常矛盾，不符合一般逻辑，甚至是有悖常理。但实质上却是对逻辑常规的灵活运用，诗句是从"肉体"和"精神"这两

---

[19] 黎运汉《修辞学研究对象的文化透视》，《暨南学报》（哲学社会科学版）1994 年第七期。

种不同的角度来歌颂某些人,鞭挞某些人的。既爱憎分明,同时又准确地反映出事物间既矛盾又统一的辩证关系,含意深刻。中国人填写履历表是由远到近,西方人由近到远。中国人与美国人在姓与名的语序不同方面,也反映了思维方式的差异。

第三节 地域方言与历史文化

一、方言是地域文化的活化石

地域方言是地域文化的组成部分,又是地域文化的载体,地域文化是方言产生和发展的底座。方言是语言的变体,它的形成和发展受多种因素制约。汉语的方言主要是北方话地域变体的产物,揭示其流变轨迹,对全面认识方言的流变有其重要的意义。

方言这个概念在我国周代就有了,那就是所谓"殊方异语"。这"殊方"即指不同的地方,"异语"主要指词汇的差异。现代语言学着眼于它的地域性,把方言看成是语言的地域性变体。方言是语言分化的结果,远在部落语言阶段,就开始分化出方言,就产生了部落共同语和方言的对立。方言从属于共同语,是共同语的支脉。方言的发展有两种前途,一是继续分化成独立的语言,一是发展成为民族共同语。

方言差异的形成因素主要有以下几个方面。

(1) 地理因素。山川、森林、沼泽等地理因素往往妨碍人们的往来,也可能导致方言的形成,如我国浙江省,西部山地交通不便,方言差异较大。北部是平原地区,因为交通方便,方言差异较小。又如江苏镇江,江南地区是吴方言区,而江北地区则是北方方言区的江淮方言。但河流不一定都导致方言差异的形成,如在广东,韩江下游是潮汕方言(属闽方言中闽南一支)和客家方言的分界,而珠江水域的西江却又把方言带入粤西一带,进而跨入了广西。

(2) 人口的分布。人们生活的共同体往往因人口的增长不得不扩大居住地的面积,久而久之,距离较远的人们,彼此交往越来越少,甚至互相隔绝,他们的语言出现了各自的特色乃至出现了方言差异。

(3) 人口迁徙。游牧时代人们逐水草而居,使人类的生活共同体分割成不同群体,时间一长就有可能形成不同的方言,蒙古语的方言就是这样形成的。

(4) 异族语言的接触。在语言发展过程中不同部族或民族的语言发生接触,吸收某些对自己有用的语言成分,这在某种程度上也导致了方言差异的形成。如汉语西北方言(甘肃、新疆、宁夏一带)声调数目的减少(新疆乌鲁木齐汉语方言只有阴平、阳平、去声三个声调,甘肃天水和宁夏银川只有平声、上声、去声三个声调)与受西北地区其他民族语言(如阿尔泰语系各语言)的影响不无关系。近代粤语吸收了一些英语的词语,东北方言吸收了一些俄语的词语,闽方言吸收了一些印尼-马来语的词语,这些方言词语是民族语言接触的产物。

古人早已发现汉语方言及地域文化差异的存在。《礼记·王制》云:"五方之民,言语不通,嗜欲不同。"东汉王充《论衡·自纪篇》说:"经传之文,圣贤之语,古今言殊,四方谈异也。"

汉语方言是和汉民族共同语相对而言的。汉族早在汉代以前就使用着一种统一的书面语言,这种古代书面语言最初也是建立在口语基础上的,后来,和口语的距离越来越远,渐渐成为一种脱离口语的书面语言,通常称为文言。到了唐宋,又产生了一种接近口语的书面语言——白话。白话是在北方方言的基础上形成的。宋元以来,用白话写成的话本、戏曲、小说很多,如《水浒传》、《西游记》、《儒林外史》、《红楼梦》等一大批有影响的文学作品都是用北方方言写成的,由此而加速了北方方言的推广。1153年金朝迁都燕京(今天的北京)以后,元、明、清三个朝代除明初,短期建都金陵(今天的南京)外,都建都于北京,北京作为中国的政治中心,前后历时八百余年。自金元以来,由于北京开始成为中国政治、经济、文化的中心,北京话的地位显著提高,一方面北京话作为官府的通用语言传播到全国各地并发展成"官话",以此作为各方言区之间共同使用的语言。另一方面,白话文学作品尤其是元明戏曲,也更多地受北京话的影响。20世纪尤其是五四运动时期,由于白话文动摇了文言文的统治地位,又由于国语运动在口语方面使北京话成为汉民族共同语的标准音,这两个运动相互影响,使书面语和口语接近起来,形成了普通话。

现代汉语有七大方言:北方方言、吴方言、湘方言、赣方言、客家方言、闽方言、粤方言。在七大方言中,北方方言可以粗略地看成是古汉语数千年来在广大北方地区发展的结果,其余六大方言却是由于历史上北方居民不断南迁而形成的,在秦汉以后的两千多年中,北方人曾有几次大规模的南下,带来了不同地区不同时期的北方古汉语,分散到南方的不同地域,逐渐形成南方的六大方言。而这六大方言内部,其差异的形成主要是由于:南下之前的北方古汉语内部有差异;南方古越语在与北方古汉语接触前本身也有差异;北方古汉语是不断发展的,北人南下的时间有先有后,带到南方的北方话自然也有差异;南方各方言内部独立发展出一些新的成分。

历代移民是汉语南方六大方言的成因,从移民史可以追溯这六大方言的最初源头,反之,从六大方言的演变可以探测历代移民的情况。

在南方六大方言中,以吴方言最为古老。吴方言早在春秋时代就已有萌芽了,先周时部分渭水中游的居民,南迁到江南地区,所带来的语言奠定了吴语的最初基础,到六朝时吴语已发展成了与中原地区的北方话很不相同的语言变体了。吴语三千年来一直受到不断南下的北方话的影响,比较原始的吴语特征反而保留在闽语中。湘语的形成晚于吴语,湘语源于古楚语,而楚人溯其源也是来自中原移民,古吴语与古楚语比较接近,今天的湘语和吴语还有不少相同之处。粤语晚于秦代形成,战国时的楚国南疆只到五岭,后来秦国花了很大力气进攻越人占领了岭南,为防止得而复失,遂留下五十万人戍守岭南,这些戍卒所使用的语言就成了日后粤语的先声。闽语的形成比粤语更迟,西汉后期有少量移民由北南来,汉末至三国晋初,来自江南浙北的移民分别由海路和陆路大批拥入福建,沿海地带新设福州、泉州等五县,闽西北出现了浦城、建瓯等六县,古闽语的基地业已形成,这时的福建方言是当时的吴语,由于移民来自不同的路线,又由于沿海和内地的隔离,使闽语最重要的差异存在于沿海与闽西北之间。赣、客方言形成最晚,江西古称吴头楚尾,是古吴语和古楚语的交汇处,东晋南朝时期,有部分北方移民进入赣北、赣中地区,他们带来的北方话成了赣、客语的前身。

方言与移民的关系,主要表现在:移民带来的方言取代土著语言;移民放弃旧地方言改用新地方言;移民的旧地方言和新地方言相融合;移民远距离转移仍然保持其固有方言;移民的原方言在新居地演变成新方言;移民造成民族错居,引起方言更替;移民引起毗邻地区方言发生不同程度的质变;移民的方言冲淡了土著方言的特征,出现了移民的双语现象。

移民方式和方言地理分布类型的关系表现为:占据式移民和方言内部大面积的一致性;墨渍式移民和蛙跳型方言的传布方式;蔓延式移民和渐变型方言;杂居式移民和掺杂型方言;闭锁型移民社会和孤岛式方言;板块转移式移民和掺杂型方言。方言和移民关系的研究,为研究汉语方言的形成和北方话南下的地域流变提供了依据。

方言研究的意义不仅仅在于开发语言的资源,促进汉语规范化、文字改革、推广普通话这三大语文运动,加深对现代汉语特点的认识,为汉语史的研究提供极为重要的活素材;还在于为社会学、民族学、历史学、考古学提供借鉴,有助于民间文化的研究。方言的形成是社会分化、人类迁徙、民族融合、文化交流等原因促成的。研究方言势必要联系社会的历史文化，从这一点上说，方言是社会历史文化的化石。通过方言的研究可以透视方言所反映的民俗、文化、心理等。谚语、惯用语、歇后语、谜语、行话、俚语、称谓、名物、禁忌，以及民歌、戏曲、小说等在方言中均反映了各地的文化风貌。

二、方言化石与栽培文化的传播

关于亚洲稻的栽培起源和传播，在国际学术界以印度起源说最盛，中国起源说较少。印度起源说认为，稻是从印度经由缅甸、老挝、柬埔寨、越南传华南，再北上进华北。近年来学者们倾向于把印度东北部、尼泊尔、缅甸和泰国北部以至我国云南这一长形地带看成是亚洲栽培稻的起源地，栽培稻可能是从越南经由我国东南沿海而传入长江下游流域的。我国学者从浙江河姆渡新石器时代遗址出土的炭化稻谷论证我国栽培稻为世界最早。1980年我国方言学学者游汝杰在《从语言地理学和历史语言学试论亚洲栽培稻的起源和分布》(《中央民族学院学报》1980年第3期)中，论证了亚洲栽培稻的起源和传布。具体方法是：一路从西南经华中和华东北上进入长江流域，一路从四川、云南北上进入黄河流域。

麦类的起源问题在农史学界意见不一。在上古汉语中，"麦"称为"来"。《诗经·周颂·思文》诗中说天帝给同室的始祖后稷"来牟"以种子，让他教百姓种植，看来中原本无麦种，《诗经》中"来"很可能是古代羌族(今藏人的祖先之一)，据"麦"这个词的记音，可以推测，麦类很可能是由羌族东传而入华夏的。

玉米在我国各方言区中称呼不一，如玉米、玉麦(南宁)、包谷(思州)、红须麦(巍山)、黍麦(温州)、麦穗(厦门)，称呼的不同，很可能暗示了玉米的起源不在我国，厦门方言中将玉米又称为"番大麦"，"番"是舶来品的标志。玉米原产于南美洲，经两条线路传入我国：一是在15世纪末由葡萄牙人先将它带到爪哇，再于16世纪传入我国；另一条线路是由阿拉伯人中转经西班牙、麦加、中亚传入我国。初入我国时叫"御麦"，"御"和"玉"在北方话中同音，后来称"玉米"。

甘薯，在许多方言区如南昌、梅县、广州、阳江、厦门、潮州、福州、温州称番薯。番薯原产于南美洲，哥伦布发现新大陆后，西班牙人将它带到菲律宾。明万历年间，福建因台风受灾，总督金学派人到菲律宾，由陈经伦运回番薯种，为纪念金学的功绩，番薯曾一度叫金薯。这在清人周亮工《闽小记》中有记载。番薯是16世纪传入我国的，16世纪马铃薯传入我国，温州称洋番薯(或番人芋），厦门称为番仔、番薯。在北方，马铃薯先引种到华北的京津和山东，以后推广到内蒙。而在南方沿海则是由日本、台湾或南洋引种的，广州、潮州、梅县把它称作"荷兰薯"，因为日本的马铃薯先由荷兰人在长庆年间传到长崎，明代初年再由美洲输入良种，明初荷兰人在台湾和南洋活动频繁，荷兰薯与之有关。豌豆在闽南方言中称作荷兰豆，可能与日本引种后输入我国有关。

胡豆有二指：一是指豌豆，它是从胡地（西域）传入的豆；二是指蚕豆，这是四川方言。四川特产"怪味胡豆"就是将辣椒和香料加进蚕豆制成的。豌豆由汉代张骞自西域带回，蚕豆是阿拉伯人于13世纪将蚕豆传到云南、四川的。以"胡"冠首的动植物并非都是舶来品，来自西域的只有胡麻（芝麻）、胡菜（油菜）、胡萝卜等。胡桐、胡蝶并非来自西域，而是古汉语中的动植物名。

"箬"本为楚方言词，只有楚地的人已经认识和利用箬叶，端午包粽子、赛龙舟，追思屈原。"箬"传到福建后，闽人发现它可做笠衲鞋，端午包粽，便将它的词义扩大，用"箬"指一切树叶，"叶"字在口语中反而废弃不用，就连茶叶也叫"茶箬"。

"茶"是我国的特产，它源于中国的云南，茶的人工栽培以巴蜀最早。饮茶的风习也源于巴蜀，东汉以后饮茶之风向江南一带发展，继而进入长江以北，起初北方人饮茶者不多，因饮茶有利佛教徒坐禅提神，到唐代中期饮茶之风大盛。饮茶风习很早就传入少数民族，满语、蒙古语、哈萨克语、吉尔吉斯语，以及早期维吾尔语中均有茶的汉语译音词。

辣椒原产于南美洲热带地区，16世纪传到欧洲，17世纪的明代末年传到我国，在我国南方的方言区，如温州、厦门称作番姜，在福建的建阳、建瓯、崇安、浦城、政和、将乐、顺昌、光泽称作番椒，这些方言词告诉人们，辣椒是舶来品。

南瓜的产地是在美洲，这是常见的说法。浙闽的方言区如温州、义乌、建瓯、邵武、政和、南平等地因南瓜色黄如金而称之为"金瓜"。南平话是明代形成的北方方言岛，它的词汇系统是北方话系统，由此推断，该方言岛形成时（明代）北方还没有种植南瓜。

我国的植物栽培文化在世界农业发展史上占有重要的地位，我国自古以来就是农业国，中华文化正是在农业的基础上产生和发展的，黄河中游的夏族和下游的夷族，在共同的农业文化背景下融合成华夏民族，从各民族对植物的称呼可以透视栽培植物的起源和传播。

三、方言词语的民俗文化内涵

方言的差异主要表现在语音、词汇、语法三要素上,在这三要素中,词汇最能反映民俗文化的内涵,因为民俗语汇是民俗与语言的典型凝固结合体。如北方人炒菜用"锅",浙江人用"镬",福建人用"鼎",这种同物异称的现象反映了古今炊具形制的变化。秦汉以前均用三条腿的鼎,后来去掉三条腿而与今天的圆底锅一样(今天也有遗留三只短脚便于置地),其后北人南下将"鼎"这个词带到南方,在福建保留至今。而在北方经过世代更迭,改称"鼎"为"镬",该词又南渡到江南吴语区。再后来北方话又以"锅"替换"镬"或"釜"。又如"泊"在书面语中的意思是"船靠岸",但在闽方言中该词的词义扩大了,鸟停树称"泊枝",蝉附壁叫"泊壁",行人投宿叫"投泊","飞檐走壁"叫"飞檐泊壁"。"泊"的词义范围的扩大,与福建人"习于水斗,便于用舟"(《汉书·严助传》)的水居生活习俗是分不开的。再如,在阴历除夕或春节,各地都有长辈送压岁钱给晚辈儿童的习俗,温州人称压岁钱为"压岁包儿",因旧时压岁钱需用红纸包好才能馈送,而北部吴语则称之为"压岁铜板",是因为"铜板"一度作为货币。

名物即事物的名称,也就是称名。方言中称名的复杂性是由于各地方言与习俗惯制互有差异。名物差异主要表现在同物异名和同名异称上。

(一)同物异名

南方人所称的"面粉"在北方被称为"面"。"用小麦粉制成的条状食品",在北方叫"面条",而在南方一些地方称"面"。"稻米"在北方叫"大米",南方只叫"米"。"粟"在北方叫"米",在南方叫"小米"。用稻米煮成的干饭在北方称"米饭",而在南方只叫"饭"。这些名称反映了北方以面食为主,南方以米食为主的不同饮食习惯,所以北方人吃稻米煮成的饭时称作"米饭",以区别于日常的"饭"。南方以产米吃米为常,对"粟"称"小米"以示区别。又如"稻草"在江南水稻区称为"柴",堆放稻草的地方称作"柴场",这是因为太湖流域不产木柴,于是将稻草作柴烧,而浙南的山民终年和木柴打交道。南方的山区用木炭作燃料,"木炭"在口语中只说成"炭",而山西的"炭"指煤炭,并且将煤炭分得很细:煤(粉状的炭)、炭(块状的煤)、笨炭(块状无烟煤)、希炭(块状有烟煤)、蓝炭(块状焦炭)。因山西是产煤的地方,南方有的地方不产煤,就没有关于煤的详细称名了。浙南沿海和舟山群岛的方言对蟹的称呼繁多,内蒙对牛马羊的称呼特多,在各类方言中,某些语汇的繁简,均反映着各地乡土文化特点的不同。

（二）同名异称

同名异称主要反映在亲属称谓词上。汉族人的亲属关系大致相同,但在各方言中,关于亲属的称呼却不尽相同,在广州方言中,"伯爷公,年老之男子须发苍苍者也。伯爷婆,年老妇人也。老公,正式之夫也,老婆,正式之妻也。……妹仔,婢女也。大妗,旧式结婚时所雇之伴娘,伺候新娘者也。婆妈,女仆也"(《清稗类钞·方言类》)。以"妻子"为例,沈阳、济南、合肥、南昌、广州等地口语均称"老婆",西安、成都称"女人",昆明称"婆娘",扬州话里称"老婆、女人、堂客"。苏州话中称"女人"或"家主婆",温州话称"老媪"或"老迎客",如东话中有"爱人、女将、女的、堂客、老婆、娘子、婆儿、妈妈儿、奶奶"等,东北话中还有"屋里的、孩子他妈、做饭的、老伴、老婆子"等。据《如东县志》载,当地称自己的儿子为"我家伢儿、小伙、儿子",而称他人家的儿子为"你家相公、你家小的",个别地方称"少爷",江苏如东人还称儿子为"侯子",称自己的女儿为"姑娘、女儿、丫头",海边人则叫"不下海的"(旧时女人不下海)。北方人所称的"媳妇",在南方称"新妇"。"新妇"是个古汉语词,在《后汉书·周郁妻传》中,周郁的父亲将儿媳妇称作"新妇",后来北方改称"媳妇",而"新妇"这个古词语一直保存在南方方言里,"新妇"即家里"新来的妇人",它反映了汉族长期以来妻子到夫家落户的婚姻制度。

四、方言与民间文学

民间文学是民间口头语言艺术,它的地方色彩与书面创作的文学作品相比,乡土气息还要鲜明浓烈。因其大多以地方口语创作,所以同方言的联系十分密切。民间文学作品的方言、俗语、民俗语汇,是其地方特色的显著标志。尽管书面创作如何运用方言、是否采用方言,是20世纪20年代以来讨论至今尚未取得一致意见的老问题,然而民间文学中方言的运用也是不可避免的。正是这些方言使民间文学带有基本的地方色彩和民俗价值。

民间文学是指群众口头流传,并不断地集体修改、加工的文学,包括大量的神话、传说、故事、歌谣、平话、谚语、说唱、戏剧等。民间文学作品在流传的过程中可能会经文人加工而发生语言变化,但它的原有地方特色和方言往往成为民间文学的基本特色,失去这些特色就不能称为民间文学。

（一）方言与民歌

民歌是用方言来创作和演唱的,方言和民歌的联系不但体现在歌词上,同时也体现在音调上。民歌是中国文学的主要源头,《诗经》中的十五国风本来都是民间歌谣,后经文人加工,其中的方言已被"雅言"取代。《诗经》以来的数千年中,代代都有民间歌谣的产生和传布,但是由于垄断文坛的文人学士看不起民歌,不屑于将它用文字记录下来,因此民歌流传至今的并不多。历代民歌可以分为未有记录和已有记录两大类,未有记录的民歌又分两种:一是历史上曾流传但现已消失的,它们的方言系统无从考证;另一种是至今仍在传唱但尚未记录的民歌。这类民歌的记载形式是用方言词和方言字记录,无相应的字记录时就用同音字。已有记录的民歌也分两种:一是散见于各种历史文献的民歌,二是经文人编辑出版的民歌集。它们为方言的研究提供了可靠的书面依据。

歌谣是一种方言文学,歌谣中所用词语带有地域性,如果研究歌谣而忽视了方言,就有损歌谣的意思、情趣、音调,因此研究方言是研究歌谣的基础。方言工作者注意收集和记录当地的民间故事、歌谣、儿歌、谚语、谜语等,赵元任用国际音标记录了苏州民间故事《北风和太阳》,罗常培于1931年发表了一些厦门民歌,见于所著《厦门音系》中。一些文人用方言创作民歌,刘半农用江阴方言中最常见的民歌——四句头山歌的声调作诗十多首,集成《瓦釜集》,这是新诗史上第一部文人用方言写的民歌体新诗集。倪海曙于20世纪40年代用苏州话创作诗歌,并用苏州话翻译《诗经》。

(二)方言与戏曲

戏曲是一定地域内采用当地方言,改造民间歌舞而形成的,最初的形式是地方戏,区别这些地方戏的最显著的特征是方言而不是声腔。古人曾根据方言来判别民间歌舞(戏曲的源头之一)的地域归属。歌词中的方言可以作为判别的标尺。方言的不同,字、音、调从甲地传到乙地时,为了吸引观众,常常吸收当地方言和音乐的特点,以至于产生新声腔派别。北曲和南曲就是这样形成的。

温州的乱弹传入黄岩,改用黄岩方言演唱,就形成了黄岩乱弹。黄梅戏起源于湖北省黄梅县的采茶歌,采茶歌在鄂、皖、赣三省交接地,结合当地的方言、民歌、舞蹈而形成黄梅戏的雏形,清朝道光年间传入安庆地区,以怀宁为中心,结合怀宁方言和民歌形成怀腔,黄梅戏初入皖时带有湖北话的成分,严凤英、王少舫演唱时还带有湖北的舌尖圆唇元音。今天的黄梅戏以安庆方言为基础。

地方戏曲品种的区别最初只出现在声腔的差别上,20世纪50年代才出现了"剧种"这一新名词。我国的地方戏曲可以分成昆曲、高腔、梆子、皮黄四大类,此外还有一些民间歌舞和小调,其中任何一种声腔从起源地传到另一地往往结合新地的方言和音乐成分而发生演变,发展成新声腔。因此,地方戏的方言成分和它的起源地的方言不可能完全一致,京剧韵白和旧时的武汉音相比,其字音和武汉话相同,而四声的调值和汉剧韵白近似,因此京剧韵白的方言系统,有人说是湖北音,有人说是中州(河南)音,前者较可靠。地方戏曲虽用方言土语来演唱,但和当地的口语并不完全一致,对白和唱词作为书面语是用当地字音读唱的。如越剧起源于浙江嵊县,20世纪40年代流行于吴语区,但演出时决不是典型的吴语。由于方言和戏曲关系密切,我们还可以通过戏曲中的方言词语考订编剧者的方言区,还可以找出方言地理和戏曲地理的对应关系,也可以通过方言词对戏曲术语进行考源。

(三)方言与小说

清末之前有一些纯粹用方言写作的小说,如文康的《儿女英雄传》、石玉崑的《七侠五义》是用北京话写的。此外,还有用扬州话写的《飞跎子传》(邹必显),用苏州话写的《海上花列传》(韩子云)和《九必龟》(张春帆,限于对白),用北部吴语写的《何典》(张南庄)。这些小说为研究清代方言提供了材料。方言和小说的关系,表现在弄清方言不仅可以欣赏作品,还可以通过方言考证小说的作者及其籍贯、成书过程、版本等。

《红楼梦》是用北方话写的,其中除了北京话以外,还有一些次方言,如南京、扬州一带下江官话的语音、词汇、语法成分。如"刘"和"牛"同音双关,在江淮官话中才有,"薛"与"雪"同音出现于南京话。"家去"(回家)在扬州话中常见,这些方言现象在《红楼梦》中均有出现,这说明:作者曹雪芹谙熟扬州话,他能用方言来塑造人物形象,林黛玉原籍苏州,但是在扬州长大,她的话语中扬州话较多。后四十回中的方言成分比前八十回少得多,说明高鹗谙熟江淮官话的程度不如曹雪芹。从《红楼梦》的版本来看,庚辰本和程乙本中都有江淮方言的成分,但后出的程乙本删去了庚辰本中的一些方言成分,而在其他地方又增添了方言成分,如"我来迟了,不曾迎接远客"被程乙本改成"我来迟了,没得迎接远客","没得"是南京方言,可见程乙本的整理和抄刻者也是谙熟江淮官话的。

《水浒传》是用山东方言写的,其中有不少吴方言成分。《水浒传》并非一人一时之作,最早的水浒故事原型出现在南宋,当时南宋的都城临安(今杭州)说书很发达,临安虽有大量北方移民,但本地和乡下吴语区的听众也不少,为了适应听众的需要,说书时用些当地的吴语成分是可以想见的,这些吴语成分如：语音上"村"代"蠢"反映了吴语平舌音和翘舌音不分，以"隐"代"影"反映了吴语前鼻音和后鼻音不分。词汇上的"面汤、肩胛、下饭"等被说书人前后相传带入定型的《水浒传》中。

《金瓶梅》主要是用山东方言写的，一般认为作者是山东人。但《金瓶梅》中一些吴语成分，如"面（脸）、掇（双手举物）、事体（事情）"不同于山东话。书中有些反问句式和吴语相同，主要集中在五十三回至五十七回，这五回是江南人增补的。这个增补者在书中其他地方也作过添补，因而留下了吴方言的痕迹。

总之，民间文学出自方言，采集、整理、欣赏民间文学要从方言入手，民间文学的载体是方言，方言又是解开民间文学之谜的钥匙。

第四节　汉语与英语的文化差异

俄罗斯有句谚语："在一个人的尿布上就留下了这个民族的痕迹。"意思是说，一个人从呱呱落地之时起便依附于该民族的物质和精神的生存空间，并在其成长过程中逐渐习得该民族的价值观念、风俗习惯、伦理道德、思维方式，从内在的思维到外在的行为都烙有该民族的印记。

不同文化背景的人说话方式或习惯不尽相同，都各自有一套说话的习惯，如怎样开始交谈和保持交谈、怎样表示礼貌等。人们的说话方式是伴随其成长过程、在日常生活中逐渐形成的，这是很难改变的。人们在交谈中自动地、不假思索地遵循自己的说话方式或习惯，所以在交流中，他们总喜欢用自己的说话方式来解释对方的话语。这就可能对对方的话语作出不准确的推论，从而产生障碍。生搬硬套，缺乏应用语言的灵活性，忽略语言的交际功能和文化内涵，这是跨文化交际中产生误会的另一重要因素。英语教学和对外汉语教学必须打破传统意义上每节课单词、发音、语法等"填鸭式"应付笔试的教学法，注重语言的文化比较。

一、词语的文化差异

（一）寒暄词语

寒暄词语包括招呼用语、告别用语、敬辞和谦辞。

1. 招呼用语

招呼用语在英汉两种文化中普遍存在，具有相似的社会功能，但是具有语用上的差异,而这些差异往往是跨文化交际中语用错误的根源。英语中的"Good morning","Good afternoon","Good evening","Good day","Hello","Hi"等,我们可称为"问候型招呼语",它们在汉语中没有上述对应的问候语,尽管新闻媒体和娱乐界的人士乐于用"早上好""晚上好"来问候听众和观众,而在日常生活中,人们大都频繁使用"您(们)好""您早",其中"您好"使用频率最高。

一个刚到中国不久的外国留学生结结巴巴地用汉语说:"你们为什么老问我吃了饭没有?我有钱。"他以为人们总问他"吃饭了吗"是因为怕他没钱吃饭。他显然对这种问法感到生气。中国人见面彼此之间使用频率最高的打招呼方式是:"你吃了吗?""忙什么呢?""你上哪儿去呀?""还好吗?""过得怎样?""混得怎么样了?"(用于见面不多,甚至久别的熟人、朋友之间)。这是不分时间地点、放之四海而皆准的招呼方式。其实在这种场合,问话者本意并非关心对方是否吃过,也并非对对方最近在忙什么或去什么地方感兴趣。说穿了,这纯粹是一种客套用语。如果我们不加分析,不看对象,见了外国朋友也用同样的方式问候:Have you eaten? 他会误认为你在问他是否吃过饭或请他吃饭。对于行走在路上的外国朋友,如果你问他:Where are you going? 他会感到莫名其妙,心里嘀咕:It's none of your business. 英语中"询问型礼貌语"表达为"How are you?""How are things with you?""How is everything with you?"等,这些询问语在更多的情况下已成为人们见面时的寒暄语,并不是真正要问别人情况。

汉语中的"上哪儿去啊?""到哪儿去啦?"这样打招呼的话直译成英语就是Where are you going? 和 Where have you been? 用这两句英语来打招呼,大部分讲英语的人听了会不高兴,他们的反应很可能是:It's none of your business!(你管得着吗!)

在许多语言里,打招呼的话往往与时间有关,但即使在一种语言中也有不一致的地方。英语中 Good morning,Good afternoon,Good evening 都相当于汉语中的"您好",只是说的时间不同而已,但不说 Good noon。而 Good night(晚安,明天见,再会)根本不是打招呼的话(大多数讲英语的人不会这样说),这只是告别时说的话。

两个中国人初次见面时,没有什么特别的汉语说法,而多数讲英语的人初次见面总要说 I'm pleased to meet you(认识你很高兴)之类的客套话。分手时,他们还要说句 It's nice meeting you 或 It's nice to have met you(能认识你很高兴)之类的话。

2. 告别用语

人们分手时通常说 Good-bye,Bye-bye,相当于中国人说"再见"。几乎所有语言中都有类似的说法。但在说 Good-bye 或"再见"之前,还有些客套语很有意思,各种语言也不尽相同。如有贵客或不大熟的人来访或串门儿,客人离开时,按中国的习惯,主人要把客人送到房门口或大门口。客人对主人说"请留步",主人最后要说"走好""慢走""慢点儿骑(自行车)"之类的客套话。这些说法不能直接译成英语。如果说 Stay here,听起来十分别扭。如果说 Go slowly,Walk slowly 或 Ride slowly,也很不自然。其实,微微一笑并作个表示再见的手势就可以了。

中国人在与亲戚朋友分手时,总习惯说:"慢走。"以示关心,意即"走好"。但如果我们同外国朋友分手时也照搬同样的方式说:"Walk slowly."外国朋友可能大惑不解:"Time is precious. Why do you ask me to walk slowly?"其实在这种场合,最合时宜的告别语是:"Bye! Have a good day."这样就不会让对方产生错误的联想。

3. 敬辞和谦辞

中国人热情好客,客人来访,主人总是热情地献茶递烟,拿出糖果瓜子等好吃的东西殷勤招待;客人则再三推辞,实在推辞不过才表示接受。而在西方绝无此习惯,客人到家,主人当然也会客气地招呼:"Would you like something to drink?"但如果客人说:"No,thanks."主人则不再坚持,除非客人真正想喝,说声:"Yes,please."主人这才端上一杯茶或咖啡。也就是说在这种场合,主要尊重客人的意志,不会出现推来让去的情况。了解了这一点,对于在中国家庭作客的西方人,我们就不要以中国方式敬烟敬茶,更不要以此种方式在饭桌上向客人敬酒,否则,他会认为你是强人所难而感到厌烦的。

中国人虽以谦虚为准则,但对"请"字的使用频率却远不如英美人高。在中国人看来,越是关系亲近的熟悉的朋友和同事,越要控制用"请"字,如果过于客气,反而显得生分。而西方人则不然,他们在很多场合都用"请"字。客人来访,主人说:"Sit down,please."在课堂上老师让学生回答问题时说:"Answer my question,please."在饭桌上母亲让儿子把奶酪递过来说:"Pass me the cheese,please."等等。

表示谢意英语中的"thank you"和汉语中的"谢谢"都有极高的使用频率,但"thank you"使用频率更高。在汉语中,关系极密切的亲朋好友、熟人之间,尤其是父母与子女之间、夫妻之间,不大言"谢"。而"thank you",英美人一天要说上百次甚至更多。在西方人眼里,中国人在这方面似乎不礼貌:邮递员递过信来,服务员送上茶水、饭菜来,中国人收受时视为当然,很少言谢;"谢谢"和"thank you"在使用范围和场合也有不同。当受到称赞、邀请和服务时,英美人在欣然接受时会表示感谢,而说汉语的中国人通常会用否认或推让的方式。因为,在汉语的语用原则中,这是人们恪守礼貌原则的表现。此外,中国人在商场购物,到餐馆用餐,到旅馆投宿,都会主动向售货员、服务员表示谢意,但对英美人来说,售货员、服务员应向顾客表达谢意,感谢顾客的光顾;英汉两种语言对"谢谢"的回答也存在差异。当受到感谢时,中国人会回答说"不用谢,这是我的职责","没事"之类的话。而英美人士则会回答:"You are welcome."试想,如果将汉语的应答语直接翻译为英语的"Never mind. It's my duty."这种应答只能给英美人士带来不愉快。因为"It's my duty",通常只是值班人员的用语,隐含责任在身,不得已而为之。这样的回答只会让表达谢意的英美人尴尬不已。又如:当客人来主人家带了礼物,英美人往往会当着客人的面打开礼品并赞美一番。对礼物的恭维实为对客人表达谢意的一种方式,是交往礼仪。但这种做法对不少中国人来说是不可接受的。称赞礼物似乎有"下次来还得带礼物"之嫌。而在这种场合,中国人总会说:"带礼物干什么"或是"下次别带了"之类的话。这些话对英美人士来说是一种失礼,因为他们会误解为主人对礼物不满意。

对于"劳驾"一词,中国人使用频率同样也比较低,这在西方人看来很不理解,也不习惯,因为在西方,不管是问路,还是请别人让道,不管是因事失陪客人,还是在公共场合打个喷嚏,都要说一声:"Excuse me."这在西方是一种非常普遍的礼貌用语。讲求礼貌虽然是人类社会共同的文明标志,并无优劣褒贬之分,但不同文化背景的社会具有不同的礼仪规范和礼貌用语,因此礼貌用语也必然受到特定文化的制约。

中国人称呼别人,习惯在姓后面带上职称、职务或职业,如"张校长""王教授""李主任""赵医生",等等。受这一传统思维模式的影响,中国学生在英语课堂上向老师问好总是说:"Good morning, Teacher Wang."甚至外教上课也用同样的方式:"Good morning, Teacher Smith."殊不知这是中国式英语。因为在一般情况下,英美人都是直呼其名,哪怕是第一次见面,否则双方会感到拘束。英美人对称呼似乎更加随便,即使孩子对父母、学生对老师、下级对上级,也可以直呼其名。而在中国,除了同辈或长辈称呼小辈,其他人绝不直呼其名,严格遵守长幼、尊卑的原则。

中国人一向有尊老的传统美德,这也是中国文化的一个方面。在一般中国人眼中,"老"意味着成熟,有经验,阅历深,因而我们习惯称年纪大的人为"老人家",称德高望重的人为"老前辈""老教授""老师傅"。而西方人却恰恰相反,他们特别不喜欢"老"字。在西方人眼中,old 意味着 useless 或 lonely。因而对于上了年龄的西方人,我们切勿按照本民族的习惯在其姓名前加 old。对于一位老教师最好的称呼是 an elder teacher,而不是 an old teacher。否则会使对方感到尴尬,引起误会,甚至反感。

一天早晨,一位英国妇女在中国公园里遇见了一位上了年纪的中国人,看见他长长的白胡子,就走上前用汉语客气地问道:"爷爷,你几岁啦?"老人诧异地看看她,转身对周围的人有点生气地说:"您瞧,她问我几岁啦!几岁啦!"这位年轻的英国妇女根本没有想到自己的话会引起对方的反感。后来她才知道产生误会的原因:她用这句话问一个小孩的年龄是对的,对上了年纪的人应当问"您高寿"或"您多大年纪啦"。跟长辈或上级说话时与同辈或下级说话时不一样,往往要使用某些尊称或敬辞。如果使用同样的词语,会认为用词不当而失礼,甚至显得高傲。另一方面,在跟长辈谈话或给长辈写信提到自己时,要用谦辞,否则也会被人认为失礼。

讲英语的人在用汉语交谈时,对敬辞和谦辞问题感到特别困难。因为在英语中敬辞和谦辞很少,目前一般还在用的就更少了。在英语中,同自己的上级说话或写信时也许需用比较尊敬的语气,但并不需要什么特殊的词语。不论对方年龄多大,级别或地位多高,"你"就是"你","我"就是"我",没有像汉语中的"您"这样的称呼。

英语里的 thank you 和 please 比汉语的"谢谢"和"请"用得更加广泛。如果求人帮点小忙,比如借支铅笔、问个路、传个话、叫人来接电话等,中国人常常不说这些客气话,特别是对亲属和好朋友,更不用这样客气。许多中国人认为,西方人过于喜欢说 thank you 和 please,没有必要,甚至叫人不耐烦。另一方面,中国人相信对方知道自己的感激之情,因此不必多言;但在西方人看来,不说这些客气话就有些失礼,对别人不够尊重。

在求人办事或打断别人的话时,先必须笼统地说一声 excuse me(对不起)。但汉语中这个笼统说法要用不同的方式表达。求别人办事时,一般用"劳驾";请别人让路时一般用"借光"或"请让一让";询问某事时一般加"请问"。不懂这些区别的外国人常常在一切场合中都用"对不起"。

汉语中的"辛苦了"是一句很热情的话,表示对别人的关心。有时用"辛苦了"来肯定别人付出辛勤的劳动和所做出的成绩,并表示慰问。用英语表示这种意思时要十分注意。"辛苦了"这句话适用范围很广,而英语却没有完全对应的说法。有人打了个喷嚏,旁边的人有时会说点什么。中国人可能会说"有人想你了""有人说你了"或开玩笑地说"谁在骂你";英国人或美国人则说 god bless you(上帝保佑你)。

(二)禁忌语和委婉语

1. 禁忌语

在英语中,大部分诅咒、骂人的话与基督教的词语和名称有关。在汉语中这种固定的咒骂或骂人的话似乎少些,最常用的是"他妈的",但听的人不会引起很强烈的反感,因为有时它已经转化为无教养的人的口头语。诅咒、骂人的话受到年龄、性别、职业的限制。孩子骂人马上会受到大人责备,妇女骂人会被人认为粗俗失礼,教师骂人会被认为有失体统。诅咒、骂人的话也受环境和场合的限制。在当众发言、课堂教学或和有一定社会地位的人在一起时,人们就不大会说诅咒、骂人的话;在家里、在劳动场合、市场上,说的人就比较多。

特别是年龄对西方人,尤其是英美人来说,是一个十分敏感的话题。因此,在与英美人士的交往中,打听对方的年龄,说对方相貌老,都属很不礼貌的行为。中国的传统文化对于谈论年龄的话题向来比较随意,不仅如此,社会交往中还习惯于拔高对方的辈分,以示敬重。比如年轻男子相聚,彼此之间总喜欢以"老张""老王""老李"相称。"老"字用在这里是敬辞,表示对对方的尊重、友好。而西方人却回避"老"。所以,在与英美人士的交往中,照套我国传统习惯,就可能引起对方反感、难堪。

曾有一位八十多岁高龄的美国老太太来华旅游并参加短期汉语学习班,负责接待工作的小姐对她说:"您这么大年纪了,还到国外旅游、学习,可真不容易呀!"这句话若是对同样高龄的中国老太太说,中国老太太准会眉开眼笑。可是那位美国老太太一听,脸色立刻晴转多云,冷冷地应了一句:"噢,是吗?你认为老人出国旅游是奇怪的事吗?"姑娘本意是表示礼貌、友好,结果却事与愿违,原因就在于这位小姐不明白英美老人对"老"的忌讳。

一位五十来岁的美国妇女在中国任教。有一位年轻的中国同事请她到自己家里来吃饭。一进门,女主人就把四岁的女儿介绍给客人。小姑娘用英语说:"阿姨好!"她妈妈跟她说过,见了成年妇女要这样问好。

"不对,不能叫阿姨,"妈妈连忙纠正说,"要叫奶奶。"

"不要叫奶奶,就叫我阿姨好了。"

"那太没有礼貌了,您比我年纪大多了。"

美国妇女脸红了,笑笑说:"就叫我阿姨吧。我喜欢这样。"

为什么美国妇女在这种场合会感到尴尬呢？因为中国人和美国人对待年龄问题的态度不同。

对于大多数英国人和美国人来说，打听陌生人或不大熟悉的人的年龄是不得体的。此外，收入多少、是否已婚、政治倾向、宗教信仰等，除非对方表示不在意，这些情况也不宜过问，否则就是失礼。

2. 委婉语

同讲英语的外国人谈话时，应避免提下列问题：你多大年纪？你挣多少钱？你的连衣裙花多少钱买的？你结婚了吗？你离婚了，什么原因呢？你信什么教？你信天主教吗？如必须了解这类情况，可以在提问前说明理由。例如，在旅馆里、在医院里或者在填写表格的时候，可以这样说：

"为了登记，我要了解一些情况，您能告诉我您的年龄、是否已婚等情况吗？"

"这些人想了解您的情况，您能告诉我吗？"

有时，我们想了解别人的情况，并非出于好奇，也不是为了登记注册，而是想知道怎样对待他，怎样和他相处，这时应处理得比较得体，可以先谈谈自己的情况，然后再引对方谈出他的情况，这样做往往会得到预期的结果。如采用以下方式：

"我结婚了，我们有一个孩子，是女儿。全家相处得很融洽，可我觉得跟妻子和女儿在一起的时间太少，有时真不知道该怎么办。"

对方可能会接下去说："我也有同样的问题，我的孩子们常抱怨我。"

这样就可以知道他已经结婚，有孩子。

如果想知道别人的政治观点，可以用一种比较随便的态度谈起来：

"最近报上有不少关于美国总统选举的报道，我觉得很有意思，可有时又有点搞不清楚，特别是我听说美国人不大关心政治。我也许想错了。美国人对这种事是怎么看的？多数美国人都参加政党吗？"

对方多半会回答这样的问题或发表一些意见，在此过程中可能谈到自己：

"嗯，不一定。他们在登记的时候可能注明自己是民主党人或共和党人，但并不认为自己属于那个党。实际上，在选举时，他们投谁的票都行。比如说，我一般认为自己是民主党人，但在上届选举中，我投了共和党人的票，因为……"

这样就了解到所想知道的情况了。

中国人各家住得很近。千百年来，中国农村居民往往几十户、几百户住在一个村庄，挤在一小块地方生活。在中国北方大小城镇的"四合院"或"大杂院"里,人们住得近,接触多,个人生活或私事很难不被人知道或干预。这种情况和西方很不一样。在西方国家,直到不久以前,典型的家庭还是独门独户,住宅周围有相当大的院子或花园。造成这种不同的一个原因可能是:中国人之间长期以来有团结友爱精神,住得近,人与人之间接触的机会多,就会互相帮助,互相关心,个人的事也就是一家的事、邻居的事,甚至是更大的集体的事。

英语中有些表达方式是故意含糊其辞的。如果人家说:I'm going out.(我要出去。)那就不要再问他到哪儿去。如果他说:I have an appointment.(我有个约会。)再问跟谁约会,是什么约会,就不合适。同样,如果一位妇女说她头疼,别人也不必过于担心,不要问到底怎么不舒服,要不要吃点什么药之类的话。她真不舒服,多半会跟你说的。应该明白,当人们不愿意做什么事、不参加某种活动或拒绝别人的邀请时,往往用上列说法来推托。

(三) 联想词语

1. 代名词

在汉语中,"你这个人真阿Q""她是林黛玉式的人物""原来是空城计呀""真没意思,让我们来跑龙套"这样的话含义十分明显,以汉语为母语的人对这些典故非常清楚。把足智多谋的人说成是"小诸葛";把瘦弱型的美貌女子说成是"林黛玉";汉语中说某人是猪八戒,就是说他很像吴承恩《西游记》里那个粗疏鲁莽、贪图享乐、性情乖僻,有时又很可爱的猪八戒形象。

许多英语典故涉及的人物和事件来自英国文学宝库,尤其是莎士比亚的作品。尽管莎士比亚的戏剧写于三百多年以前,但是他的剧本中的许多台词流传至今。一个上了年纪的英国人,从未看过莎士比亚的剧本。有一次,别人请他去看《哈姆雷特》。事后,人家问他:"您觉得怎么样?"他摇摇头说:"哎,不就是一大堆引文嘛!"他根本没有想到,这些"引文"来自《哈姆雷特》这个剧本。莎士比亚正是这些格言的作者。莎士比亚对人类的洞察力、对社会问题的敏感性和他运用语言表达思想的天赋在英语方面和全世界讲英语的民族的思想上产生了深远的影响。

罗密欧是英国作家莎士比亚《罗密欧与朱丽叶》中的人物。尽管罗密欧深深地爱着朱丽叶,但现在人们借用罗密欧来比喻那些擅长玩弄爱情的人。克娄巴特拉是莎士比亚戏剧《安东尼和克娄巴特拉》中的人物,如果把一个人叫做克娄巴特拉,是指绝代佳人。夏洛克是指贪婪、残忍、追求钱财、不择手段的守财奴,这是莎士比亚戏剧《威尼斯商人》中的人物。吉基尔医生和海德先生,指有双重性格的人——一方面善良、温和(吉基尔医生),另一方面凶恶、残暴(海德先生)——这是史蒂文生的小说《吉基尔医生和海德先生传》中的人物。人们常说"制造一个弗兰金斯坦",指杀伤原制造者的怪物,也指制造这种东西的人以及可怕的怪物或人,这是玛丽·雪莱的小说《弗兰金斯坦》中的人物。这本书的主人公是医学院的学生。他把尸体中的骨头取来,制造了一个似人的怪物,最后自己被这个怪物杀害。福尔摩斯,指有非凡才能的侦探或敏锐精明的人,这种人善于通过仔细观察、科学分析和逻辑推理,进行追捕或解决疑难问题,歇洛克·福尔摩斯是阿瑟·柯南·道尔塑造的著名侦探。

2. 象征词

讲英语的人和中国人对于熊的联想很不一样。讲英语的人认为熊是很凶猛、危险的动物,也可能认为动物园或野生动物园林里的熊调皮淘气,滑稽可爱;但决不会像中国人那样,认为熊愚笨、无能、无用。在一定的上下文中,"你真熊"可能相当于"你真笨""你真没用""你真软弱""你真窝囊"等义。

大部分英语国家里都没有泥鳅,不过他们把泥鳅看做是一种鱼,不会认为它是"圆滑""狡猾""不老实""不可靠"的象征词。不过,在英语中的确有一种说法跟汉语中的"滑得像泥鳅"这种比喻在意义上和感情上完全一样:slippery as an eel(滑得像鳝鱼)。

在一种文化中提到某些动物时往往可以联想到某种特征,而在另一种文化中却联想不到任何特征。以 bull(公牛),beaver(河狸,海狸),crane(仙鹤)和 tortoise(乌龟)为例。

对于中国人来说,公牛和河狸不会引起什么联想,无非是动物而已。中国人也许猜得出 a bull in a china shop(瓷器店里的公牛)是什么意思,但想象不出说英语的人心目中的形象:一头喷着鼻息、怒气冲冲的公牛闯进摆满精致瓷器的店里。因此中国人对这个说法的生动性体会不深。这种说法的意思是:在一个需要举止灵巧得体、细致周密的场合闯进一个行为粗鲁、手脚笨拙、会惹麻烦的人。

河狸主要产于北美洲,在中国很少见。河狸经常积极活动,有啃树筑巢的习性,在筑巢这一方面,河狸有很高的技艺和独创性,因此有 eager beaver(卖力的河狸)之称。在喻义方面,eager beaver 则指"急于做成某事而特别卖力,但有点急躁的人"。这个比喻有时略带贬义,指"为讨好上司做事过于卖力的人"。

鹤在中国文化中是长寿的象征,因此父母常常给孩子起名为"鹤年""鹤龄",希望孩子长大成人,长命百岁。鹤常与象征坚定长寿的松联在一起。绘画和图案常以松鹤为题材,并以"松鹤延年"题词。上年岁的人在过生日的时候,喜欢人们赠送画有松鹤图案的礼物。但对于西方人来说,鹤不会引起这种联想。

在中国文化中,龟有两种象征意义:一方面,龟象征长寿,古代的府第、庙宇、宫殿等建筑物前常有石龟,作为祈求长寿的象征;另一方面,龟也用来比作有外遇者的丈夫,被人骂作"王八"或"王八蛋"是极大的侮辱。在西方文化中没有这种联想,乌龟不过是行动缓慢、其貌不扬的动物而已。英语中有 turtle-neck sweater(龟脖式毛衣,即翻领毛衣)。

有些动物在两种文化中人们会联想到某种特征,但所联想的特征却不同。以 owl(猫头鹰),bat(蝙蝠),dog(狗),lion(狮子),tiger(虎),dragon(龙)和 phoenix(凤)为例。

英语中有 as wise as an owl(像猫头鹰一样聪明)这样的说法,表明讲英语的人把猫头鹰当做智慧的象征。在儿童读物和漫画中,猫头鹰通常很严肃,很有头脑。禽兽间的争端要猫头鹰来裁判,紧急关头找猫头鹰求教。有时人们认为猫头鹰不实际,有点蠢,但基本上是智慧的象征。然而,中国人对猫头鹰的看法不同,有些人很迷信,怕看到猫头鹰或听到它的叫声,以为碰上它要倒霉。汉语中的"夜猫子进宅"意味着这家厄运将至,夜猫子就是猫头鹰。

有个美国妇女刚到中国来,不了解中国人对猫头鹰的看法,常戴着她喜爱的猫头鹰别针。她发现人们常停下来看她的别针,或指着她的别针,有好几次有人还问她为什么戴这种别针,她觉得很奇怪。后来有人告诉她中国人对猫头鹰的看法,她才知道戴猫头鹰别针不太合适。

西方人对 bat(蝙蝠)无好感。英语中有 as blind as a bat(瞎得跟蝙蝠一样,眼力不行,有眼无珠),crazies a bat(疯得像蝙蝠),he's a bit batty(他有点反常),have bats in the belfry(发痴;异想天开)。有时还有更坏的比喻。提到蝙蝠,他们就会想到丑陋、凶恶、吸血动物的形象。这也许因为吸血蝙蝠的缘故。所以,西方人对蝙蝠的感情很像中国人对猫头鹰的感情,又怕它,又讨厌它。

对于中国人来说,蝙蝠是吉祥、健康、幸福的象征。这些联想很可能来自"蝠"与"福"同音。有些图画或图案把蝙蝠和鹿画在一起,颇受欢迎,因为"福鹿"读起来同"福禄"一样,象征吉祥、幸福、有钱、有势。

英语中有 man's best friend(人之良友)的说法。有多少中国人知道指的是什么动物呢?说"人之良友"指狗,许多人会感到奇怪,想不到狗会有这样的荣誉。在中国,狗往往使人们联想到令人厌恶的东西,如"狗东西""狗娘养的"

"狗改不了吃屎"等。当然,西方人所喜欢的狗的某些品质,中国人也喜欢,如狗忠实、可靠、勇敢、聪明等。但在中国文化中,狗首先是看家的动物,不是供玩赏的动物。人们养狗是因为它有用,并非因为它是个好伴儿。就是说,狗是有用的动物,但并不可爱。不过,应该指出,讲英语的人也并非总说狗的好话:You dog!(你这狗东西!)That dog!(那个狗东西!)Son of a bitch!(狗娘养的!)这些都是常说的骂人话。不过这些骂人话并不影响狗的地位。在英国和美国,狗仍然是"人之良友"。

对于英国人和大部分西方人来说,狮子是"百兽之王"。从 regal as a lion(狮子般庄严),majestic as a lion(像狮子一样雄伟)等用语可以看出,狮子享有很高的声誉。12世纪后期英王理查一世因勇武大胆而被誉为 lion-hearted(狮心理查)。难怪英国人选狮子作为自己国家的象征。在中国文化里,人们对狮子一般没有那么多的联想。狮子不过是一种凶猛强大的动物,不见得庄严雄伟,倒是老虎往往会引起类似的联想。

在中国文化中,人们对虎的联想有好坏两个方面。从好的方面说,虎英勇大胆,健壮有力,坚决果断。如,"虎将""干起活来像小老虎""虎老雄心在""虎虎有生气"等词语和男人的名字"大虎""二虎""小虎"等。从坏的方面说,虎凶猛残忍,冷酷无情。如"拦路虎""狐假虎威""苛政猛于虎"等。

在中国古代人们把"龙"(dragon)和"凤"(phoenix)作为皇权的传统象征。龙代表帝王,凤代表后妃,毫无贬义。时至今日,这两种传说中的动物仍偶尔在传统的中国图案中出现。龙是一种象征吉利的动物,所以汉语中常说家长"望子成龙",即希望孩子长大后能有所成就,给男孩子起名字也常用"龙"字。西方人却认为 dragon(龙)是邪恶的象征,认为龙是凶残肆虐的怪物,应予消灭。在一些描写圣徒和英雄的传说中,讲到和龙这种怪物作斗争的事迹时,多以怪物被杀为结局。最有名的也许是公元七百年左右盎格鲁-撒克逊人关于贝奥武尔夫事迹的叙事诗。诗中主人公贝奥武尔夫打败妖怪格伦代尔以后,与恶龙搏斗,两者同归于尽。有趣的是,中国画上的龙没有翅膀,西洋画上的龙却是有翅膀的怪物。

在西方神话中,phoenix(凤)与复活、再生有关。在希腊神话中,凤能活许多年?有一种说法是五百年,在这一时期结束时,凤筑巢,唱支挽歌,拍着翅膀扇起火来,把巢烧掉,凤烧成灰烬,灰烬中又飞出一只新凤。因此,当一个城镇、一个场所或某团体的主要建筑物失火或因其他原因而毁坏时,好心人会祝愿它"像传说中的凤凰那样,以崭新的面貌从废墟中升起"。

在中国神话中,凤凰被看做是鸟中之王。雄性称"凤",雌性称"凰"。虽然中国没有像古希腊那样家喻户晓的神话传说,凤凰却是吉祥的动物。因此,中国女性的名字中常有"凤"字。凤凰还比喻某物罕见、珍贵,如"凤毛麟角"。

3. 数词

由于各地语言有一定区别,对数字的选择也就因地而异。不仅中英文化对数字的选择有差异,就是我国国内各地也有差异。

北方方言区的人看重"6",尤其是两个6并列,有"六六大顺"之义。天津《今晚报》一天的广告版面费原是40万元,但经过竞争,1993年6月6日的广告版面费用飙升到100万元。

粤方言区更看重"8",广州的电话号码要有一个"8",往往要花几百元;而在香港,"8"号车牌在1988年2月竞拍,成交价是500万元,创车牌竞拍成交的最高纪录。

在多数方言中,"4"是不吉利的数字,跟"死"谐音。但在上海话中,"4"跟"水"谐音,而中国历来有"水为财"的说法。祖籍上海、家族经营航运业的赵世曾在1978年以14万7千元的价钱拍得香港的"4"号车牌。

《人物》1988年第6期介绍了尼克松1972年访华前后的几个插曲。该文讲到1972年周恩来总理到上海看望美国客人时,发现上海方面把尼克松夫妇安排在第15层,基辛格住在第14层,罗杰斯等国务院官员住在第13层。他立刻说:"怎么能安排他们住第13层?西方人最忌讳'13'。"周总理走进罗杰斯套间时,几个美国官员站起身来,但笑得很不自然。周总理找机会解释说:"有个抱歉的事我们疏忽了,没有想到西方风俗对'13'的避讳。"转而又风趣地说:"我们中国有个寓言,一个人怕鬼的时候,越想越可怕;等他心里不怕了,到处上门找鬼,鬼也不见了……西方的'13'就像中国的鬼。"说得美国客人哈哈大笑。周总理走后,美国国务院官员的气就消了一大半,他们对周总理十分倾倒。这对我们增强跨文化意识、了解文化差异、成功交际很有启示。

4. 颜色词

色彩测试心理学家吕舍尔(M. Lusher)曾经分析了颜色与性格的关系,提出了以下观点。

(1) 红色,是代表人的征服欲与男子汉气概的颜色。喜欢红色的人大都有野心,会积极地争取想要得到的东西,是行动型的人;对工作也是热情高涨,但是过于兴奋时可能会对周围的人具有攻击性。红色代表着激情和光荣,红色代表永不言败的精神气质。

(2) 蓝色,大海的象征,是代表沉稳与女性气质的颜色。喜欢蓝色的人性格上都很沉着稳重,而且诚实,很重视人与人之间的信赖关系,能够关照周围的人,与人交往彬彬有礼。蓝色代表博大胸怀,永不言弃的精神。

(3)黄色,是代表活泼、明快与温暖的颜色。喜欢黄色的人性格开朗外向,而且有着远大的理想。他们希望显示出自己的性格,但有时候做事会有些勉强。黄色代表传统气息。

(4)绿色,是代表自信心、稳健与优越感的颜色。喜欢绿色的人比较稳重,是忍耐力很强的类型。很注意与周围环境的调和,但是在有必要贯彻自己想法的时候,也能够冷静地表达出来。绿色代表健康、自然、人与自然的相互和谐。

(5)茶色,是代表家族、家庭、温馨的环境和安全感的颜色。喜欢茶色的人温和宽厚,是有协调性的类型。他们很善于处理人与人之间的关系,一般来说在有烦恼的时候可以去找这一类型的人谈心。茶色也代表了一种特殊的文化,即茶道。

(6)紫色,代表感性的、神秘的、情欲的事物。喜欢紫色的人很浪漫,是富于感受性的类型,性格细腻,富有个性,在某些方面会显示出自我陶醉的特征。紫色更代表了一种特殊的理想主义。

(7)灰色,是代表沉静、优雅、寂寞的颜色。喜欢灰色的人多数以自我为中心,对他人不感兴趣。有时会显得优柔寡断,对他人依赖性强。灰色也代表了颓废、陈旧。

(8)黑色,是代表断绝念头、屈服、拒绝、放弃的颜色。喜欢黑色的人独立性强,有很强的改变现状的愿望。他们是十分努力上进的人,但有时没有常性。黑色代表神秘、无所不能的力量。

其实,颜色词语在不同的语言中是有文化差异的。汉语和英语的文化差异使双方对颜色的理解也有差异。

同样是"白色"(white),在英语中可表示"纯洁、善良""美好、幸福""合法公开"等。如"white wedding"(吉祥的婚礼),white man(正直高尚的人)。而在汉语中,"白色"表示"清楚明白""无效的""无代价的""不祥的"等。如:白痴,白吃。"白事"是指家里有人去世了。所以在汉语汉文化中,"白色的婚礼"是指"不吉祥的婚礼"。

中国人称为"红茶"的茶叶,英国人却说成"black tea"。再如:同是形容不健康的、色情之义,汉语多用黄色,日语、波兰语多用粉红色,英语多用蓝色。有一个留学生曾问自己的导师"中国准不准看蓝色电影",导师愣了一下,才想起英语把色情电影叫blue film或blue movie。而英语中的yellow paper或

yellow journalism，主要指大肆夸张的文章或杂志，yellow book 是指政府报告，并非汉语中的"黄色书籍"。这个留学生不懂颜色词在不同国家不同语言中的不同含义，把英语中的 blue movie 照搬到汉语里来，因而闹了笑话。

  英语中 green with envy 是什么意思？人们忌妒或羡慕时脸色真的变绿吗？

  英语中说 Paul was in a blue mood. Paul(保尔)是什么情绪？高兴，激动，悲哀，还是什么？

  在上列两句中，green(绿)和 blue(蓝)都不指颜色。两个词都有别的意思，指某种文化方面的联想。在词典上，green 这个词有"(脸色)变绿"的意思，但 green with envy 是个固定词组，表示"十分忌妒"；而且 blue 这个词与 mood 之类的词连用体现某种情绪时，表示"沮丧的""忧郁的"，如，Paul was in a blue mood(保尔情绪低落)。

  red(红色)无论在英语国家还是在中国，红色往往与庆祝活动或喜庆日子有关。英语里有 red-letter days(纪念日，喜庆的日子)，在西方一般指圣诞节或其他节日，因为这些日子在日历上是用红色标明的，所以 red-letter 的转义就是"可纪念的""喜庆的"。（普通的日子印的是黑色，但 black-letter day 却不是"平常的日子"，而表示"倒霉的一天"。）又如 to paint the town red 表示"狂欢""痛饮""胡闹"，多指夜生活中的狂欢作乐，饮酒胡闹，不是"把全城染红"。此外，roll out the red carpet for sb. 的意思是"(铺展红地毯)隆重地欢迎某人"。以汉语中"红双喜"为例，这是传统的喜庆象征，原指举行婚礼时在门窗或墙上贴的"喜"字。"开门红"中的"红"代表好运气。不过"开门红"这个用语不能按字面意义译成英语，应释义为 to begin well 或 to make a good start，表示"一开始就取得好成绩"。有时相当于汉语中的"旗开得胜"。

  红色也用来表达某些感情。英语中的 become red-faced 或 her face turned red 同汉语中的"脸红"一样，表示"不好意思""难为情"或"为难""困窘"。不过，英语中有些包含"红色"字样的说法就不那么容易为中国人所理解。如 to see red，waving a red flag 到底是什么意思，就不好懂。二者都与"生气""发怒"有关。前者的意思是"使人生气""发怒""冒火"；后者中的 red flag 指"使人生气的东西"，waving a red flag 指"做惹别人生气的事"。

  红色象征革命和社会主义。在汉语和英语中都有用 red(红)表示这种意义的词语，如 red guard(红卫兵)。英语中的 Red(大写 R)一词本身常用作"共产主义者"或"共产党员"的同义词，但有贬义。不过，有些带"红"字的汉语词语译成英语的 red 并不能表达原有的含义。例如，把"又红又专"译作 red and expert 表达不出汉语词语的原意，不如译为 both socialist-minded and professionally qualified。同样，把"一颗红心"译为 a red heart 不好懂，除非再解释一下，如 loyal to the Party, having socialist virtues（忠于党，具有社会主义的道德品质）。

对于多数中国人和西方人来说，white（白色）所引起的联想有一些是相近的：purity（洁白），innocence（清白无辜）。但英语中的 a white lie 这个短语是什么意思呢？谎言还能"清白""无罪""天真""单纯"吗？回答是：a white lie 指"不怀恶意的谎言"。例如，姐姐会对妹妹和妹妹的男朋友说："你们俩去看电影吧，今天晚上我还有许多事情要做，谢谢。"她知道他们两个人想单独去，邀请她不过出于礼貌，所以她以有事为借口。这就是 white lie，说这个谎毫无恶意，也没有骗人的意思。多数西方人对汉语中的"红白喜事"里的"白"字感到费解。最好根本不把"红""白"这两种颜色译出，只说 weddings and funerals（喜事和丧事，婚礼和葬礼），因为西方人举行婚礼时，新娘总穿白色服装。把白色与丧事联系起来，会引起反感；而把 funerals（丧事）说成是 happy occasions（喜事），会使西方人感到吃惊，尽管这种说法反映了中国人对待死亡的达观态度。

black（黑色）在英语和汉语中都有不少词语表明 black（黑）与"不好的""坏的""邪恶的"特征相联系。如，blacklist（黑名单），black market（黑市），black-hearted（黑心的）等。在商业英语中 in the black 有好的意思，即"经营一项企业盈利"。如：Since he was made manager, the company has been running in the black.（自从他当了经理以后，公司一直盈利。）be in the black（盈利）的反义词是 be in the red（亏损，负债），这两个术语都来自记账时所用墨水的颜色。in the red 显然已被汉语借用，即"赤字"。

blue（蓝色）在英语中通常表示不快。in a blue mood 或 having the blues 表示"情绪低沉""忧郁""沮丧""烦闷"。在 a blue Monday（倒霉的星期一）中，blue 也表示类似的意思：过了愉快、幸福的周末，星期一又要上班或上学了，所以情绪不佳。如：It was a blue Monday and he just didn't feel like going back to work.（又是倒霉的星期一，该上班了，他可真不愿意。）蓝色还常用来表示社会地位高、有权势或出身于贵族或王族。He's a real blue blood.（他是真正的贵族。）在美国英语中 blue book（蓝皮书）是刊载知名人士，尤其是政府高级官员的名字的书。

green（绿色）在英语中还有 green-eyed monster 和 green-eyed，都表示"嫉妒"。汉语中常用来表示"嫉妒"的是"眼红""红眼病"，英语直译为 red-eyed，恰好与英语green-eyed相反。有趣的是,过去汉语有"戴绿帽子"(to wear a green hat)或"戴绿头巾"(wear a green head ban)的说法,如说"某男人戴了绿帽子",即指其妻与他人私通。英语中还常用绿色表示没有经验、缺乏训练、知识浅薄等。如:You are expecting too much of him. He's still green, you know.(你对他要求太高。他还没经验嘛。)greenhorn则表示"没有经验的人"或"新到一个地方不了解当地习惯的人",这一词语经常用于移民并带有轻微的贬义色彩。

  yellow(黄色)在汉语中有"黄色电影""黄色书刊""黄色音乐"等说法,译成英语怎么说呢?不能译为yellow movies,yellow books,yellow music,这种词语没人懂,因为英语中没有这样的说法。把"黄色"译成英语可用pornographic(色情的),trashy(无聊的,低级的),obscene(淫秽的,猥亵的),filthy(淫猥的)或vulgar(庸俗的,下流的),所以"黄色电影"可译为pornographic pictures,obscene movies,"黄色书刊"可译为filthy books,"黄色音乐"可译为vulgar music。但yellow(黄色)这个词却用于英语yellow journalism这一短语中,指不择手段地夸张、渲染以招揽或影响读者的黄色新闻编辑作风,如突出社会丑闻,把普通新闻写得耸人听闻,有时甚至歪曲事实以引起轰动等。许多美国的商店和家庭里都有一本厚厚的yellow pages(黄页电话查号簿),这是按不同的商店、企业、事业、机关分类的电话簿。如按所有的食品商店、电子器材商店、娱乐场所、航空公司及医院等分类,列出电话号码。这是一本很有用的书,全书用黄纸印刷,所以称yellow pages,与汉语中的"黄色书刊"(filthy books)意思完全不同。

  不同颜色在不同语言中表达的方式并不一样。多年来一直有人在研究这一问题,看来一切语言都有表示黑色和白色的词,大多数语言有表示红色的词,但也不是所有的语言都有。其次,最普遍的可能是黄色和绿色,然后是蓝色和褐色。有些语言表示颜色的名称似乎是相同的,但显示在色谱上相邻颜色的划分却有所不同。汉语和英语中的主要颜色是相同的或相近的,但也有区别。例如:

  "青"可以是指绿色(green),如"青椒"(green pepper);可以指蓝色,如"青天"(blue sky);也可以指黑色,如"青布"(black cloth)。

  "黄"一般是指黄色,但也可以指褐色,如"黄酱"(soy bean paste);可以指金色,如"黄金"(gold)。

  在不同的语言中对同一物体或现象却用不同颜色来加以描述。英国人喝的black tea在汉语中不叫"黑茶"而叫"红茶"。美国人谈到皮肉受伤时说be beaten black and blue,而中国人则说"被打得青一块,紫一块"(直译为:be beaten blue and purple,当然应译为地道的英语 be beaten black and blue)。

(四) 称呼词语

汉语中的"爷爷""奶奶""叔叔""阿姨"等称呼语,可以用来称呼说话人的非亲属成员,但在英美国家这是不可思议的。

近年来,许多讲英语的人常常用名字称呼别人。如,Tom,Michael,Linda,Jane 等,而不用某某先生、某某太太或某某小姐,如,Mr Summers,Mrs Howard,Miss Jones 等。这种做法在美国人中尤为普遍,甚至初次见面就用名字称呼。不仅年龄相近的人之间这样称呼,年龄悬殊的人之间也这样称呼,没有不尊重对方的意思。可以听到孩子叫年长的人 Joe,Ben,Helen 等,甚至孩子对父母或祖父母也可以这样称呼。社会地位不同的人也是这样的。例如,许多大学生叫老师的名字。老师们对这种做法并不反感,也不认为学生不尊重自己或过于随便;他们反而认为学生能这样做,正好说明自己待人友好,平易近人。

这当然与中国的习惯完全相反。中国孩子对祖父母,学生对老师,若直呼其名,成年人的反应是可想而知的:孩子会挨一顿骂,甚至会挨几巴掌。中国人称呼家庭成员、亲戚或邻居时,往往用"二哥""三姐""四婶""周大伯"之类。这些称呼不可用于英语。用英语称呼时不论对男人还是女人,一般直呼其名就行了。主要的例外:称父母为 Dad,Mom,Mum,Mother 等,称祖父母为 Grandpa,Grandma 等,有时称年长的亲戚为 Aunt Mary 或 Uncle Jim(注意:一般用名字,不用姓)。就连对这种亲属关系,美国人也倾向于用名字相称,不用表示亲属关系的词语。应当指出,Brother Joseph 或 Sister Mary 之类的称呼只用于天主教团体和某些别的宗教或职业团体。

中国人称呼别人时,有时称此人当时所担任的职务,前面加上他的姓,如"黄局长""林经理""孙院长"之类。但是,很少听到讲英语的人称别人为 Bureau Director Smith(史密斯局长),Manager Jackson(杰克逊经理),Principal Morris(莫里斯校长)。只有少数职业或职务可用于称呼。如医生或有博士学位的人称 Doctor;有权主持法庭审判的人可称 Judge——;州长和市长可称 Governor——和 Mayor——,但往往只称 Governor 或 Mayor,省去其名。Professor 一词也有类似用法。

对军官的称呼在汉英两种语言中也有所不同。在汉语中用姓加职务,如"陈司令""郝团长""梁排长"等。在英语中则用姓加军衔,不用另加职务,如可以说 Captain Johnson(约翰逊上尉),却不说 company Commander Johnson(约翰逊连长);可以说 Admiral Benjamin(本杰明海军上将),却不说 Fleet Commander Benjamin(本杰明舰队司令官)。

再有就是"师傅""警察叔叔""解放军叔叔"等称呼。把"师傅"译成 master,就带有"主仆关系"的味道,不是目前汉语"师傅"二字所表达的意思。原来"师傅"只用来称呼老手艺人、工人、厨师、汽车司机等,现在却成了一种很普遍的称呼,不问职业,不分男女,都可以称"师傅"。把"解放军叔叔"译成 P. L. A. Uncle,把"警察叔叔"译成 Uncle Policeman 都不妥。第一,很多外国人不知道 P. L. A. 代表"中国人民解放军";第二,在西方,军队和警察与人民的关系不像在中国这样亲密,不明白为什么要称他们为"叔叔"。

英语中没有一个笼统的称呼用来引起陌生人或不知姓名的人注意;汉语则很方便,用"同志"就可以了,现在更时髦的是叫"师傅"。碰到这种情况要用英语时怎么办?这要根据情况而定。按英语习惯,有时可以说 excuse me, pardon me, i say there(英国英语)等用语,显得比较客气。有时说 hey;或 here;或 you, there 等用语,但不大客气。实际上,人们常常不用任何称呼,不用任何语言,就靠清清嗓子,或随便哼一声,或做个手势,以引起对方注意。

汉语作品译成英语时,常常将某些称呼直译成英语词,如把"爷爷"译成 grandpa,"姑姑"译成 annti,"嫂子"译成 sister-in-law,讲英语的人听起来不顺耳,实际上也不完全对应。有些人用英语写中国的事情时,用这些称呼使文字带有中国色彩,这是无可非议的。不过,有些称呼使人为难。例如,如何称呼教师,就一直是个问题,是直接叫 Teacher(老师),还是叫 Teacher Zhang(张老师)? 这两种叫法都不符合英语习惯。称老师为 Comrade(同志)或 Comrade Li(李同志),合适吗? 如果让中小学生就按英语习惯,称教师为 Mr Wang(王先生)、Mrs Yang(杨太太)或 Miss Fei(费小姐),中国人又觉得有些刺耳。

在用汉语与不同文化背景的人进行交际时,表示亲属的词语常常在彼此理解对方的意思方面会造成很大困难,因为不是所有的称呼都可以找到令人满意的对应词。英语中 Linda's brother married Michael's sister,这句话就很难译成汉语,因为不知道 brother 是指 Linda 的哥哥还是弟弟,sister 是指 Michael 的姐姐还是妹妹。在汉语中,则有许多称呼来指各种具体的关系。

二、宗教信仰的文化差异

宗教信仰往往会在一个民族的性格上打上深深的烙印,这样产生的民族性格进而影响一个民族的语言文化。

中国古代信仰佛教,所以流传下来许多带"佛"字的习语,如"借花献佛""闲时不烧香,临时抱佛脚""菩萨心肠"等。而英国人信仰基督教,供奉上帝(God),沿袭下来许多带"God"的习语。如"My God"(我的天啊),God helps those who help themselves(上帝帮助那些自助的人)。《圣经》在英国流传已有几百年的历史了。自从1611年,新《圣经》(The King James' Bible)译成英语问世以来,《圣经》就对英语语言规范化以及文化的传播起到了巨大的推动作用。在现代英语中大量的习语典故都是来源于《圣经》。例如:"raise Cain"(惹恼该隐)这则典故出自《旧约·创世纪》。现在转喻指"大吵大闹""闹事"等。如:As soon as the teacher left, the kids raised Cain.

三、思维方式的文化差异

思维方式是指人们的思维习惯或思维的程序,是社会文化的产物。不同社会文化背景下的人的思维方式不同。

英美人是直线式思维,中国人是螺旋形思维。所以英美人重理性,重逻辑,在语言表达上具有开门见山、实话实说的特点;中国人则强调为人处世和治学之道,重视潜意识,在语言表达上具有含蓄、委婉的特点。

中国人偏好综合思维,英美人偏好分析思维。因此,中国人在思维上整体优先,而英美人则部分优先。

"知识分子"和intellectual在中美各自的文化背景下含意是大不相同的。在中国,"知识分子"一般包括大学教师、大学生,以及医生、工程师、翻译人员等一切受过大学教育的人,而且中学教师也是知识分子。在中国农村有许多地方,连中学生也被认为是"知识分子"。但在美国和欧洲,intellectual只包括大学教授等有较高的学术地位的人,而不包括普通大学生,所以这个词所指的人范围要小得多。在美国,intellectual并不总是褒义词,有时用于贬义,如同我国"文革"中叫"臭老九"一样。

切不可以为双语词典上的注释都是词义完全对应的同义词,不要以为在不同的语言中总能找到对应词来表示同一事物。

(一)汉语和英语有时没有对应词

汉语中的谚语"夏练三伏,冬练三九",激励人们坚持锻炼身体。"三伏"和"三九"在英语里是什么呢?一个年轻翻译人员对几个加拿大人说three fu和three nine。听的人当然莫名其妙。他只要说in summer keep exercising during the hottest days, in winter do the same thing during the coldest weather 就可以了。

　　一个中国青年到附近游泳池去游泳,一会儿就回来了。和他同住一室的中国人和一个外国朋友都感到奇怪。他解释说:"游泳池里人太多,水太脏,早该换了。简直像芝麻酱煮饺子。"这个比喻很别致,很生动,和他同住一室的中国朋友笑了,而那个外国人既没有吃过"芝麻酱"也没有见过"煮饺子",丝毫不觉得这个比喻幽默,难怪他显出一副茫然不解的神情。西方人形容某地人多、拥挤不堪,常说 it was packed like sardines(塞得像沙丁鱼罐头一样,拥挤不堪)。这种比喻有些中国人可以理解,但不一定能欣赏其妙处,因为见过打开的沙丁鱼罐头的人很少,看到过一个又小又扁的罐头盒里,紧紧塞满整整齐齐的几排手指头长的沙丁鱼的人是不多的。

　　汉语中"干部"这个词译成英语时往往用 cadre。但是英语中的 cadre 与汉语中的"干部"不同。而且 cadre 不是常用词,许多讲英语的人都不知道它是什么意思。即使认识它的人,在说到它时,发音也不一样,有三四种读法。因此,有人建议用 official(官员,行政人员,高级职员),functionary(机关工作人员,官员),administrator(行政官员)等代替 cadre,但这些词没有一个与汉语中的"干部"完全相同。

　　同样,汉语中没有表达 cowboy 和 hippie(或 hippy)的意思的对应词。这两个词是美国社会特有的产物。cowboy 与美国早期开发西部地区有关,关于他们的传说总是带有浓厚的浪漫主义和传奇色彩。在汉语中译为"牧童"或"牛仔",反映不出这些意义。汉语中把 hippie 音译成"希比士"或"希比派"也没反映出 20 世纪 60 年代那些中国人觉得行为古怪的美国青年的特点。译成"嬉皮士"可能稍好一些,不过这个词也会造成误解,因为那批青年并不都是"嬉皮笑脸"的人,其中有不少人对待社会问题很严肃,对社会怀有某种不满情绪,尽管他们的生活方式与众不同:往往蓄长发,身穿奇装异服,甚至行为颓废,染上吸毒恶习,等等。

　　在社会活动和政治活动方面的用语中也可以举出不少例子。例如汉语中的"斗争会"这个词可以译成 struggle meeting,但这种译法说明不了这种会的内容。反过来,美国的 revival meeting 是什么样的活动,中国人很难猜测,除非亲自到现场看过这种宗教气氛极浓、歇斯底里般的信仰复兴集会。同样,中国人对 bingo party 和 bingo game 往往一无所知,有些词典中 bingo 的汉语注释是"一种用纸牌搭成方块的赌博"(《新英汉词典》),读者查到此词后要理解它仍然不得要领。

日常生活中的用语也有类似现象。多数英美人从来没有睡过中国的"炕",没有吃过"粽子""冰糖葫芦",也没有用过中国的"秤""算盘"。大部分中国人没有住过美国的 motel(专为开汽车的游客开设的、有停车场的旅馆),没有吃过 hamburger(牛肉饼,汉堡牛排,汉堡包),也不需要在上班时由 time clock(出勤记录钟)证明他们是否按时上班。类似这样的英语词在汉语中都找不到对应词,连词义相近的词也没有,因为根本没有这种概念。

汉语中"节气"的概念在英语中是没有的。(应当指出,把"节气"译成 solar terms,大部分西方人仍然不懂。)如一部常用的《现代汉英词典》,把"雨水"译成 Rain Water(2nd Solar Term),把"惊蛰"译成 Waking of Insects(3rd Solar Term),把"清明"译成 Pure and Brightness(5th Solar Term)。这些名称不另加解释就没有什么意义。但有些"节气"的名称在英语中确实有对应词:春分=Spring Equinox;夏至=Summer Solstice;秋分=Autumnal Equinox;冬至=Winter Solstice。

在表示自然力和宇宙方面,汉语里有些传统的古老的词,如"阴""阳",在英语里没有对应词。《朗曼现代英语词典》对"阴"和"阳"的解释是:按道教的宇宙观,"阴"和"阳"是两种力量,这两种力量的本质产生了宇宙,保持宇宙和谐。"阴"表示黑暗、雌性、消极的;"阳"表示光明、雄性、积极的。

"阴"和"阳"的概念作为中医治疗基本原理的一部分已沿用了许多世纪,然而,这些原理却很难对西方人讲清楚。中医理论所说的"寒""上火"等概念,也很难用英语词表达,只能做些解释。如"上火"就说是"内热过多",然后再描写一下症状。

造成这些差别的原因是多方面的,或是由于环境和传统有所不同,或是由于工业和技术发展的水平有差异,或是由于政治制度和社会制度不一样,等等。

(二)英语和汉语中的词语不完全同义

有些懂一点英语的中国人介绍自己的爱人时用 lover 一词,外国人对此颇为惊讶,因为 lover 表示情夫或情妇的意思。外国人不理解,一向在这类问题上谨慎小心的中国人,为何公开声明自己有 lover 呢?应该记住,相当于汉语中"爱人"这个词的英语词就是:husband(丈夫)或 wife(妻子);fiance(未婚夫)或 fiancee(未婚妻)。

美国总统的夫人和州长的夫人常称为 First Lady,有时译作"第一夫人",但一些中国人看到"第一夫人"会发生误解,以为既然有"第一夫人"就有"第二夫人"甚至有"第三夫人""第四夫人"等,从而得出一种错误的印象:"白宫的主人居然搞了好几个老婆!"

中国人问别人的"籍贯"时,可能指 place of birth 或 where a person is from(本人的出生地或来自何地),也往往指 where a person's parents or ancestors came from originally(父母或祖先来自何地)。有时候两个地方是相同的,但也常常不同。在英语中没有与"籍贯"对应的词。place of birth 只表示本人出生的地方,与祖先的任何情况无关。这种差别有时会造成混乱,填写身份证、个人履历表、护照等时尤其如此。

汉语中的"政治"一词也难于译成适当的英语。在多数情况下,译成 politics 不能确切表述原意,因为 politics 的含义之一是:"采取欺诈和不正当的手段搞政治活动"(《新编韦氏大学词典》);"在一个集团中进行策划,搞阴谋"(《朗曼现代英语词典》)。在选择合适的英语词时,可以根据汉语上下文的意思,把"政治"这个词译为 political activities(政治活动)、political work(政治工作)或 political study(政治学习)等。

汉语中的"政治家"这个词应该怎样译成英语呢?有些略知英语的人把它译作 politician,这是不合适的,politician 是指"政客""政治贩子"。在美国英语中 politician 这个词往往有很强烈的贬义色彩,它指为谋取个人私利而搞政治、耍手腕的人。这个词还有"精明圆滑的人"(smooth-operator)之意,指一个人做事或说话时,信心十足,非常老练。汉语"政治家"这个词应译为 statesman,在英国英语和美国英语中都很贴切,statesman 主要表示善于管理国家的明智之士;人们通常把有威望的高级政府官员称为 statesman。

再以 liberal 和 liberalism 为例。把 Liberal Party 译为"自由党"是合适的。不过,自由党主张什么呢?可以说自由党主张 liberalism,但 liberalism 又是什么呢?在汉语中把 liberalism 译为"自由主义"。中国人常说的"自由主义"与自由党的政治主张究竟有多大关系?就"自由主义"这个汉语词的最广泛的意义来讲也说明不了这个问题。我们有时说:"他犯了自由主义(的错误)。"意思不过是说此人做了令人不满的事,也许有点违反纪律,也许没有出席应该出席的场合。

英语中的 social sciences 一词本身也值得注意。在汉语中,"社会科学"包括除自然科学和应用科学以外的一切学科,也包括英语所称的 the humanities (人文学科)——语言、文学、哲学等学科。英语中的 social sciences 一词概括的范围较小,包括政治学、经济学、历史学(历史学有时列入人文学科)、社会学等,即一切研究人类社会,尤其是社会组织和社会成员之间的关系的学科。

思考题

1. 简述"文化"的词义演变。
2. 简述语音、词汇、语法、修辞、逻辑与文化的关系。
3. 论述方言是地域文化的活化石。
4. 简述方言化石与栽培文化的传播。
5. 简述方言词语的民俗文化内涵。
6. 论述方言与民间文学的关系。
7. 简述汉语和英语在词语上的文化差异。
8. 汉语和英语在宗教信仰上有何文化差异?
9. 中国人和英国人在思维方式上有何文化差异?

第六章

语用与心理

第一节 语用与人际认知

一、从言谈看性格

言谈时出口成章无赘词,并能牢牢把握中心,这种人的性格特点是,思想灵活,思维能力强,有工作能力;言谈时口若悬河,善于卖弄,其性格特点是,说得多做得少,能力不强,但善于掩饰自己的无能,善于推卸责任;不善言辞,说话木讷,表面看来好像无能,其实往往做事有板有眼,言行一致,善解人意,颇具实力;言谈中冲着别人论自己的短长,往往会被误认为是"诚直之士",其实,这种人往往见异思迁,常为薄物细故而与人翻脸;言谈中夸功卖好,完成一件并不怎么样的事情,就以为功劳奇大,若居人之上则不可一世,其虚荣心强,缺少责任感,习惯于受人奉承;惭愧时仍嘻嘻哈哈的人,往往狡猾成性,或无荣辱感。交谈时,目不转睛地盯着对方,往往表现为赞成或重视对方的意见,也可表示对话题感兴趣。交谈中不正视对方,总是垂头而听,偶尔抬头看对方一眼,很快又垂下头来倾听,如是女性,这是娇羞娴静之态,有时是对男方有爱意;如果男性如此状态,则他在个性上往往胆怯,缺少魄力,意志不坚。交谈中不断将视线移开,或表示不尊重,或暗中盘算如何还击,或希望谈话早些结束,或表示他内心有某种苦衷,因而在交谈中不断避开对方的视线。

二、从话题看性格

话题注重宏观的全局性的大问题,关心国内外大事,对事物善于归纳、总结、概括,有独到见解——是事业型、支配型的人,具有领导素质;注意微观的局部性的问题,或关心生活琐事,注重事件的具体过程和细节,对事件的结果不善于归纳、总结、概括——无领导素质,无支配愿望,是服从型的人,适合于做具体工作。言必谈自己的经历、经验、成绩以及对某事的看法和态度,嘴边挂着"我""我的""我们的"——争强好胜,嫉妒心强,有虚荣心,爱表现自己,表面温和,实质上待人冷漠,不诚实;谈论自己少,有成绩不声张,对人对事不轻易表态——稳重,谦虚谨慎,有自知之明。喜欢描述事实的过程——注重客观事实;说话时喜欢注重细节——说话人易动感情;注重分析因果关系,习惯于判断评价——主观性强,有臆断性;喜欢谈论未来——富于幻想。说话带有消极色彩,富有批评性,爱发牢骚——受挫较多,或希望过高,对现状不满;说话带有积极色彩,富有支持性——比较乐观,工作、生活顺利。说话喜欢评价别人——嫉妒心较强,爱搬弄是非;不太愿意评价别人——正直稳重,尊重别人。

三、从说话风格看性格

一个人的说话风格,即说话时的神情、习惯、用词特点、表述方法,也是认知他人性格的重要途径。

喜欢在众人面前讲话,喜欢和陌生人交谈,谈吐幽默风趣,喜怒哀乐表露于外,愉悦时笑声朗朗,生气时面红耳赤,大喊大叫,有愤怒的情绪,发泄后若无其事——属于开放型性格,容易与人相处,好交际,有活动能力,性情温和,不善于攻击别人。说话时不注意对方是否对自己的话题感兴趣,不注意对方是否理解自己的话语,话题变换不定,讲话内容前后不一致,叙事零碎,把握不住重点——属于封闭型性格,以自我为中心,任性,情绪不稳定,不会讲客套话,孤独,难以接近,缺乏创新精神,有一定的服从性。

讲话时用词高雅,准确,口齿伶俐,条理清晰——文化修养较高,办事果断;用词浅俗,重复,啰嗦——文化修养欠缺,办事不果断。说话急速——脾气急躁,虽有闯劲,但考虑不周到;说话语速慢——办事速度慢,持重,考虑问题周到。喜欢争论——开放型性格,善于接受新思想,有竞争性;不喜欢争论——封闭保守,缺乏竞争精神。

四、从话语看人格特征

PAC分析理论是由心理学家柏恩提出的,又称相互作用分析理论。这种理论认为:人类个体的人格特征由三种心理状态构成,即父母、成人、儿童。P是英语parent(父母)的第一个字母,A为adult(成人)的第一个字母,C是child(儿童)的第一个字母,故简称PAC理论。

P型(父母)状态以权威和优越感为标志,通常表现为统治、支配、教训以及其他权势作风,常用"你必须""你应该""你不能"等词语。

A型(成人)状态表现为客观和理智,待人接物冷静,慎思明辨、尊重别人、言语谦逊。

C型(儿童)状态表现为服从、冲动和任意。一会儿逗人喜爱,一会儿又突发脾气,令人讨厌,无主见,遇事退缩,感情用事,易激怒。常说"我猜想""大概是""恐怕是这样"。

人际沟通是人们相互作用、相互影响的过程,必然受到PAC三种人格特征的影响。理想的人际沟通是A-A型即成人对成人。人际沟通有时是对等的,如P-P,或A-A,或C-C,即父母对父母,成人对成人,儿童对儿童,这种沟通会有共同的话题,交谈很融洽,因为双方的人格特征相近。

从人格特征的相互作用来看,人际沟通有如下类型。

(1) P对P式。交际双方的行为都比较武断,一个说:"老周太不像话了。"另一个说:"应该警告他一下。"

(2) A对A式。双方的交际是理智的,一个问:"这篇稿子今晚能完成吗?"另一个回答:"如果没有其他的事,我想问题不大。"

(3) C对C式。交际双方凭感情说话,一个说:"我结婚时花了20万元。"另一个说:"这有什么了不起,我结婚时花了40万元呢!"

(4) P对C式。交际时呈现权威与服从的关系,长辈对晚辈的交谈最典型。一个说:"你还不复习功课?"另一个回答:"马上就复习。"

(5) C对A式。交际中,一方表现为小孩脾气,另一方表现为理智行为,如恋人之间的交谈。一个说:"我非要去看戏嘛!"另一个回答:"时间太晚了,明天去吧。"

(6) P对A式。交际中一方表现为理智性的权威,另一方表现为理智性的尊重。双方有一定的防范性,如父母对成年子女的谈话、同事间的交谈。一个说:"你今晚把发言稿写好。"另一个回答:"一定会完成任务的。"

(7) PC对AA式。这是父母儿童状态对成人的交际,后者希望前者理智地对待他,而前者以高压的方式与之交际。

(8) CP对AA式。前者以非理智的方式感情用事地对待后者。

(9) PC对PC式。一方对另一方采用命令式,另一方不服,并用同样的方式回敬。

(10) CP对CP式。双方都喜欢夸大、自傲。

交际双方在特定的言语环境中常以特定的人格特征出现,但最佳状态是成人状态。例如,在一部影片中,一位女售票员正在接待几位顾客,后面一位女顾客等得不耐烦,出言不逊:"你同男人谈恋爱吗?没完没了,让顾客久等。"这位女顾客处于"儿童"心理状态,并以一种恼火的"父母"姿态出现,是一种

PC 型的状态。这时售票员用成人 AA 状态说:"对不起,让你久等了,你需要什么?"问题就顺利地解决了。因此,"成人"的心理状态是人际沟通中解决问题的根本途径。

五、角色与认知

人是以不同的角色和身份与别人交往的。对他人角色的认知,就是对他人在社会上所扮演的角色的判断,如某人谈吐文雅,知识渊博,人们会推断他可能是一个知识分子。角色认知包括对角色行为标准的评判,如:法官应该公正无私,有清楚的判断力;教师应该为人师表,处事正派。对他人角色的认知可以从以下几个方面入手。

(1) 情感。某一社会角色应该有相应的情感要求,侦察员应该机智冷静,不喜形于色。国家机要人员应冷静稳定,而不感情用事。

(2) 动机。某一社会角色应该符合社会上大多数人认定的角色动机,教师对学生应该有慈爱之心,忠诚教育事业,学生应投身于学习。

(3) 社会地位。如大学教授应该有较高的社会地位。

对社会角色的认知应该是全方位的。我们以官角色为例,人们对于"官"的认知是全方位的。人们对"官"有一定的角色期待。对于一个形象不佳的官员,人们可以从下列特点来综合认知。

部属绞尽脑汁拟出报告书,而上司不屑一顾,连一句慰勉的话都没有;上司夺取部属的功劳,对部属的申辩不屑一顾;只知命令或指示而不指导;朝令夕改;视部下为佣人;瞧不起部下;不承认部属的能力,并妒忌部下的才华;只看结果不问原因;拙于倾听,先声夺人;失信于部属;喜欢说长道短;把拙劣的诙谐当成幽默;对部属的创新视而不见;对部属的工作屡加干扰;过度宠爱部下;人情至上屡创例外;轻易与部下妥协;保护不了部下;大讲顶头上司的坏话;面对上司就说不出话来;严以待人,宽以待己;对上司卑躬屈膝;抓权不放,侵占部属的权限;胡乱称赞;吝于说"辛苦了""谢谢";油腔滑调地称赞;只称赞不责备;不问是非就开骂;以蔑视的口气在众人面前责备;大题小做,小题大做;絮絮叨叨,当断不断;认为自己的看法完全正确;假装内行;对别人说部属的坏话;不敢处罚害群之马;察觉不出部属的不满;妒于部属的某种才能;不了解女性特有的心理;不关心部下;评价不公;安于现状,应变无方;给部下泼冷水;毅力不够;缺少活力;做事虎头蛇尾;不会说"我们"只会说"我";专信一人之言;制造派系纠纷;过分表现才智和好恶;亲小人远贤臣;喜欢奉承钻营之徒。对"官"角色的认知是全方位的,有情感的、动机的、地位的、态度的、行为的、意志的、品质的、语言的,等等,通过"官"角色的分析可知,对他人的角色认知是多角度、多渠道的,其中语言和行为是重要的认知手段。

角色语言是角色认知的重要手段。角色语言的研究领域涉及领导语言、夫妻交谈、班主任语言、售货员语言、医用语言、教师语言、律师语言、导游语言、军事指挥员的口才、外交辞令、企业管理者的口才、采访中的交谈、怎样和罪犯谈话、怎样和上访者交谈、父母怎样和孩子交谈、怎样和老人交谈、怎样第一次和"她"交谈,等等,这些都是角色语言研究的重要内容。现以医用语言为例加以分析。

医用语言应充分考虑病人的心理承受能力,有利于病人的身心健康。得体的医用语言会产生积极的心理疗效,不得体的医用语言会增加病人的心理负担。所以,医用语言既可以治病,又可以致病。语言影响情绪,情绪影响健康。医务人员使用语言是心理治病的艺术,应该达到下列要求。

第一,应注意语言的安慰性。医生询问病情应委婉谦和,话语亲切,不应冷漠、斥责、催促、命令、鄙视甚至吓唬。

第二,应该注意语言的准确性。准确说明病因、治疗的方法及注意事项。

第三,注意恰当地使用模糊语言。对重病者、癌症病人,可以适当地运用模糊语言。

第四,语言要注意通俗形象和暗示。例如医生解释病情,"人体好像一架生产血液的机器,现在出了故障,原来的血液渐渐坏死,人体没有新鲜血液补充",这是用形象的比喻解释再生障碍性贫血的病症。又如,医生和声细语地告诉早期癌症患者已经给他切除了"小瘤子",解除了病人的心理负担,有利于病人的康复。一般说来,对垂危病人用委婉言语和暗示性言语,会避免对病人及其家属的心理冲击和突发事故的出现。

作为医生,应该有较好的语言素养和高尚的医德,并能得体地运用适合医务人员的角色语言。上述要求构成了医用语言的多层面特色。

六、认知规律

人际认知的因素包括认知者、认知对象、认知情境。

(1)认知者。据心理学研究,认知者的情感和心态,影响着对他人的认知,过去的经验也会影响对他人的认知。这些因素的参与,影响到认知者通过语言对他人所作的认知,有时,对同一认知对象会产生"横看成岭侧成峰,远近高低各不同"的认知效果。

（2）认知对象。认知对象对于认知者所具有的价值及社会意义不同，认知对象的话语对认知者产生的分量也不同。如果认知对象的话语能给认知者带来鼓励，就会引起认知者的兴趣，所谓"人微言轻"说的是相反的情况。

（3）认知情境。运用汉语进行人际认知的情境属于语境，认知者通过言语环境，对他人进行认知。说话时的时代、社会、文化背景，说话时的具体时间、地点、场合、话题及说话方式等，都会影响汉语的人际认知。

人际认知有时会产生偏差，最为典型的是反映在汉语的性别偏见上。由于社会、历史、文化的种种原因，人们对女性的偏见反映到汉语中，就形成了汉语的性别偏见。

语言成见和语言感情有着密切的关系。在语言社会中，一些人对本族语或本地方言有一种特殊的感情，操一种方言的人有时对讲另一种方言的人持有偏见，如上海人在新中国成立前看不起讲苏北话的人；操共同语的人看不起操方言的人；操主流方言的人看不起讲非主流方言的人。

语言的认知偏差体现在对民族语言的成见、对方言的成见、对性别语言的成见、对角色语言的成见等方面。从社会心理的角度可以探究其原因。如前因效应、近因效应、投射作用、社会刻板印象等，都是语言认知偏差的社会心理原因。如一位老太太没有受过教育，和你谈事情，你可能会从社会刻板印象出发认知她的种种特性，以至产生偏见。

我们对一个人的判断往往是在有限信息的基础上形成的。即使只有一些零散的信息，人们也试图对他人得出一个整体印象。在对他人做出判断时，人们往往是将他作为一致性印象来观察的，尤其是对他的评价更显示出一致性的特点，一个人不会被看成既是冷酷的又是热情的，认知者的内部言语和外部言语都会显示出一致性的特点。

人们在得到某人的各种不同信息后，如何将这些零散的信息整理成一个统一的印象呢？社会心理学的方法是采用累加法和平均法。累加法是指形成印象时使用各种品质的累加值，即把各种品质的得分相加。平均法是求得各种品质的平均值。我国学者以大学生为被试对象，研究了几种信息整合模式，认为中国人在印象形成时的信息模式是简单的平均模式。中国人比较重视伦理道德方面的评价，这可能与中国传统文化中强调道德评价有关。另外，中国人在形成对他人的印象时易受人际关系情境的影响。

第二节 语言禁忌心理

一、"塔布"语言与社会心理

1777年英国探险家库克在第三次远航南太平洋汤加群岛时,发现当地土著人有一种非常奇怪的生活现象:有些物件只许酋长、巫师、头人使用,而禁止一般人使用;有些东西只许用于某种特殊目的,而不能用于一般目的;一些场所只许男人进出,而不许女人和儿童出入,等等。当地土语称这种现象为"Taboo"。"Taboo"一词由库克船长带入西欧后,经人类学家、社会学家、民族学家研究发现,"Taboo"现象普遍存在于世界各民族的习俗中。中国民族学界把"Taboo"音译为"塔布",与"塔布"相对应的词是"禁忌"。

禁忌是人类不理解自然力而产生的,对自然力的不理解使人类产生了恐惧,恐惧导致了迷信,迷信引起了灵物崇拜。语言禁忌也是这样,在不知语言为何物的遥远古代,语言被赋予了超人的神秘力量。语言禁忌作为一种社会心理活动,早在人类的蒙昧时代就开始了,在未知而神秘的大自然面前,人们在深深依恋大自然的同时又深受自然力的威慑,便借助于想象来解释自然,企求自然力来避凶降吉。他们对语言产生神奇的幻想,同时也萌生出崇拜或恐惧感,认为语言既可以降福又可以免灾,以至于将语言所代表的事物和语言本身等同起来,即把表示祸福的词语看成是祸福本身,因此在语言生活中,非常谨慎地使用与祸福有关的词语,唯恐触怒神灵。人们认为语言是祸福的根源,语言的灵物崇拜也就产生了。语言禁忌来源于一种神秘的力量,这种神秘的力量依靠自然的或直接的方式附着在语言上。语言的灵物崇拜发展到极端就产生了符和咒。符是书面语的物神化,咒是口头语的物神化。

语言禁忌崇信心灵感应,通过个体或群体的主观意识起作用,一切语言禁忌都是建立在预知基础上的,预知反映了一种心意,犯忌触禁以后所采用的仪式、法术、祈祷等是消除心理顾虑的手段。因此从本质上来讲,语言禁忌是社会心态在人们头脑中的反映。

二、因"不许说"而产生了避讳

避讳是由于"不许说"而引起的,"不许说"是因为对有些语句在使用上具有强制性,这种强制力或来自封建制度,或来自民俗心意。

在社会生活中,因"不许说"而产生的避讳现象随处可见。如:因年节禁忌而引起的避讳,因信仰禁忌而引起的避讳,因婚姻禁忌而引起的避讳,因丧葬禁忌而引起的避讳,因生育禁忌而引起的避讳,因两性禁忌而引起的避讳,因饮食禁忌而引起的避讳,因行业禁忌而引起的避讳,因生产禁忌而引起的避讳,因日常生活禁忌而引起的避讳。

避讳是语言禁忌的产物,它受强制性心理所支配,并带有浓厚的封建等级色彩,因此哪些允许说,哪些不许说,有着丰富的社会、历史、文化、心理内涵。我国封建社会对帝王和尊长之名要避讳,当朝的皇帝和被尊为"至圣"的孔子之名全国避之,谓之国讳或公讳。祖先和父亲的名字全家要避讳,称为私讳或家讳。除了人名要避讳外,像朝代名、地名、部族名及图腾名均在避讳之列。

中国古代的避讳规律(讳律)有三。其一,讳名不讳姓。远古时姓是一种族号,人们同族即同姓,而名是人类个体之间相互区别的代号,《孟子·尽心》云:"姓所同也,名所独也。"其二,双名不偏讳。如果名是两个字,只需讳其中一字,如孔子的母亲"徵在",讳"徵"不讳"在",或讳"在"不讳"徵"。其三,不讳嫌名。与君主或尊长的名字音同或音近的字不讳,如汉和帝名"肇",与"兆"同音,不必改变"京兆"的"兆"字。其四,书不讳。不可因讳君父之名擅改诗书。其五,临文不讳,上奏章时不讳父名。其六,效庙不讳。在神前不讳,当然这只是一个概括的避讳规律,不同时期的讳律总会有所变化。

避讳的方法大致有以下四种:一是易字,或采用同音、近音字,或改用同义字,或改用形近字,如为避唐玄宗李隆基讳,将"基"写成"其";二是缺笔,即缺最后一个字的后一两笔;三是空字,即用"某"字或"口"来代替,如《史记·文帝本纪》:"子某最长,请建以为太子。""某"即"启","启"是汉景帝的名;四是改读,碰到讳字读成与之相近的字音,《红楼梦》中的林黛玉因她母亲名敏,当林黛玉读到"敏"时就改读成"密"。

避讳起于周,成于秦,盛于唐宋,历经几千年,给语言生活带来了诸多不便,当然也有其史料价值。如《战国策》中改"楚"为"荆",因秦始皇之父名"子楚",讳字为"荆",据此我们可以断定,《战国策》可能是秦人所著。

三、因"不愿说"而产生婉曲

如果说避讳是由于"不许说"引起的,它是一种因强制而被迫使用语言的现象,婉曲则是由于"不愿说"引起的,它是一种相对积极的语言现象,它更多地受社会心理因素的支配。根据社会心理可将婉曲分为以下四类。

(一) 廉耻心理相关的婉曲

人体本身的禁区往往用婉曲的方法来表达,成年人的生殖和泌尿系统和各种器官的名称、某些生理现象、性行为和性病等,它们各自有其婉曲语。

（二）趋吉心理相关的婉曲

企求吉利,避免凶灾,这是人类共同的心理。人生最大的不幸莫过于死,汉语中与"死"相关的婉曲词语有200个左右。不同阶级、不同阶层、不同信仰、不同价值、不同年龄、不同性别的人,死有不同表示法,由于人们存在着趋吉避凶的心理,因此,在涉及"不洁"的事物时,往往用其他同义形式来表达,这极大地丰富了语言的词汇库,也说明了社会心理(趋吉)对语言发展的作用。

（三）由于避免刺激对方而引起的婉曲

婉曲是为了避免刺激对方,通过恰当的措辞把原来令人不悦或比较粗俗的事情说得中听。渴望被肯定、被尊重是人们普遍的心理需求,心理学的研究表明,当人在听到直言批评时,身心往往处于收缩状态,并产生消极的防御心理。如果采用婉曲的批评方法,会使受批评者放松并能冷静地听取对方的批评意见,难怪生活中有"恕我直言"而无"恕我婉言"。语言的交锋最终是心理的撞击,在批评时是直言还是婉言,所起的效果是不同的。

（四）为了形成幽默诙谐的语言风格而采用的婉曲

一位病人问医生:"大夫,请告诉我,做什么样的练习对减肥最有效?"医生回答说:"转动头部,从左向右,然后从右到左。"病人问:"什么时候做呢?"医生回答:"当别人款待你的时候。"医生面对病人的询问,完全可以用"节食"来回答,而他却用婉曲的方法含蓄而幽默地回答病人,就更显得耐人寻味。因此小品文、小幽默常常用婉曲的方法来表现独特的语言风格。

四、语言禁忌的社会心理诱因

人们对超人的、圣洁的事物的崇拜和对不祥事物的恐惧,导致了语言禁忌的产生,对犯忌触讳的事物和不便直言的事物,往往用其他语言表现方式来回避。恐惧和焦虑是回避的动机,其他语言表现方式是回避的方法。语言禁忌的社会心理,如焦虑和恐惧、害羞和羞怯、群体心理定势等,都会影响到其他语言表现方式的使用。

（一）焦虑和恐惧心理

社会心理学的基本原理告诉我们:当有清晰的危险近在眼前时会产生恐惧,当危险朦胧不清时会让人焦虑。在语言禁忌中,相当多的情况是来自于人们对语言所代表的危险、不洁物的焦虑和恐惧。由于远古的愚昧和近代的迷信,人们往往将语言与语言所代表的事物等同起来,或者认为与语言所代表的事物存在着某种必然的联系,因此在心理上对犯忌触讳的事物产生焦虑感和恐惧感,进而发展到用避讳和委婉的方法来代替使人焦虑和恐惧的语言。

焦虑的产生是由于语言所代表的危险不很明确,但又像会来临,同时,人们对该危险产生无力抗拒的感觉,因而在精神上持警戒态度。语言所代表的某些事物所存在的危险不为人们所认知,便产生了焦虑感并设法在言语活动中逃避这些危险的语言。如纳西人每年祭天时要说黑话,是由于古时候纳西族祖先用黑话商量军机大事蒙骗敌人,从而免遭敌人的杀戮,今天的纳西人对祭天不说黑话的危险并非十分清楚,但是只知道不说黑话,会产生焦虑不安的感觉,这源于对祭天黑话力量的未知,或源于对祖先的敬重。对人名的忌讳、对图腾的忌讳与因危险而引起的焦虑有关。

恐惧会引起两种反应:一是恐惧控制反应,即产生控制恐惧的心理和行为,或者是产生回避的想法和行为;二是抗衡反应,产生这种反应的人承认并正视威胁的存在,采取可以免于威胁的手段和方法。语言禁忌和由此引起的其他语言表达方式均与这两种反应有关,但在语言使用过程中产生的现象不外乎两种:一是慑服于语言的神秘威力;二是由于恐惧而产生回避,用其他语言表达方式来代用。在言语生活中这两种情形常常表现为语言的灵物崇拜和因语言的禁忌而产生的语言代用。"革命"语言的灵物崇拜在"文革"中达到登峰造极的地步,"革命"语言的灵物崇拜导致了现代迷信。对个人的崇拜和对"革命"语言的恐惧,造就了绝无仅有的"文革"符咒。

(二)害羞与羞怯心理

害羞是隐藏有极其隐秘的事(主要是与性有关)以及非道德的行为,而又不便宣之于口的态度,是欲求不能满足而先加以压抑时的情感。而羞怯是在人前开不得口,见生人就有抗拒感,它或者来源于自卑,或来源于因危险而引起的焦虑,或源于情绪的过敏。人们对性器官和性生活语汇的禁忌与回避大概源于害羞心理,《梁祝》中"十八相送"一场戏里,祝英台的话白和唱词用委婉曲折的方式向梁兄吐露爱意,大概由害羞心理所致。"文革"中将"肛门、子宫、裸跑、同性恋"划为"黄色词"当然不是害羞所致,而是形而上学所致。而羞怯是由于对外界的不适应而在言语交际中采用回避和代用的方法。

(三)群体心理定势

习惯是指人们在一定的情境下自然而然地养成的,它不经意志的驱使,当一个人养成某种习惯之后,就会自然而然地去做,所谓"习惯成自然"就是这个意思。人们在言语生活中,会遵循该社会群体的语言习惯,人们认为对犯忌触讳的事物在话语中应予禁忌,即使要表达这些事物,也应充分考虑对方的心理承受能力而使用其他相应的表达方式,如果应避不避,该讳不讳,这种不得体的话语表达会影响语言的心理沟通。人们长期以来对语言禁忌和语言代用形成反复的语言审美活动,从而形成关于语言禁忌的群体心理定势,并以此来影响或左右言语活动。

第三节 语言与联想

一、自然语言的联想

在汉语中,用阴阳两股势力代表女性和男性。阴被视为自然界的黑暗和邪恶,女性和黑暗、邪恶联系。阴阳之分在语言中表现为"性"的语法范畴,"性"是语言的语法意义所表现出来的性属。在多数语言中,表示人的名词,语法性属和天然性别是一致的。俄语中的"男人"是阳性,"女人"是阴性。在英语中"单身汉"是阳性,"老处女"是阴性。阴性词的否定意义往往在本质上涉及性欲,如"主人"和"主妇",被称为主人的男子往往在他的事业上功名卓著,或者是有势力的人,但被称为主妇的女子则被看成是作为性的工具而获取经济支持的人。不仅仅是人类,就是在动物界,雌性动物和由此产生联想的其他词语也带有消极的意义。如"雄犬"和"母狗"、"公螺丝"和"母螺丝",这里的"母狗""母螺丝"在对应词中带有贬义或消极被动的意义。在艺术领域中,人们常赋予艺术女性以美好的联想,较典型的是艺术语言中的比喻。当然,对艺术女性的设喻也有文化的差异。如"鸣凤长着一幅瓜子脸"(巴金《家》)。南方人理解的瓜子是"西瓜子",北方人理解的瓜子是"葵花子","西瓜子"脸和"葵花子"脸给人的审美感受是不同的。

由女性引起的语言联想可以总结出两条规则:在自然的语言联想中,与女性有关的语言往往带有贬斥、消极的意义,或处于褒贬参半的矛盾心理中;而在艺术的天地里,女性成了座上客,她作为艺术的形象受人赞颂和青睐。

二、艺术语言的联想

美女是一幅画,是一首诗,是动听的曲。第一次把女人比作花的是天才,第二次把女人比作花的是庸才,第三次把女人比作花的是蠢材。在言语艺术的竞技场上,出现了许多关于艺术女性的比喻奇葩。

朱自清的散文《女人》写得很精彩："我以为艺术的女人第一是有她的温柔的空气；使人如听着箫管的悠扬，如嗅着玫瑰花的芬芳，如躺着在天鹅绒的厚毯上。她是如水的密，如烟的轻，笼罩着我们；我们怎能不欢喜赞叹呢？这是由她的动作而来的；她的一举步，一伸腰，一掠鬓，一转眼，一低头，乃至衣袂的微扬，裙幅的轻舞，都如蜜的流，风的微漾……我最不能忘记的，是她那双鸽子般的眼睛，伶俐到像要立刻和人说话。在惺忪微倦的时候，尤其可喜，因为正像一对睡了的褐色小鸽子。和那润泽而微红的双颊，苹果般照耀着的，恰如曙色之与夕阳，巧妙的相映衬着。再加上那覆额的，稠密而蓬松的发，像天空的乱云一般，点缀得更有情趣了。而她那甜蜜的微笑也是可爱的东西；微笑是半开的花朵，里面流溢着诗与画与无声的音乐。"

朱自清笔下的"温柔女性"，忽而化成听觉感受——如"箫管的悠扬"，嗅觉感受——如"玫瑰花的芬芳"，触觉感受——如"躺着在天鹅绒的厚毯上"。他把女人的温柔具体化，把抽象有形化：把女人比作水、烟、蜜、风、鸽子、苹果、曙色与夕阳、乱云、花朵。这些比喻从不同的角度设喻，突出了艺术女性的轻柔、伶俐、润泽、剔透。

对美女的描述，可以任意选其不同的部位和特点设喻，如头发、眉毛、眼睛、牙齿、嘴唇、臂膀、脸蛋、风姿、服饰等，都可以作为比喻的本体，然后根据"相似"的原则选择恰当的喻体和喻词，就可以构成精妙的比喻。

美女美在头发：她的头发乌黑、发亮，轻如丝，香如兰，美如波。

美女美在眉毛：她的眉毛又长又弯，如弓似柳。

美女美在眼睛：她那鸽子般的眼睛伶俐到像要立刻和人说话。

美女美在嘴唇：樱唇未启笑先闻。

美女美在牙齿：像从血红的葡萄树中望见的白夹竹桃花。

美女美在臂膀：她裸露的臂膀像冷澈的大理石。

美女美在脸蛋：她的脸蛋泛着青春的红色——有时光洁透亮，仿佛有闪电流过她的脉管。

美女美在风姿：她媚态娇羞，如芙蓉出水亭亭玉立。

美女美在服饰：火光照得她的脸发红，那件深红色的棉袄，便像蔓延着的火焰一样。

美女具有动态美：

她的一举步，一投足，一扭腰，一掠鬓，一转目，一低头；

她衣袂的微扬，裙幅的轻舞；

她肩的微颤，胸的微耸，颈的轻摇，身的轻蠕；

她双目矍铄,笑颊粲然,侧身重睫,张目嗔视,点额扶臂。

这些,都体现了女性的动态美。

美女具有静态美:

她的肤色红润、细腻、弹性、光泽;

她的长辫散披、短齐、卷曲。

如此等等,都能给人以静态美的享受。

美女的动静之美,会引起我们美妙的联想。如:

形容眉美就会联想起柳叶、新月、卧蚕、春山;

形容目美,则联想到杏儿、丹凤、秋水、秋波;

形容唇美,就联想到皎月、银盘、桃花。

形容臂美,外国人以"露"为美,则有"她裸露的肩膀和手臂像冷澈的大理石一般"的比喻;中国传统以"藏"为美,则有"她那纤细的臂膀像南岳风景区的藏经殿和方广寺那样深秀"的妙喻。

世界上的女人不可能全都是美女,否则世界将不得安宁。世界上的女人不应该全都是美女,否则世界太美好,世界本来就是应该有遗憾的世界。

如果说文人对美女倾注了衷心的褒奖之情的话,那么,丑人在文人笔下的命运就比较"凄凉"了。你看,一个长得丑的女人,也许其心灵很美,但是,文人的笔触却还是极尽嘲讽之能事:

——你长得很惊险,长得很有创意,但你活着一定要靠勇气!

——你长得很违章!

——你长得很努力,很敬业。

——我从没见过长得这么有考古价值的人。

——你长得好像车祸现场。

——你长得外形不准,比例没调好吧?

——我觉得世界上就只有两种人能吸引人,一种是特漂亮的,一种就是你这样的。

——你的长相很提神!不过你需要回炉重造。

——你呀,国际脸孔,世界通用。

——你小时候被猪亲过吧?他们怎么能管你叫猪呢?这太不像话!总不能人家长得像什么,就叫人家什么吧?怎么能说你长得像猪呢?那是侮辱了猪。

——你长得很科幻,长得很抽象!长得真是有个性!

——我见过长得丑的,但没见过这么丑的,乍一看挺丑,实际上,仔细一看更丑。

——你长得很无辜,长得对不起人民对不起党。

——你长得拖慢网速,你长得太耗内存。

——大哥,把你脸上的分辨率调低一点,好吗?

——你的长相突破了人类的想象,手术能整回来吗?

——你长得飞沙走石,鬼斧神工。

——你还没有完全进化好,但已经长得有点像人了,真的是太难为你了。

——他们说你一个眼睛大,一个眼睛小,太伤自尊了,其实你是一个眼睛小,一个眼睛更小。

——我也不想打击你了,你去动物园看看有没有适合你的工作,你这样在街上乱跑很容易被警察射杀的。

第四节 劝说与态度的改变

一、劝说方法和技巧

劝说可以改变一个人的态度,劝说的技巧多种多样。

1. 巧用数字

心理学的研究表明,数字可帮助人们形成可信度,劝说时可以利用数字来增强可信度。一位教授乘飞机出差,听说前不久发生了劫机事件,后悔没有乘火车。航空公司的一位职员笑道:"先生胆太小了,统计学家计算过,劫机事件的成功率只有百万分之一,就好像是中彩票一样。"教授反驳说:"即使是买彩票,还是存在中奖的机会呀。"职员又劝说道:"我告诉你一个大大减少劫机成功率的方法。现在我们假定这架飞机上有一个劫机者,它的可能性为百万分之一,现在你认为自己也是个劫机者,两个劫机者不约而同碰到一起的几率就变成了十亿分之一了,这是一种微乎其微的可能,可以说是一生中也难中到的一张彩票。"经过职员略带诙谐的论辩式劝说,一串串的数字终于使教授悬起的心又放下了。在劝说过程中,我们可以用数字作为论据,但这种数字既要精确,又要信手拈来,必要时可做数字对比。人们对数字有一种"迷信"心理,劝说过程中我们可以有效地加以利用。

2. 借助权威

为了增强说服力,我们可以借助于权威的言行来加强劝说效果。某大学生物系在进行爱国主义教育时,有的学生提出"科学没有祖国"的观点。为了让学生全面地认识这个问题,老师引用了法国微生物学家巴斯德的名言"虽然科学没有祖国,但是科学家是有祖国的",并讲了巴斯德在普法战争中把德国科学院颁发的荣誉证书退回去的故事,使那个学生有所醒悟。在引用名人名言时应考虑与话题的紧密联系,以及劝说对象的可接受性,切忌拉大旗作虎皮,以权威吓唬人。

3. 事实说话

事实胜于雄辩,在劝说中运用无可辩驳的事实,可以收到较好的劝说效果。先秦时,秦王讨厌各国来秦游说,下了逐客令,李斯亦在其列。李斯上书秦王说:泰山不拒勺土才能成其高,河海不择细流才能成其深,王者不却庶众才能成其德。过去秦穆公称霸,从西方的戎得到由余,从东边的宛得到百里奚,迎来宋国的蹇叔,从晋国求得公孙支和丕豹。秦孝公用商鞅之法,惠王用张仪破坏六国合纵,昭王用范雎"远交近攻"的谋略。这四位国君都是依仗客卿才取得成功的。客卿有什么对不起秦国的,大王一定要驱逐他们?这样一来,客卿一定离开秦国为他国所用,再想求得为秦国效力的人恐怕就难了。李斯在《谏逐客书》中用一件件历史事实,使秦王醒悟,下令废止逐客令,找回被逐的客卿,李斯的劝说收到较好的效果。

4. 情理相济

"感人心者莫先乎情",情理相济是很好的劝说技巧。情理相济就是将情感的劝说和理论的劝说糅合在一起,动之以情,晓之以理。比如劝说戒烟,可以将吸烟对健康的危害和短命结合在一起加以宣传,再加上情绪的感染:抽一根烟,缩短六分钟的寿命,为了您的身体健康长寿请戒烟!同时还可以分析香烟所含的各种化学成分,从医学的角度使吸烟者在理性上认识吸烟的危害性。

5. 曲线救国

要想说服对方,有时可以来一点"曲线救国"。比如,售货员热情地向顾客介绍某个新产品,有时顾客反而会拒绝接受。如果这位售货员当着顾客的面,巧妙地打电话通知自己的知心朋友赶快来买这个新产品,那位顾客可能会立刻改变原来的态度而买下原先不想要的商品。这种曲线说服的方法如能适当运用,往往会产生意想不到的效果。

6. 征服其心

"攻心为上"是《孙子兵法》的谋略之一,征服其心就是攻心术在劝说中的运用。诺贝尔奖获得者、美国医学家卡雷尔到欧洲讲学,欧洲医学界极力劝他留下。法国里昂大学专门为他兴建了研究所,卡雷尔动心了。可卡雷尔的美国同事却正等待他返美。同事们给他发了一封电报:"几颗心还活跃在玻璃瓶子里,等待着你的归来。"卡雷尔收到电报的第二天便返回美国,原来同事们抓住了卡雷尔的心,采用的是一种攻心术:卡雷尔当时正在研究心脏移植,那"几颗心"是为了搞试验用营养培养素泡在试验瓶里的鸡心,电报抓住了卡雷尔的心,产生了神奇的劝说效果。

7. 层层剥笋

劝说时为了减轻对方的心理压力,可以将劝说者的观点产生的副作用或危险性用"微分"的办法逐一加以排除。例如,美国兵役局心理学家说服那些不愿服兵役的青年:"战争期间当兵,的确会给生命带来一定的威胁,但是危险性究竟有多大呢? 一个青年一旦入伍,便有两种可能:一是被派往作战部队,一是被派往后勤部队。派往后勤部队的人可以说没有什么危险。派往作战部队的人也有两种可能:一是被派往前线,一是被派往后方。留守后方的人便没有什么危险。即使派往前线也有两种可能:一是战斗中受伤,一是战斗中没有受伤。没有受伤当然没有什么危险。即使受伤也有两种可能:一是受轻伤,一是受重伤。受轻伤的人住院一段时间就会康复。受重伤的人也有两种可能:一是救得活,一是救不活。救得活的当然就没有什么危险了,救不活的,由于已经没有知觉,所以也就不存在什么安全和危险的问题了。"这种劝说似乎荒谬离题,但采用了由大到小的剥笋式劝说术,富有一定的启发性。

8. 得寸进尺

如果说层层剥笋是由大到小的"微分"法,那么,"得寸进尺"就是由小到大的"积分"法。要说服对方,应该分阶段分步骤提出要求,一步一步地有顺序地说服对方,不能急于求成。这种方法被行为心理学派称为系统脱敏法,这种心理治疗的手段,也可以用于劝说。一位社会心理学家曾做过一项对比实验:以家庭主妇为被试,向一组家庭主妇先提出在她们家门口挂块牌子的要求,获得同意后,又提出在她们家院子里竖一个架子;而向另一组主妇同时提出挂牌子和竖架子的两项要求。结果,前一种做法比后一种做法更易为家庭主妇所接受。这是因为,劝说者劝说的内容和态度,要经过被劝说者认知判断。劝说者的态度即内在定锚点,与被劝说者原来的态度即内在定锚点有一个差距,差距越小就越会被同化,差距越大就越不能被同化。被劝说者对劝说者的态度有一个接受或容忍的范围,即"接受纬度",也有一个不愿接受或排斥的范围,即"拒绝纬度"。对被劝说者的劝说应控制在"接受纬度"之内,两步法的好处就在于,将有可能达到"拒绝纬度"的劝说信息分两次纳入"接受纬度",让被劝说者分步接受。

9. 退后一步

美国独立战争以后在费城召开了历史上著名的制宪会议,在宪法草案表决前,对条文发生了激烈的争论,第一部宪法有可能流产。独立战争中卓越的领导人富兰克林焦虑万分,他用平静的语气劝说道:"老实说我也不赞同这部宪法。我想出席这次会议的各位也都和我一样,在一些细节问题上还有争议。但我认为这是正常的,正如我富兰克林活了这么大还有许多缺点一样,我们怎么要求刚诞生的宪法就完美无缺呢?假如不完善就不能签署,那么我得认真考虑一下,我是否应该在草案上签名,因为我本身就不是一位完人。"富兰克林平静的劝说,终于促成了被称为"民主宪法之祖"的美国宪法的诞生。富兰克林的劝说采用了退后一步,承认自己有错的做法。"人非圣贤,孰能无过",以此类推宪法,产生了一定的说服力。

10. 变换角色

有时为了使被劝说者理解和接受劝说者的观点,可以让被劝说者变换角色,充当被劝说者来理解劝说者的观点。假如被劝说者比劝说者的地位高,这种劝说方法效果较好。一位美国陆军上将回忆说,青年时期他报考西点军校,按规定,申请读西点军校必须要持有当地社会名流的推荐信,他没有这样的人事关系,于是,只好硬着头皮去劝说名人帮忙。他设计了许多劝说辞,最后选中了"先生,如果您也是一位渴望进入西点军校的优秀青年,您会怎样呢"。这关键的一句话使他的劝说获得了成功,他所崇拜的名人,都欣然为他写了推荐信。这种变换角色,让被劝说者设身处地地站在劝说者的角度来思考问题的方法就是"将心比心",它最能引发双方的心理沟通。

11. 反问劝诱

反问劝诱是通过一连串的提问,让被劝说者放弃自己原来的态度和观点。药剂师走进附近的书店,从书架上拿下一本书问道:"这本书有趣吗?"书商说:"不知道,没读过。"药剂师说:"你怎么能卖你自己未读过的书呢?"书商说:"难道你把药房里的药都尝过吗?"书商用反问劝诱的方法使药剂师放弃了原有的看法。

以上劝说方法和技巧都是巧妙运用语言的结果。语言是劝说信息的载体,要准确得体地传达劝说信息,就必须字斟句酌、灵活恰当地使用语言。例如,少用"我"多用"我们",强调伙伴关系,使被劝说者产生归属感;说话要留有一定的余地,不把话说死。只有运用得体的劝说技巧,才能收到理想的劝说效果。

二、影响劝说效果的因素

（一）劝说者

1. 劝说者要具有权威性

劝说者在某些领域要具有一定的学识水平和资历条件。著名法官比一般法官更能左右人们对少年犯的看法,著名语言学家比一般人更能左右人们对语言观的评价,德高望重的政治家更能左右人们对海湾战争的看法,国家防汛指挥部的水利专家更能左右人们对讯情和灾情的见解,这些就是权威效应在起作用。人们对权威人士往往具有崇拜心理,一些广告利用名演员、名运动员来做广告,这就是利用权威效应。

一位心理学家在给心理学系的学生讲课时,做了一个实验:开始讲课时先向学生介绍一位客人,说这位客人是一位著名的化学家。这位客人称自己发现了一种新的化学物质,并拿出一个小瓶子说,这种化学物质有一股强烈的气味,对人无害。他打开瓶盖,让学生一个一个地闻过去,请闻到气味的举手,闻过的学生纷纷举起了手。其实,瓶里装的是普通的蒸馏水。这位"化学家"其实是从校外请来的一位教师,并非化学家,这说明是权威效应在起作用。

亚里士多德说得好:"与其他人比较,人们更容易和更坚定地相信完美的人。无论在什么问题上都是这样。而且为一个问题意见分歧又不能确切断定时更是这样。"亚里士多德讲的"完美的人"虽然是不存在的,但权威人士最接近"完美"的人,因此,劝说者具有的权威性会起作用。

2. 劝说者要具有信赖价值

劝说者能否给人以公正无私的印象,会直接影响劝说效果。如果劝说者的劝说并非出于私利,他就具有信赖价值;反之,说服力就会明显下降。

3. 劝说者要具有吸引力

吸引力是指劝说者应具有讨人喜欢的内外特质,即劝说者和被劝说者具有相似的性格特征、生活经历和价值观念,使劝说者对被劝说者产生吸引力。吸引力取决于相近因素、相似因素、互补因素、互悦因素。俗话说,远亲不如近邻,这是指空间距离上相近,在人际关系的初期,相近因素会起一些作用。如果劝说者和被劝说者处于相近关系,且交往不太深,劝说者就具有一种天然的吸引力,易于产生"邻里效应"。相似因素是指劝说者和被劝说者的文化背景、民族、年龄、学历、修养、地位、职业、兴趣、观念、性格等不同,形成互为补充的关系。互悦因素是指劝说者和被劝说者在谈话中产生愉悦感,因此,劝说者的真挚性和技巧性都会影响互悦因素。

4. 劝说者要能使对方产生归属感

归属感来源于群体或团体。团体会使被劝说者产生归属感。如果被劝说者对他所属的团体十分信任,团体的代表作为劝说者会影响他的态度,如果不改变态度,就不符合团体的标准和规范,就失去归属感。事实上,团体也是一种特殊的权威,和团体的一致可以获得一种安全心理和认同心理,最终获得归属感。

(二) 被劝说者

被劝说者是劝说的对象,他能否改变态度,与他原有的信念强度和人格因素有关,也与劝说的方法和技巧有关。

1. 信念强度

影响信念强度的因素主要有以下四种。

(1) 既成事实。假定你看中并买下了一本喜爱的书,尽管有人说该书太贵,劝你别买,但也无济于事。

(2) 公开声明。自己的态度是否公开声明过,对自己的信念强度会产生很大影响,变更公开声明过的态度有很大困难,因为这意味着否定自我。

(3) 自由选择。自由选择的信念比被迫选择建立的信念更难改变,改变自由选择的态度,也意味着自我否定。

(4) 涉及程度,即个人在某种观念中涉足的深浅。对某种观念涉足越深,就越难被说服。

2. 人格因素

被说服者的人格因素包括性格和智能两个方面。

(1) 性格与年龄、个性等相关,不同年龄组的人性格不同,不同的个性如胆汁质、多血质、黏液质的人在性格上也存在差别。据研究,缺乏判断力、依赖性强、容易信服权威的人,很容易接受他人的劝告而改变自己的态度。自我防卫机制强烈的人,其态度很难改变,他会尽力保护自己已有的态度以增强自尊。

(2) 智能水平高的人理解力强,决定了他的态度难以改变,如果态度改变了,也往往是主动的;而智能水平低的人缺乏判断力,易受团体态度的压力,经说服会被动地改变自己的态度。

（三）劝说环境

劝说是在一定的言语环境中进行的，环境因素主要是预告、分心、重复劝说、团体归属、差异及畏惧程度。

（1）预告。实验表明，劝说前先让对方知道劝说内容的要点，让被劝说者接受预告，会增强被劝说者的抵制力。因为被劝说者接受预告后会利用从预告到劝说之间的缓冲阶段，思考一些问题，以至形成必要的反论证，以增加对劝说的抵制力。

（2）分心。分心因素的作用是影响被劝说者的注意力。实验表明，当被劝说者本来就反对某一说服性意见时，用分心来干扰他的反论证，会促使其改变态度。否则，分心反而会削弱说服的效果。

（3）重复劝说。一般情况下，重复劝说会促进态度的改变，但重复过多会"物极必反"。

（4）团体归属。被劝说者所属的团体与态度的改变有着密切关系，当被劝说者对团体有认同感、归属感和忠心时，团体或团体代表的劝说，容易改变他的态度。

（5）差异。差异是指劝说者所维护的观点和被劝说者原有态度之间的差异程度。差异越大，态度改变的可能性就越小。

（6）畏惧程度。人们在劝说时往往将行为的不良后果作为劝说的理由，目的是引起被劝说者的畏惧感，使其改变原有的态度。畏惧程度越高，改变态度的可能性就越大。

（四）劝说效果

20世纪20—30年代，在劝说问题上曾风行一种"枪弹论"，认为：被劝说的对象只是一群毫无防御能力的"固定靶"，只要劝说者去瞄准他们，就会说服他们。事实上，被劝说者有思想、有感情、有信念，如果在劝说过程中不考虑被劝说者的因素，就会产生社会心理学上所讲的"飞去来器效应"。这就像"飞去来器"这种弯棒一样，抛出去仍会飞回来。因此，劝说首先要有正确的动机和出发点，恰当选择话题和组织话语，实事求是地提供信息，使劝说保持健康的情调，把握好劝说对象的心理状况，讲究劝说的方法和技巧。

怎样来衡量劝说效果？劝说效果有五种状况：

使被劝说者对劝说者的劝说内容产生共鸣和关心；

使被劝说者依照劝说者的劝说内容采取行动；

使被劝说者与劝说者采取同一步骤；

使被劝说者赞成劝说者的意见和行动；

使被劝说者重视劝说者的立场和信念。

态度是可以改变的,改变态度的方法不仅仅限于劝说,推销、演讲、论辩、谈判、广告等都具有改变态度的作用。

语言与态度有着密切的联系。意见作为对客观事物的解释和评价,就是用语言来表述的。偏见、信念、价值观的形成都要借助于内部语言,并依靠外部语言来表述。态度中的认知成分、情感成分、意向成分的产生离不开语言。

态度决定着对外界信息的判断和选择,有人曾做过实验,实验对象是英裔大学生(说英语)与法裔大学生(说法语)。实验开始时告诉学生:"这次实验的目的是想了解大家只凭声音判定人的性格,你们将听到录音带上有 10 个人朗读同一篇文章的声音,其中有 5 人用英语念,5 人用法语念,请大家特别注意倾听说话人的语音和语调。"实际上录音带上是 5 个人分别用英语和法语朗诵,学生不知真相。实验结果表明:同一个人,当他用英语说话时,其性格评价比用法语说话时获得的评价好。比如,在说英语时,学生评价他"个子高,风度较好,比较聪明可靠,亲切,有抱负"等,当他说法语时,评价稍差些。因为语言的不同,引起了判断的差别。这表明,人们会根据语言来判别他人的性格,形成自己的态度。对一些配音演员,我们往往是通过话语来形成对他们的评价和态度的,像刘广宁、童自荣、乔臻、丁建华等就是靠配音塑造了各种人物形象,使观众产生了良好的态度。

第五节 言语的模仿与暗示

一、行为的模仿和言语的模仿

模仿是人类个体在感知别人的言行后,模仿他人言行的过程。它分为行为的模仿和言语的模仿。模仿是个人受到他人的心理状态、行为方式的刺激影响而产生的认同心理和仿效行为。应该说,模仿也是心理影响的一种方式,它是由心理变化而导致行为相似的过程。模仿的心理基础是认同,有对某种行为特征的赞同,就有模仿这种行为特征的行为。仿效他人的走路姿态、穿着打扮、说话语调及风格、生活方式、工作方式、习惯、礼节等,都存在着模仿的因素。父子举止相似,师生风度相像,相声演员的模拟,都是模仿的实际应用。模仿是人类的一种本能,按照塔尔德的"模仿理论","模仿是社会发展和社会生存的基本原则"。人类社会再现"世界重演规律"主要靠模仿,人类社会就是相互模仿、互相学习和创造的社会。模仿对人类社会的进步作用是不能忽视的,"仿生学"的建立与模仿不能说毫无关系。人类的各种发明创造,归根结底都是通过模仿、复制才进入社会结构和人类社会领域的。先有了模仿加工,而后才能在此基础上进行发明、创造。我们不能夸大模仿的作用,但也不能轻视它的作用。

言语模仿是对现有词、句、篇进行模仿而仿造出新的词、句、篇的过程。在言语模仿过程中,模仿者是主动的、自觉的,不受外来压力和环境的强迫。当词、句、篇对模仿者产生强烈的吸引力,并吸引其进行模仿时,模仿就进入了认同的层次,模仿者意识到被模仿的词、句、篇的意义和价值,于是产生喜欢并乐于学习的情绪体验,力求与被模仿的词、句、篇保持技巧或风格上的一致。

二、言语的无意识模仿和有意识模仿

无意识模仿是模仿者没有意识到的模仿,它是在不知不觉中进行的。婴儿不到一周岁就会牙牙学语,说明模仿是一种先天的本能。言语的无意识模仿是客观存在的,它既包括一些简单的,早已为模仿者熟悉而不需要重新学习的言语,如儿童能掌握部分基本词汇,也包括经长期熏陶而无意间学会的一些话语,如操一种方言的人迁入另一地,数年后便不自觉地学会了当地人的方言、俚语。

有意识言语模仿,是模仿者怀着某种动机和目的,有意仿造他人的言语。它包括两种情况:一是有意识机械言语模仿即人云亦云,有鹦鹉学舌之感;二是模仿者了解了他人言语的价值和意义,经理性思考,有目的有选择地模仿他人的言语,它从认同达到了内化的境界。

修辞中的模仿属于有意识言语模仿,具体讲,属于从吸引到认同到内化的言语模仿。有意识言语模仿有以下三种方法。

一是仿词。仿现成的语词而临时产生新词称作仿词。它是在现成语词的对举下,更换词语的某个词或词的某个语素,临时仿造新词语。如:

"先生,您知道世界上最尖锐最锋利的是什么吗?"

"不知道。"

"就是您的胡子呀。"

"为什么?"

"因为我发现您的脸皮已经够厚的了,它们居然能破皮而出。"

"破皮而出"是模仿"破土而出"而仿出的新词语。

仿词大多具有偶发性。有些偶发词语,对具体的言语环境依附性极强,脱离了具体的语境或上下文,往往不为人所理解和接受。如"大老细"是靠"大老粗"的对举而存在的,如:"我是个大老粗,你是个大老细。"没有"大老粗"作对举,"大老细"就不为人知。

有些模仿出来的词语在言语交际中的使用频率日益增大,并获得公认,无需对举就可以单独使用,如按"文盲"而仿出的"法盲""科盲",这些偶发词语由于语用频率高,在日常生活中可单独使用。

二是仿句。故意摹拟、仿造现成的句子格式叫仿句。现举一例。

年轻厨师给女友写情书:"亲爱的,无论在煮汤或炒菜的时候我都想念你!你简直像味精那样缺少不得。看见蘑菇,我就想起你的圆眼睛;看见绿豆芽,就想起你的腰肢。你犹如我的围裙,不能没有你。答应嫁给我吧,我会像侍候熊掌般侍候你。"

女友给他写了封回信:"我也想起过你那像鹅掌的眉毛,像绿豆芽的眼睛,像蘑菇的鼻子,像味精的嘴巴,还想起过你像雌鲤鱼的身材。我像新鲜露笋那样嫩,未够火候。出嫁还早哩!顺便告诉你,我不打算要个像熊掌的丈夫,其实我和你就像蒸泥孟鱼放姜那样。相信你明白我的意思。"

厨师给女友的情书中以烹调用语作比,表示了对女友的爱恋,读来引人发笑。女友模仿厨师的句法和词语,同样以烹调用语作比,明确答复了厨师。

三是仿篇。故意模仿现成言语作品的结构和语言,如鲁迅先生曾模仿崔颢《黄鹤楼》作了一首诗:"阔人已骑文化去,此地空余文化城。文化一去不复返,古城千载冷清清。"

三、影响言语模仿的因素

(1) 年龄因素。在无意识言语模仿中,儿童的言语模仿性最强,其次是青年,模仿性最差的是老年人。在有意识言语模仿中,青年人和老年人的模仿能力比儿童强。

(2) 个人影响因素。一般说来,在有意识模仿中,水平低的模仿水平高的,名气小的模仿名气大的,子女模仿父母,学生模仿老师。经过有意识的言语模仿,获得他人和社会的赞同。

(3) 人格特征因素。人格特征相似的人容易产生模仿,如果一个人在某一方面与他的崇拜者相似,或是性格相似,或是心理感受相似,也易于模仿他人的言语。

(4) 言语风格因素。由于需要表示讽刺、嘲笑、诙谐、揶揄等色彩,则要模仿他人的言语,如上例鲁迅的仿诗。

（5）言语模仿的心理因素。无意识的言语模仿无动机可言,只有在有意识的言语模仿中才存在着各种不同的心理因素。成人的言语模仿动机比儿童复杂,主要受以下几种心理因素支配。一是好奇心理。成人和儿童一样,对自己从未听过的新的言语表达方式总觉得新奇,新奇引起的强烈刺激会驱使他模仿他人的言语和社会上的流行词语。文艺作品中个性化的人物言语,富有诗意或哲理的言语表述,新颖而幽默的言语作品等常常为他人所模仿。由新奇而引起的言语模仿,往往是不分良莠,兼收并蓄的。二是仰慕心理。人们的成就欲很强,渴望自己能成为有用的人才,他们常常模仿自己所崇拜的英雄、模范、名人的言语,并希望自己能像他们那样取得成就,并对他们有强烈的认同需求。三是创造心理。最成功的言语模仿,常具有创新性,"麦浪"仿"水浪"就很有新意,它是对语言规则的正偏离,创新的言语模仿是艺术语言研究的重要对象。"系长（系主任）"仿"校长"就不能为人们所接受,它是对语言规则的负偏离,它是汉语规范的对象。

四、言语暗示

言语暗示可从言语暗示产生的效果和言语的表达方式两个方面进行分类。

（一）从言语暗示产生的效果分类

言语暗示会产生两种不同的效果:一是暗示者发出的言语信息能使被暗示者产生与暗示者相同的心理反应,据此,可以把言语暗示分为他人暗示和自我暗示,他人暗示又分为直接暗示和间接暗示;二是暗示者发出的言语信息能使被暗示者产生相反的心理反应,这就是反暗示。也就是说,无论是直接暗示还是间接暗示,只要暗示者发出的言语信息能引起被暗示者相反的心理反应就是反暗示。反暗示可分为有意的反暗示和无意的反暗示。

1. 直接暗示

直接暗示是暗示者有意识地向被暗示者直接发出暗示性的言语信息。如,一位化学教授把一个玻璃瓶放在讲台上,告诉学生,瓶里盛着恶臭的气体,现在要测量这种气体在空气中的传播速度,待打开瓶盖,谁先闻到臭味的请举手,边说边打开瓶盖。15秒钟以后,前排多数学生举起了手,一分钟后,四分之三的学生举起了手。事后教授向学生说明,此瓶是空的,里面根本没有恶臭气体,是教授言语的直接暗示影响了学生的心理和反应。

2. 间接暗示

间接暗示是暗示者向被暗示者发出比较含蓄的言语信息，让被暗示者从所说的事物本身或说话行为去理解所暗示的内容。如：一位老鳏夫想再续弦，但羞于向家人提这件事，只好采用间接暗示的方法。"晚上独自一人睡觉真冷。"儿子听了立即为他买了一只热水袋。后来他又抱怨道："当我的背很痒时，没人帮我搔痒。"儿子又为他买了一把搔背耙。不久以后，老人得知自己的孙子将要结婚。他感叹地说："给他买一只热水袋和一个搔背耙得了。"间接暗示虽然没有直接暗示那么直接，有时甚至不容易被人理解，然而一旦被人接受，则会使人产生深刻的体验。

3. 自我暗示

自我暗示是用自言自语或内部言语作自我提示。它也有两种，一是积极的自我暗示。积极的自我暗示就是运用积极的言语不断对自己进行提示，一般用于消除惊慌、悲观、犹豫的情绪。如遇紧急情况，可自言自语："别慌，镇静！"二是消极的自我暗示。消极的自我暗示就是用消极的言语使自己尽量往坏处考虑，它常使人消沉颓废、萎靡不振。如碰上不顺心的事情时自言自语："算了，算我倒霉。"日本学者多湖秋对如何利用语言等进行自我暗示以增进自信心作了较详尽的论证。

4. 反暗示

无论是直接暗示还是间接暗示，只要暗示者发出的言语信息能引起被暗示者相反的心理反应就是反暗示。反暗示可分为两种。

一是有意的反暗示。用话语故意从反面刺激被暗示者叫有意反暗示。如，诗人歌德的作品受到了某批评家的尖刻指责。一次他在韦玛公园一条只能通过一个人的小径上散步，迎面走来那位批评家，冲着他嚷道："我向来没有给傻瓜让路的习惯！"歌德连忙让到一旁，笑容可掬地说："而我恰恰相反。"这样的暗示从反面辛辣地讽刺了那位批评家。

二是无意的反暗示。无意的反暗示是指暗示者的话语无意中引起意料之外的结果，"此地无银三百两，隔壁王二不曾偷"就是无意反暗示的典型例子。

在言语暗示过程中，暗示者是主动的、自觉的，暗示者希望被暗示者按他指引的方向行动，达到影响对方的目的。例如，医用言语就具有暗示性，医务人员使用得体的暗示性言语会产生积极的心理疗效，病人根据医用言语的暗示性了解病情，并按医生的言语指向配合治疗。在言语暗示过程中，暗示者越为被暗示者信赖和依靠，暗示效果就越好。年龄大、经验多、阅历广、知识丰富的人,其言语暗示更容易让被暗示者接受。被暗示者中年龄小、经验少、独立性差、自信心弱、依赖性强、知识水平低的人,更容易接受他人的言语暗示。在困难和危急的时候,最容易接受他人的言语暗示。

(二)从言语的表达方式分类

从言语的表达方式来看,言语暗示包括委婉式、折绕式、象征式、讽喻式、比喻式、反语式等。

1. 委婉式

委婉就是为减弱语句的刺激性而把话说得婉转一些。比如用一些语意较轻的词语批评对方,不说"胆小怕事",而说"过于小心谨慎";不说"很少出门",而说"我在省里住了两个月,还不知道百货公司门朝哪里开!"(李准《耕耘记》);不说"死去",而说"永远闭上眼睛"。

2. 折绕式

折绕即在言语中不说本意,故意绕弯子来暗示本意。如法官问查理德:"您是不是在电话里骂了约翰先生了?""是的,先生。""您是愿意去道歉呢,还是去蹲一个月的监狱呢?""我打算去道歉。""那好,去打个电话道歉吧!"查理德打电话给约翰说:"您是约翰吗?""是的。""今天早晨我们激烈争论,我叫您见鬼去的,您现在别去了。"查理德并不认为自己骂约翰是犯了错,他故意绕了个弯子,暗示出本意,暗示中幽默地顺刺对方一枪。

3. 象征式

象征就是以物征事,如:"大雪压青松,青松挺且直,要知松高洁,待到雪化时。"在陈毅的这首《冬夜杂咏·青松》中,"大雪""青松""高洁""雪化时"都分别具有象征意义,象征意义是用暗示的方法来表达的。

4. 讽喻式

讽喻即用说故事的方式暗示道理,最初所说的故事含讽刺性,后来不拘于此。钱钟书《围城》:"天下只有两种人,譬如一串葡萄到手,一种人挑最好的先吃,另一种人把好的留在最后吃。照例第一种人应该乐观,因为他每吃一颗都是吃剩的葡萄里最好的;第二种人应该悲观,因为他每吃一颗都是吃剩的葡萄里最坏的。不过事实上都适得其反,缘故是第二种人还有希望,第一种人只有回忆。"钱钟书先生用吃葡萄的故事形象地暗示了两种人生哲学。

5. 比喻式

比喻式言语暗示就是用打比方的方式给人以暗示。有一则题为《初步印象》的小幽默:

介绍人抽了一口烟,然后问道:"姑娘,你对那小伙子初步印象如何?"
姑娘:"他说话时和你抽烟一样。"
介绍人:"自然,潇洒?"
姑娘:"不,吞吞吐吐。"

姑娘一开始是用了比喻中的明喻"他说话时和你抽烟一样",模糊地叙说对"他"的初步印象。这个比喻,可以给人以两种暗示,既可以理解为"他说话时和你抽烟一样自然潇洒",也可以理解为"他说话时和你抽烟一样吞吞吐吐"。

6. 反语式

反语即正话反说。运用与本意相反的话语来暗示本意。有一则幽默故事,题为《男人的好处》。男人婚前的好处很多,看电影为你买票,坐车为你开门,上馆子为你夹菜,写情书为你解闷,表演"此情不渝"的连续剧让你观赏。男人婚后的好处也很多。他看你总是心不在焉,使你省下许多化妆费。他使你成为烹饪名家:"那天在馆子里吃的那道菜好吃极了,哪天你也烧来尝尝。"你不得不看三百多个菜谱,才找到这道名菜。他锻炼你的能力:怎么连插头也不会修?怎么连保险丝也不会接?怎么连路也不会认?最后你什么都会了。他培养你的各种美德:给微薄家用教你"节俭",用"结了婚的女人还打扮什么"叫你"朴实",用"死盯着别的女人不放"来教你"容忍"。简直可以说女人的完美是男人造的。

男人婚后的好处讲了四个方面,实际上这并非好处,而是正话反说,旨在讥讽大男子主义。

五、模仿与暗示的区别和联系

暗示是一种不言而喻的示意性态势,它是心理影响的一种特殊方式。暗示的目的是向对方传递信息,引起对方的注意和重视。如发现小孩子想拿别人的东西,家长便用眼睛或身体动作示意,以阻止小孩的行动;有的学生迟到,老师向全班学生强调遵守纪律的重要性,等等。不论采用什么方式,其意义都在于传递信息。因此,暗示的过程是通过语言或非语言符号系统传递信息的过程。在此过程中,暗示是有其权威性的,接受者是以暗示信息的无批判知觉为基础的。暗示受到心理的影响,反过来它又会影响他人的心理,改变原有的心理定势。尽管个人的处境不同,个性心理特征不同,但暗示的影响和作用是共同的。

模仿与暗示是早期社会心理学研究的重要内容,当时两者的区分不明确,甚至把两者混为一谈。塔尔德认为,"模仿"就是"暗示",模仿是"由暗示引起的行为后果"。罗斯在1908年写成的《社会心理学》一书中也认为,"暗示和模仿只是同一事物的两个方面,一为原因,一为结果"。

模仿和暗示既有区别又有联系。

第一,引起模仿的是一种非控制的社会刺激,模仿者对现成言语作品的模仿可以是自觉的,也可以是不自觉的,模仿者的言语模仿行为并不影响被模仿者。而暗示则应用的是被控制的社会刺激。暗示者所发出的社会刺激是受本人控制的,虽然在方式上是含蓄而间接的,但暗示者一般是有意识的,暗示者的暗示行为影响被暗示者。

第二,模仿者的言语和现成言语作品风格、技巧相似,模仿者与被模仿者心理相容。暗示却不同,暗示者是通过被暗示者对暗示内容的接受而求得心理上的相容。模仿者的仿效行为是和榜样相似的行为,在生活中,我们有时会人云亦云。暗示却不同,暗示者是通过被暗示者对暗示内容的接受而支配其行为的。模仿是接受影响,而暗示是影响别人。

第三,暗示可以激发模仿行为的产生,市面上流行某种服装,有的人也买一套穿上,这就是受到暗示后的模仿。

第四,模仿和暗示都不是消极的,而是别出心裁的选择,含有创新因素。而且模仿和暗示的结果,会使多数人行为趋向一致,成为某种约定俗成的规范。

第六节 谣言心理与谎言心理

谣言作为不实的传闻,是有人为特定目的而蓄意制造、故意传播的煽动性谎言,是众多谎言中的一种,它在人的心理上处于被蔑视的地位,所得到的是贬义评价。社会心理学认为,谣言是凭空杜撰出来的言语作品,在谣言产生过程中,人类的言语表达技巧被别有用心的人所利用。

一、谣言的产生

谣言反映了特定社会背景下谣言制造人的心态,谣言的产生与社会背景、个人心理、特定情境有着密切的关系。

1. 社会背景

促使谣言产生的社会背景主要有三种。一是社会危机。如社会广泛出现群体危机和信仰危机,社会内部经济或政治矛盾激化等,谣言最易产生。二是正式渠道的消息传播不充分或不正确。"大道消息"堵塞会导致"小道消息"的产生。在谣言心理中,谣言强度＝事情的重要性×不明度,事情在人们心目中越重要越不明朗,谣言就越容易产生。三是民众意见的发表受到限制。

2. 个人心理

无论是谣言的制造者还是谣言的传播者,他们都企图用谣言作为解除内心紧张状态的一种适应性手段。个人心理对谣言的影响主要表现在:一是人们对现状不满,利用谣言泄愤;二是焦虑不安和恐惧情绪,也会导致谣言的出现。人们在感到不安和害怕时,内心紧张,渴望知道更多的事实和消息,当没有确切消息时,人们的不安便会促使其寻找新的安定凭据。这时,任何提示都会使人接受,人们极易相信偶尔听到的有利于自己解除内心紧张的信息,并且乐于传播,而不管消息的真伪。

3. 特定情境

谣言之所以能在特定的环境中产生,一是由于群体内相当多的人同时对某件事表示关注,关心某事的人越多,相互间的情绪感染就越强烈。二是由于关心某事的全体成员对某事都缺乏确切的消息,都在积极地猜测事态的发展,交换有关信息,有的人为了显示自己的能力和消息灵通,而虚妄地提高自己所述消息的价值,便导致谣言的产生和传播。

二、谣言的传播

社会心理学研究谣言的传播过程,主要是研究它的传播方式及谣言在传播过程中的变化。在人际交往中,有"大道消息"和"小道消息"两种信息沟通体系,"大道消息"是官方的、权威的、正式的,"小道消息"是非官方的、非正式的。谣言可以来自"小道消息",也可以来自"大道消息"。"小道消息"中的谣言是自下而上的或在民间流传,"大道消息"的谣言是统治者为了蒙骗公众舆论,以民意调查等手段传达政府意图,造成消息或信息来自民众、具有较高可信度的假象,或者是利用一些亲政府的名人通过大众传媒来传播政府的意图。

据心理学家戴维研究,谣言的传播有以下四种方式。

单线型即链型:谣言从A传到B,由B到C,由C到D,传播时只有两人互动。

流言型:由一个人散布给许多人,即由A散布给B、C、D等人。

集体型：有选择地将谣言散布给与其有关的人，这是谣言常见的传播方式。

偶然型：谣言不是通过固定的路线传播，而是受偶然事件的影响而改变传播路线。

谣言在传播过程中会发生种种变化。反复多次地听到同一种谣言的人比偶尔听到谣言的人更相信谣言，文化程度较低的人比文化程度较高的人更易相信谣言，女性比男性更容易关注和听信谣言，无所事事者比有事可做者更易于听信谣言。个体凭自己的记忆力传播谣言，在传播过程中，常将自以为没意思的东西删除掉，用自己的言语来同化消息，将内容改为适合于自己习惯、兴趣、情绪的传闻。谣言在传播过程中，往往会引起自发地冲破现有社会规范的偏激行为。在这种行为中，谣言以煽动性和鼓动性来征服人心，将聚集在一起的一群人的行为协调到一个方向上来。

三、谣言的平息

当谣言袭来时，如果知道谣言传播的事实真相，了解谣言产生的背景、原因和问题所在，了解传播者的情况，将会对谣言持批判态度。不信谣，不传谣，甚至主动辟谣，即所谓"流言止于智者"。但是，如果人觉得所传消息正符合自己的需要，就会盼望这样的事情能够发生，从而轻信谣言。人们在紧张状态下，或由于文化程度较低，不易辨别是非，容易成为谣言的俘虏。面临危机而又缺乏信息，这是别有用心者传播谣言的最佳时机。

面对谣言我们应持审视的态度。无论谣言的内容是否符合自己的心意，无论处境是如何紧急，信息是否能及时沟通，我们都要慎重审度，不可借谣言的传播来发泄内心愤懑，求得心态的暂时平衡，也不能受相互间情绪的感染，做盲动的传播者。应静观多察，根据多方掌握的信息加以判断，拿出自己的主见，即使在情况不明时，也不盲目信谣传谣。

要平息谣言必须铲除谣言滋生的社会背景条件，政府应采取消除政治危机、经济危机和群体危机的得力措施，维护社会生活的稳定与繁荣，无论在正常情况下或超常情况下，都要保持上下信息渠道的畅通，特别是在有重大事件发生的情况下，要及时公布真实情况，只有这样，谣言才会不攻自破。

四、谣言与谎言

谣言是谎言中的一种，许慎在《说文解字》中对"谎"作了这样的解释："谎，梦言也，从言荒声。"意思是说"谎"是人在睡梦中的虚幻之辞。一般认为，谎言就是假话。那么,谎言的界定是否以真假为标准呢?未必。这有两种情况,一是不符合事实的话未必是谎言,比如一些科学论断在当时被认为是符合事实的,但随着科学的发展和思维的发展,论断和事实之间还不吻合,这样的论断就不能说是谎言。如"鲸鱼是鱼"今天看来不符合事实,但过去持这种看法是受当时科学水平的影响,不能说它是谎言。二是符合事实的话未必不是谎言。例如一个男人下班后与女同事散步。有个别有用心的人告诉他的妻子:"你丈夫和一个女人正在街上散步。"这话是真实的。但它的言语目的是强化那位妻子的错觉,使她产生另外的想法。这种貌似真实的话语实际上传递了虚假的信息,因此,它仍是谎言。这样看来,谎言不但要看是否真实,还要看是否真心,不但要看话语本身,还要看言语目的和言外之意。

话语中的真和假不是泾渭分明的,有时真中有假,有时假中有真。"一只鸡一天能生十只鸡蛋"是假话,但也包含了"鸡能生蛋"的事实,即话语的预设是真实的。帽子店的老板看到顾客在试大一点的帽子,他笑着说:"买帽子要买大一点的,洗两次缩水后不就正合适了吗?"那个人听了觉得是真话,就买下了帽子。一会儿,又有一位顾客在试小一点的帽子。老板又笑着说:"帽子要买小一点的,戴几天就撑大了。"那人觉得有理,也买下了。老板的这两种话语是真是假?真真假假,真假难辨。生活中这类半真半假的话语,也很难归入谎言。要区分真话还是谎言,唯一的办法就是将它放到特定的语境中去鉴别。

撒谎是坏品质,谎言一经谣传,就成了谣言。鲁迅说:"谣言可以杀人。"拍过29部影片的著名影星阮玲玉经不住谣言中伤而服毒自尽,可见恶毒的谎言是杀人的软刀子。但是,谎言也未必全有恶意。它的善恶应由撒谎的动机和结果而定。医生对濒临死亡的病人往往会说谎话,以表宽慰。如果对病人讲"您活不多久了",就成了有害的真话。为了保守机密,有时也要说谎。苏格拉底说过,谎言也有善的时候,谎言和欺骗有时也是公正的。1944年秋,欧洲反法西斯战争节节胜利,德国陆军上将克斯特接到希特勒的命令,要他率一万人驻守比利时前线蒙塔弗里尔要塞,并将他的爱妻罗伊斯扣下作为人质。此时身在比利时前线的将军处于两难的境地,是投降盟军还是顽抗到底?正当他犹豫不决时,收到爱妻罗伊斯的一封信,信中写道:"在你收到这封信的时候,我已经离开了这个世界。我得了癌症,病情已经恶化,我不行了。因而今晚在发出这封信之后,我将偷偷吞下积攒起来的安眠药。"克斯特阅后悲痛欲绝,但由于爱妻已死,毫无牵挂,便率领一万将士投降了盟军,没想到在盟军营地见到了他的爱妻。一个善良的美丽的谎言救了一万条性命,促成了一项义举。

说谎与下列社会心理有关。

（1）虚荣心理。人有时会追求虚荣，以显示其优越性。虚荣心一时不得满足，往往会撒谎，欺世盗名，因此虚荣心理往往是谎言的心理基因。

（2）压抑心理。人们选择与环境相适应的方式以满足自身生理需求和社会需要，当生活和环境失去平衡或生活中某人某事给心理上造成压力时，会导致利用谎言反击，以平缓被压抑的心理。

（3）抚慰心理。人们希望现实能够满足自己的愿望，当对现实无能为力时，只好作精神上的调整，将希望指向于未来，以求心理的慰藉。

（4）返真心理。思想、观念、道德、习俗等文化束缚，使人们不仅给自我涂上一层油彩，而且要将内心世界严严地关闭。为了摆脱这沉重的文化负荷的折磨，就会怀念儿童的天真纯朴，说谎、开玩笑是返真心理的体现。

第七节 听说策略与心理

人们对说话的多少有不同的态度。英国谚语说："沉默中才有黄金。"俄罗斯谚语说，"人为什么有两个耳朵而只有一张嘴？上帝让人多听少说"。意大利人说，"维纳斯雕像之所以有千古美的魅力，是因为她从来没说过一句话"。中国人说，"草多的地方庄稼少，话多的地方智慧浅"。其实，话不在多少，而在于得体，在于管用。巧言令色，花言巧语，油腔滑调，套话连篇，理所当然会令人生厌。

一、说话策略

（一）精确和模糊

精确和模糊各有其独特的语用场合。平常说的"大雨"是模糊词语，而气象学中指24小时内雨量累计达到40～79.9毫米。二级风在气象学中指1.6～3.3米/秒的风速，而在日常生活中则称清风徐来，微风轻拂。十一级风是指28.6～32.6米/秒的风速，而生活中则称大风呼啸，狂风大作。科学概念常用精确的表达，日常谈话则不必处处精确。如果你托人到会场上去找人，你不必精确描述此人32岁零8个月加10天，身高1.675米，体重62.51千克，脸长6.3寸、宽5.2寸，根据这样精确的话语是难以找到人的。如果你用模糊的表述，如"此人30岁左右，中等身体、胖胖的、长方形脸、戴眼镜"，倒反而容易找到这个人。在外交场合，甲方向乙方发出邀请："欢迎在您方便的时候来我国访问。"如规定精确的时间，那就不是邀请了，就有最后通牒的意味。当然，在一些原则性的条文上不宜出现模糊表述。一所学校的学生守则中规定"不提倡谈恋爱"，学生在讨论时发生争执，有的说"不提倡就是不禁止，就是允许"，有的说"不提倡谈恋爱就是既不赞成又不反对，就是弃权"，有的说"不提倡就是禁止"。后来校方做出解释："不提倡就是希望同学们将精力放到学习上。"最后又做出明确的解释："不提倡就是反对。"条文中，特别是法律条文中出现似是而非的话语，条文就难以被遵守，因为模糊，难以操作。

（二）直言和婉言

汉语中常说"恕我直言"而不说"恕我婉言"，可见婉言比直言更能得到社会的认同。一个人耳朵听不见了，说他"耳聋"是直言，说"耳背、重听"是婉言。"生病"是直言，"不适"是婉言。词语中有直言义和婉言义，话语中也有直言表述和婉言表述。在真诚的人际交往中，还是"直言相告""实话直说"为好，感情融洽的人之间交谈不必有过多的委婉，是否直言取决于交际情境。

（三）简略和冗余

简略和冗余是就信息量而言的。"有话则长，无话则短。"话语过分简略，意思不容易被理解。冗余信息太多，会造成理解上的障碍。话语简繁适度，才能更好地完成交际任务。当然，繁与简还要看具体情况，有难言之隐时，或服务性的言语中常常会有较多的冗余成分。

二、听话策略

善于说的人不一定善于听。古希腊一位青年去拜苏格拉底为师，学习演讲术。他滔滔不绝地夸耀自己的口才。苏格拉底说："你必须交双倍的学费。"年轻人问："为什么？"苏格拉底告诉他："因为在我教你如何讲话之前，必须先教你如何听别人讲话。"目前研究说话的论著很多，而探讨如何倾听的文献较少，这种重表达（说、写）轻接受（听、读）的现象是不合理的。

听的目的在于获得信息从而理解信息，因此，听也要讲究策略。

（一）全身心的听

听话过程是注意和理解的过程。全身心的听，就是要求听话时专心致志，主动做出相应的听话姿势，不受分心因素的干扰，将注意力集中在对方的话语上，不打岔，不改变对方的话题。听话需要专心和敏感。专心倾听是对讲话者的尊重和信任，是沟通与合作的基础。它可以减轻讲话者的心理压力，可以使紧张气氛得到缓和。一位哲学家说过："二人合作——一个说，一个听，才能表达出真理。"我们也可以说："二人合作——一个说，一个听，才能接受真理。"

（二）无反射的听

无反射的听就是善于沉默,很少反馈,不干扰对方讲话。说话人想讨论一些急于解决的问题,而听话人又无思想准备,这就需要先静听;对方表态或提出见解时,要虚心倾听;对方讲话不太流畅时,要耐心听,让说话人减轻心理负担。当然,当你不同意对方的观点时,不能无反射的听,否则会被对方误解为你同意他的观点。当说话人希望得到你的支持和赞赏时,你应该马上表态。

（三）有反射的听

有反射的听是增加反馈联系。如果说无反射的听是"消极的听",那么,有反射的听则是一种"积极的听"。由于语言具有多义性,说话又有模糊性,听话人不理解话语时会提出一些问题或核实对方话语中的观点,就会对话语产生积极反馈的行为。具体的反馈方式主要有下面几种。

当对方讲了你听不懂的话,你可以问:"请你解释一下刚才那个问题,好吗?"

当对方讲到一个棘手的问题而停下来时,你可以问:"你说的这件事有些麻烦,是不是由于……"

当对方换了话题而你又想听原来的话题时,你可以问:"你刚才说什么来着?"

当对方话语杂乱无章时,你可以问:"你的主要意思是 1……2……3……还有其他吗?"

当对方话语中有言外之意时,你可以问:"你是否认为我太草率了?"

当对方前言和后语有矛盾时,你可以问:"你刚才说的和现在说的,是不是有点不一样?"

当你听懂了他的话,并想将这层意思告诉他时,你可以问:"你在非常困难的条件下完成了任务,是不是这样?"

当你提出解决问题的方案时,你要征求他的意见就可以问:"我这个办法能不能试试?"

当你从对方的动作表情中发现他不同意你的观点时,你可以问:"你有什么不同的看法吗?"

当你希望对方从你的建议中加以选择时,你可以问:"这些建议你认为哪一种可行呢?"

当对方不完全同意你的见解时,你可以问:"你认为如何改进才好呢?"

当对方的表述比较笼统时,你可以问:"你能否一项项地说清楚?"

（四）积极的听

善于听话的人还应该做到：善于从对方的话语中寻找自己感兴趣的内容；听话时全神贯注；把听话看成是了解情况、增长知识的机会；避免主观臆断和偏见；避免让对方的话语影响自己的情绪；重视对方独到的见解；在谈话后理清所听内容的思路。

为了达到有效的听，必须在倾听时表示鼓励和称赞，对说话人的话语要热烈响应，创造交谈的和谐气氛，并对说话人的话语做出情感反应。

在倾听时，听话人有一些下意识的举动和表情，直接影响倾听效果。交谈时双方目光应该平视，身体平直，态度和蔼，用面部表情配合，用"对、好、哦、是嘛"等做出口头反应。

三、交谈策略

话无定格，水无常形，交谈是使用语言沟通心灵的方式，它没有什么固定的格式，但它应服从于心理沟通的需要。交谈时应该用语言去拨动对方的心灵之弦。人有各种各样的需求，如生存的需求、安全的需求、归属的需求、自尊的需求、求美的需求、求知的需求、自我实现的需求，等等。交谈双方应该具备健康的心理，要乐观不要悲观。有人请教一位哲学家乐观和悲观有什么不同，哲学家指着面前的半杯水回答："乐观的人会高兴地说'我又有了半杯水'，而悲观的人则失望地说'我失去了半杯水'。"乐观的人说起话来总会给人以一种积极的情绪感染，而悲观的人总会给交谈带来灰暗的色彩。要豁达不狭隘，豁达大度的人猜疑少，能坦诚地与他人交际。要热心不冷漠，对人热心容易形成和睦的交谈气氛，冷漠的人用灰色眼镜看世界，与人交谈时心理上总有一座无形的墙。只有公正不带偏见，不以势取人，不以貌取人，不以偏概全，才能平等交谈。交谈中故作谦虚、滔滔不绝、牢骚满腹，都会影响到言语交际效果。因此，交谈要得体，就要讲究交谈的策略。

（一）看对象说话

与女性交谈应考虑女性的心理。有人做过一次实验：冬天电影院里常有女观众戴着帽子看电影，影响后面的观众。放映员多次打出字幕"放映时请勿戴帽"，但无济于事。有一天，银幕上出现了一则通告："本院为了照顾年老的女观众，允许她们戴帽看电影。"通告一出，所有的女观众都摘下了帽子。男女双方交谈时似乎有一种维护各自性别利益的倾向。有这样一项试验：对"女人如果没有了男人就恐慌了"这句话，男生标点成"女人如果没有了男人，就恐慌了",而女生标点为"女人如果没有了,男人就恐慌了"。这个带有戏谑性的例子说明了男女具有维护各自性别利益的倾向。

与儿童交谈则应考虑儿童心理。儿童的语言可塑性强,最善于模仿,我们应该在交谈中积极引导。根据儿童语言的特点加强心理沟通,比如运用重叠词、摹声词,围绕他们的学习生活展开交谈。

与有官僚习气的人交谈,要特别留心他的弦外之音,透过话语的迷雾,捕捉真正的话语信息。这些人爱用"考虑考虑、研究研究"之类的词语,往往使你"丈二和尚摸不着头脑"。他们还爱讲套话,例如,《风息浪止》中周长胜对下级的谈话:"对于她的材料,还是要核实一下,该肯定八十条的,不要说成八十一条,也不要说成七十九条。""二二得四,不是三,也不是五。"(屠格涅夫《烟》)"同志们,我们一定要努力工作,就是说第一要努力,第二要工作,第三要努力工作,只努力不工作不行,只工作不努力也不行,既不努力又不工作更不行。"(王蒙《听同义反复万无一失的谈话》)

与外国人交谈就应该考虑他的文化背景。中国人见面用"你吃了没有"作为招呼语,这是由于中国人打招呼时注意与即时情景相结合。"小姐,你长得很漂亮。"外国女郎听了会感到格外高兴;中国姑娘听了就会认为不够庄重。西方人对你说"You are a luck dog",你千万别以为他在骂你,他是在说你是一个幸运儿。因为狗在西方是一种宠物,狗往往用于褒义。西方人比较强调自我意识,常用"I"(我),中国人提到自我时,往往用"我们""我以为""我们以为"以表示谦虚。有一次,一位西方记者问刘晓庆:"你认为中国最优秀的电影演员是谁?"刘晓庆说:"我。"对此,西方人赞扬她勇敢,中国人批评她狂妄,反映出中西方语言文化的差异。

(二) 有诚实之心

交谈时不要使对方难堪,不要当众说对方的短处或隐私,要诚恳地赞扬对方的优点,认真倾听对方说话,讲究言语的幽默感。这样做,交谈就可以沟通心灵。诚则灵,如果无诚意甚至带有恶意,非但难以沟通感情,还会破坏交谈气氛。20世纪50年代初,北京大学校长马寅初访问西欧,有个资产阶级政客向他提出一个挑衅性的问题:"听说你们国家青年男女结婚前没有见过面,是吗?"马寅初从容回答说:"是的,我们国家青年男女结婚前未见过面,那时农村还有包办婚姻,可是结婚后是天天见面的;你们国家呢,结婚前是天天见面的,结婚后是天天不见面的,是不是呀?"

（三）多考虑对方

清代朱柏庐在《治家格言》中说："莫对失意人,而谈得意事。"交谈时要多从对方的角度考虑问题。1953年中苏会谈时,苏军中尉在翻译周恩来的讲话时,译错了一个地方。在场的苏军司令大为恼火,要撕下中尉的肩章和领章。周恩来温和地说:"两国语言要做到恰到好处的翻译是很不容易的,也可能是我讲得不够完善。"周恩来从对方的角度给予关心,缓和了当时的紧张气氛。

四、答问策略

美国明尼苏达大学拉尔夫·尼科尔斯博士制定了一套提问与答问的技术要点。

提问:忌提明知对方不能或不愿回答的问题,用对方较适应的"交际传媒"提问,切不可故作高深,卖弄学问;适当运用默语,一开始提问,不要限定对方回答,不要随意搅乱对方的思绪;力避你的发问引起对方"对抗性选择",不然,对方要么避而不答,要么拂袖而去。

答问:如果没有弄懂对方的问题,可将对方的问题复述一遍;不要把根本不存在的含义硬加在回答中;如果想澄清对方问题的含义或目的,可反过来向对方提出问题;如果回答对方的提问有为难之处,就婉言相告。

常见的答问策略主要有六种。

1. 以矛攻盾

抗战期间,国民党问周恩来"三民主义就是三民主义,为什么要加上'革命的'三个字",周恩来答道:"孙中山先生在《建国方略》这部书的开头就说'余所著之三民主义乃革命之三民主义',我们把'之'改成'的'有什么不对?"他们又说:"你们信仰马克思主义不好,马克思是外国人,是舶来品,不合中国国情。"周恩来回答:"你们说马克思是外国人不合国情,这就大错特错了,日本在天空扔炸弹,地上老太婆听了念阿弥陀佛,这里的'飞机''炸弹''阿弥陀佛'都是外国货,从来没有人说不合国情的。"

2. 歪问怪答

1935年,巴黎大学举行博士论文答辩会,法国主考人向陆侃如提出一个问题:"在《孔雀东南飞》这首诗里,为什么不说'孔雀西北飞'?"陆侃如对这一怪问题作了怪答,他想到古诗十九首中有"西北有高楼,上与浮云齐"的诗句,答道:"西北有高楼。"意思是西北有高楼,高耸入云,孔雀只能往东南飞。这是一种歪问怪答。

3. 出奇制胜

陈浩泉的小说《选美前后》中写"香港小姐"选美时应答的技巧,司仪问参赛的杨小姐:"假如你在下面的两个人中选择一个作你的终身伴侣,你会选谁呢?这两个人一个是肖邦,一个是希特勒。"杨小姐回答:"我选希特勒,我希望自己能感化希特勒,如果我嫁给希特勒,肯定二次大战不会发生,也不会死那么多的人。"这种回答出乎人们意料,但又合情合理。

4. 避实就虚

周恩来在一次答记者问时,有一个西方记者问他:"中国发行了多少人民币?"这一问题涉及机密,他避开实质,诙谐地回答:"拾捌元捌角捌分,一张拾元的,一张伍元的,一张贰元的,一张壹元的,还有伍角的、贰角的、壹角的、伍分的、贰分的、壹分的,加起来是拾捌元捌角捌分。"

5. 巧妙反问

1972年5月27日,美苏关于限制战略武器的四个协定刚刚签署,基辛格向随行的美国记者团介绍情况。当他谈到苏联生产导弹的速度每年大约是250枚时,一位美国记者问:"我们的情况呢?我们有多少潜艇导弹在配制分导式多弹头?有多少'民兵'导弹在配制分导式多弹头?"基辛格回答说:"我不确切地知道正在配制分导式多弹头的'民兵'导弹有多少。至于潜艇,我的苦处是数目我是知道的,但我不知道是否保密。"记者说:"不是保密的。"基辛格反问道:"不是保密的,那你有多少呢?"这一反问,十分巧妙,把皮球很自然地踢给了对方。

6. 旁敲侧击

一位中国女作家访美期间,有一位美国记者问她:"听说你还不是中共党员,你对中共感情如何?"女作家回答说:"是的,我不是共产党员,可是我和我丈夫的感情一直很好,我丈夫1948年入党,我们1950年结婚,30多年来未红过脸打过架。"中国女作家虽然没做正面回答,实际上已旁敲侧击地做了恰当的回答。

五、批评策略

委婉,又称婉曲、婉言。委婉是通过恰当的措辞把原来令人不悦或比较粗俗的事情说得中听。委婉的目的是避免刺激对方。渴望被肯定、被尊重是人类普遍的心理需求,委婉批评就是适应这一心理需求的言语技巧和艺术。委婉批评是用迂回曲折的言语来表达批评之意,让被批评者在比较舒坦宽松的氛围中接受批评。在彼此都比较了解的情况下，直言批评是应该提倡的，但是一般人却爱听委婉的话。心理学的研究表明：当人在听到直言批评时，身心往往处于收缩状态，并产生消极的防御心理；如果采用委婉的批评方法，会使被批评者放松并能冷静地听取对方的批评意见。难怪生活中有"恕我直言"而无"恕我婉言"，因此在运用语言这把双刃剑进行委婉批评时就大有方法技巧可言。

1. 比喻式

比喻式就是用比喻的方式来婉曲地批评对方。戴尔·卡耐基在《语言的突破》中谈到林肯，说林肯一直以具有视觉效果的词句来说话，当他对每天送到白宫办公室的那些冗长复杂的报告感到厌倦时，他提出批评意见，但他不会以那种平淡的词句来表示反对，而是以一种几乎不可能被人遗忘的图画式字句说出："当我派一个人出去买马时，我并不希望这个人告诉我这匹马的尾巴有多少根毛，我只希望知道它的特点何在。"林肯运用了以甲喻乙的方法，对报告的冗长提出了委婉批评。

2. 双关式

双关即言此而意彼。有一段时间，宋庆龄经济拮据，宋美龄亲自登门送上一沓钞票，宋庆龄婉言说道："这钞票被人用手拿过，太脏了，你知道我是有清洁之癖的。"这里的钞票"太脏"暗指蒋介石品质脏，蒋介石的脏钱宋庆龄当然是不会要的。一语双关更显其话语的分量。

3. 藏词式

藏词即话留半句。郭沫若的话剧《屈原》中有一个楚怀王的近臣名叫靳尚，有一次靳尚想批评南后，就用了藏词式批评法："唉，南后，你怎么聪明一世……唉，不好说得。""聪明一世"的藏词是"糊涂一时"，靳尚不敢说出是怕犯上，因而只好用藏词式的委婉批评方法。

4. 类比式

毛泽东同志当年曾对那些刚愎自用、脱离群众的领导干部进行善意批评："我们现在有些第一书记，连封建时代的刘邦都不如，倒有点像项羽……有出戏叫《霸王别姬》，这些同志如果总是不改，难免有一天要别姬就是了。"听话人哈哈大笑，并在笑声中领悟到批评的含义，这就是类比式批评的效果。

5. 虚拟式

邓小平同志审阅了《关于建国以来党的若干历史问题的决议》后很满意，他是这样来表述他的批评意见的："要说有缺点，就是长了点。"他将客观存在的缺点用虚拟的语气表达出来。

6. 折绕式

中央某领导同志得知蒋筑英、罗健夫病逝的消息深为痛惜,认为有关单位关心不够,并公开批评:"我们不能过多地责怪长春机电所和骊山微电子公司没有照顾好蒋筑英和罗健夫。但是痛定思痛,我们仍然不能不想到,在这些方面未必没有许多欠缺。"这种批评是在跌宕顿挫中袅袅而出,让人在折绕中领悟批评之意。

7. 模糊式

1972年,周总理在欢迎美国总统尼克松的宴会上致祝酒词:"我们两国人民一向是友好的,由于大家都知道的原因,两国人民之间的来往中断了二十多年。"这里的"大家都知道的原因"是指过去二十多年美国政府对中国的不友好行为。

8. 自贬式

将对他人的批评用自我批评的方式来表现。加拿大有位经理发现秘书经常写错字,一天,经理指着一个错字对秘书说:"这字好像少了点什么,我也常常将它拼错,拼错字会显得我们不够内行,别人常常由此来评断我们。"经理明说自己,实为批评秘书。

9. 鼓励式

1984年,曹禺观看了中央实验话剧院演出的讽刺剧《劳资科长》后给予了充分肯定,在提批评意见时采用了鼓励式:"必须注意一个问题,那就是夸张与过火的区别。我们舞台上的喜剧,应当是夸张的艺术,同时又是有分寸感的艺术,有风格的艺术。我相信《劳资科长》这个戏,会在这方面继续做出尝试和努力。"

10. 商量式

几年前有个自称名人卫士的骗子,游遍名山大川,新闻界为此发了许多消息和专访,事实大白于天下之后,有人提出:"新闻界是不是应该有所反思?"这是用商量的口吻来善意批评。

11. 点悟式

1937年冬天,刚从济南回到武汉的老舍在冯玉祥将军家底楼的房间里创作,刚从德国回来的冯玉祥将军的二女儿与人在二楼上跺脚取暖,干扰了老舍的文思,吃午饭时老舍笑着问:"弗伐,整整一个上午,你在楼上教情卿学什么舞啊,一定是从德国学回来的新滑稽舞吧。"老舍的话引起哄堂大笑,对方领悟了老舍先生的话外音言外意。

12. 幽默式

一位顾客到饭店吃饭,饭中沙子很多,顾客把它们吐出来——放在桌上,服务员见状抱歉地问:"净是沙子吧?"顾客摇摇头,微笑着回答:"不,也有米。"这种幽默式的答话对服务马虎的作风提出了委婉批评。我国作家冯骥才访美期间,一位美国朋友带着儿子前来看他,他们在谈话时,那小孩儿爬到冯骥才的床上捣乱,老冯觉得不宜直接批评,就说了一句:"请你的儿子回到地球上来吧!"那位朋友哈哈大笑并说服了儿子。

13. 暗示式

一位大娘在百货店里买了一支牙膏和一把牙刷,忘了付款。女服务员追出门外,微笑道:"大娘您先别急着走,我还要给您塑料袋呢。"说着将大娘请回柜台前,一边用小塑料袋装牙膏、牙刷,一边对大娘说:"大娘,这牙膏是两元一支,牙刷是九毛钱一把,一共是两元九毛钱。"大娘恍然大悟,拍着自己的额头说:"唉,我真老糊涂了,谢谢您提醒。"

委婉批评的方式是多种多样的,婉曲批评的目的是充分考虑被批评者的心理承受能力,让被批评者接受自己的意见。语言的交锋最终是心理的撞击,在批评时是直言还是婉言,所起的效果是不同的,如,儿子数学不及格,父亲非常生气,连珠炮似地批评儿子:"你真不争气,上次不及格,这次又不及格,你这样下去,爸爸的脸往哪儿放?你的头脑是不是木头做的,我讲了那么多遍,也该开开窍了……"如果改用委婉的方式作这样的批评:"来,儿子,考试不及格,爸爸知道你心里非常难过,不过不要紧,要紧的是应该知道是哪儿错了,我们一起查一查,下次不出错就是了。"这样批评儿子易于接受,而前一种批评方式易于在父子之间筑起心理上的防线,以至于产生逆反心理。

在批评他人时应该注意以下几个原则。

一是不要当众揭对方的短处,以免使对方感到难堪。当众批评人,最大的心理学错误在于:损坏了被批评者的社交形象,极大地损伤了他的自尊心。当众批评人,往往会使被批评者驳斥批评者对他的指责,并找出种种理由来为自己辩护。最好是找他个人谈话或在批评时无第三者在场,这样容易使被批评者心理上放松,易于接受批评意见。

二是不要故意渲染对方的错误。人有失手,马有失蹄,人无完人,金无足赤,对那些无关大局的小过错,不要张扬或故意渲染,否则会损坏批评者和被批评者双方的形象。

三是批评人时不要侮辱对方的人格。批评的目的是让对方改正错误,如果批评者控制不住自己的情绪,用尖刻的话语来贬低对方的人格,直接的人身攻击会使对方愤怒。

四是批评人时不要算老账。感谢他人时应顺带提及对方过去对自己的帮助,而在批评时则不可算旧账,否则对方会认为你是在找他的岔子,反抗情绪会油然而生,即使批评意见百分之百的正确,也难以收到预期的效果。

五是批评人时切忌只讲缺点不讲优点。人人都有优点和缺点,要批评一个人时,如果用"赞赏—批评—激励"的方式,会使对方口服心服,因为渴望被肯定,是人的基本心理需求。如果只讲缺点不讲优点,缺少心理上的平衡和缓冲,会使对方产生对抗情绪。

六是切忌以"老子天下第一"的方式批评人。如果在批评他人时目空一切,处处显示自己,或者处处以长者自居到处教训人,都会受到对方的蔑视和厌弃。

 思考题

1. 如何从言谈看性格?
2. 如何从话题看性格?
3. 如何从说话风格看性格?
4. 如何从话语看人格特征?
5. 角色与认知是什么关系?怎样理解认知规律?
6. 避讳和婉曲是怎样产生的?
7. 语言禁忌的社会心理诱因是什么?
8. 女性在自然语言和艺术语言中给人怎样的联想?
9. 劝说有哪些方法和技巧?
10. 哪些因素影响劝说效果?
11. 言语的模仿与暗示有何联系和区别?
12. 影响言语模仿的因素有哪些?
13. 谣言心理与谎言心理有何不同?
14. 说话要讲究哪些策略?
15. 听说要讲究哪些策略?
16. 交谈要讲究哪些策略?
17. 答问要讲究哪些策略?
18. 批评要讲究哪些策略?

第七章

语用偏误与语用教学

第一节 偏误分析

偏误分析是对学生学习第二语言过程中所犯的偏误进行分析,从而发现第二语言学习者产生偏误的规律,包括偏误的类型和偏误产生的原因等。

偏误分析又称错误分析,早期的偏误分析主要是将常见错误搜集起来,从语言结构的角度进行归纳分类。其目的主要是为方便教学项目的安排或为课程的补习提供依据,它没有任何的理论框架,也不解释错误在第二语言获得中究竟有何作用。因此,人们对错误既没有给予严格的定义,也没有从心理的角度来探讨其产生的原因。到 20 世纪 50 年代,当对比分析开始盛行时,偏误分析更是受到冷落。20 世纪 60 年代末期,对比分析开始走下坡路,人们在第一语言获得研究的基础上开始对中介语[20]进行研究,结果偏误分析又开始为人们所重视。人们认为,偏误分析有助于对第二语言获得过程的了解,有助于对中介语的研究。它除了提供中介语发展情况的信息外,更重要的是能提供中介语获得的心理过程方面的信息,提供有用的线索来帮助了解学生是如何利用各种策略来简化学习任务和完成交际活动的。

从 20 世纪 60 年代末开始,英国应用语言学家科德发表了一系列的文章来讲偏误分析,并在 20 世纪 80 年代初出版了专著《偏误分析与中介语》。科德认为偏误分析的具体操作应包括以下几个步骤:

(1)选择语言材料。语言材料的选择包括决定语言样本的大小、形式和一致性等问题。取样的对象应在年龄层次、母语背景、第二语言水平等方面基本相同。

---

[20] 中介语(interlanguage),也有人译为"过渡语"或"语际语",是指在第二语言习得过程中,学习者通过一定的学习策略,在目的语输入的基础上所形成的一种既不同于其第一语言也不同于目的语、随着学习的进展向目的语逐渐过渡的动态的语言系统。

(2) 找出样本中的错误。在确定错误时,应将口误或笔误与错误区分开来,同时还应注意明显错误和隐形性错误的区别。

(3) 从语法角度对错误进行描写归类。

(4) 从心理语言学的角度探讨错误产生的原因。

(5) 评估错误的严重性和普遍性,为补习提供依据。

偏误分析最重要的贡献在于它提高了错误的地位,转变了我们对错误的看法。以前人们认为第二语言学习中的错误是十分有害的东西,应尽量避免。中介语和偏误分析方面的研究使人们认识到错误是学生第二语言获得进展的具体表现。

对偏误分析存在很多批评,称偏误分析为虚假的过程。对偏误分析的评价主要分为两类:一是方法程序上的缺陷;二是范围上的局限。经常提及的偏误分析的局限是不能提供学习者语言的完整画面。我们需要知道学习者做对了什么、做错了什么,然而,这个问题被夸大了。事实上,偏误分析现在仍然是研究学习者偏误的一种方式。偏误分析研究为发现学习者如何习得第二语言、开展研究学习者的语言迈出了非常重要的一步。现在人们更倾向把偏误分析作为调查和研究一个具体问题的方法,而不是给学习者的学习形式提供一个全面的解释。

第二节 语用障碍

一、语言障碍

语言障碍表现为对语言规律的违背。语言是音义结合的词汇和语法体系。使用语言首先要遵守语言本身的规律。过去常说的"语病",就是违背语音、语义、词义、语法的规范,如语法上的语病有词类误用、搭配不当、成分残缺、语序颠倒等。

毫无疑问,语言病是言语交际的障碍。比如,"有些拙作,啰哩啰唆"(《语文报》),"拙作"是谦称自己的作品或文章,不能用于指别人的文章。一位政工干部作报告:"什么雷锋啊,什么王杰啊,什么欧阳海啊,都是我们学习的榜样。"政工干部对报告中的英雄是怀有敬意的,但选用的语言成分本身含有轻慢的语气。王力在《谈谈写信》一文中说,一位青年干部写信给一位领导干部,最后一句是:"敬祝首长千古。"后来王力自己也收到一位青年的来信,说在弥留之际给他写信。他复信给青年:"你在弥留,应该快断气了,怎么能写信呢?"

这些都是犯了语言病。传统语言学从语言规律本身去分析语病的病理、病因、病类以及检查和纠正语言病的方法,并制定了相应的语言规范。这对消除语言病,扫除言语交际中的语言障碍无疑是很有好处的。但它给人的印象是,语言使用中的障碍都在语言规律本身,因此制定无数的清规戒律让人遵守,这样做束缚了语言的使用,不利于言语创新。

二、言语障碍

言语病是语言使用过程中的不得体现象,即言语不适切说写者和听读者及其相互关系,不适切于言语环境,言语病是违背言语规律的结果。

无语言病的句子在一定语境中可以构成言语病。如"把生产搞上去,把人口降下来!"这句话本身无语言病,但如果刷到火葬场的围墙上就构成了言语病,这是因为言语没有适切语境。又如:"你长得很苗条"是文从句顺的恭维话,用于年轻女性就很中听,如果对怀孕的女士说,对方会感到不愉快。

有语言病的句子在一定语境中可以是合理的。无论说话还是写文章,人们都不愿意在言语交际中出现讨厌的病句。但在文艺作品中,为了塑造人物形象、刻画人物的性格、表现人物的情感,作者往往在人物言语中有意地运用一些病句或不太规范的句子。在文学作品中,作家常常独具匠心地运用"飞白"手法。秦牧在《艺海拾贝》一书中说得好:"在某种场合,'不合逻辑'的语言有时比合乎逻辑的语言更有力量。"[21]这种"不合逻辑"的句子是作家将它作为某种艺术手段着意运用的,它完全服务于文学作品的需要。

言语障碍是否形成,主要依据于言语规律。袁鹰在《井冈翠竹》的原稿中有这样的句子:"当年毛主席带领队伍下山挑粮食,不就是用这样的扁担么?"该句的称呼不合当时的历史史实,因而改成:"当年毛委员和朱军长带领队伍下山去挑粮食,不就是用这样的扁担么?"这样一改,使言语更符合时代情境。1920年郭沫若在《笔立山展望》一诗中写道:"一枝枝烟筒都开了朵黑色的牡丹呀!哦!哦!二十世纪的名花!近代文明的严母呀!"诗中歌颂20世纪大工业生产的景象,以表现无产阶级的力量。我们不能用今天的标准斥之为歌颂环境污染,更不能视之为言语病。因此,分析言语障碍不能无视时代背景因素。"奶奶,我要吃糖糖,我的肚肚饿了。"这样的言语由幼儿说出来,谁也不会见笑。如果出自一位老太太之口,那就不合适了。因此,言语障碍的判定不能离开说写者的主观因素。鲁迅在《致杨霁云》中说:"我认为一切好诗,到唐已

㉑　孙汝建《言语交际的四种障碍》,《语言与翻译》2002年第一期。

经做完,此后倘非能翻出如来佛掌心的'齐天太圣',大可不必动手,然而言行不能一致,有时也诌几句,自省亦殊可笑。""齐天太圣"在汉语中无此称说,有人说是"齐天大圣"之误,应予更正。其实这是不了解鲁迅的言语目的,鲁迅用"齐天太圣"指比"齐天大圣"更有本领的人,极言其能。因此,言语障碍的判定不能离开言语目的。乘客在公共汽车上买票,说"南京路三张"是得体的。如果说成"我买三张从十六铺码头到南京路的票",这种表述反而是不得体的。在法庭上审判员说,"把被告的同事带上来"是不得体的,应该说,"传被告的证人到庭"。因此,言语障碍的判定不能离开场合。

言语障碍的判定不能离开言语环境。请看下列两段话语:

同志们,对于我们的工作,我们一定要肯定那些应该肯定的东西,同时一定要否定那些应该否定的东西。我们不能只知道肯定那些应该肯定的,却不去否定应该否定的。也不能只去否定应该否定的,而忘记了去肯定应该肯定的。更不要去肯定应该否定的,而否定应该肯定的。

在党的十一届三中全会以来的路线、方针、政策的指引下,在六届人大精神的鼓舞下,在省教委的领导下,在农业局的具体指导下,在有关部门的具体协助下,在我校党政的领导下,我校的教学工作取得了巨大成绩。

从这两段话语本身看,都有"假大空"的毛病,但它们出现的语境不同,其语料性质会有所变化。前一段话语是伊方《听同义反复万无一失的演说》中的一段,它作为艺术语体,是讽刺与幽默性质的语料,在作品中具有一定的积极作用;而后一段话语是一所省属农校工作总结的导语,它出现在现实语境中,语料的性质具有消极性。因此,衡量言语障碍应该充分考虑语境因素。

要避免言语障碍,必须遵守言语规律。当然,还得考虑与语言相联系的规律。比如,言语要符合语流的顺畅。《王贵与李香香》中"一杆红旗大家扛,红旗倒了大家遭殃",这里的"遭殃"在原句中是"糟糕",因"糟糕"不押韵而改成"遭殃"。又如,清代文人胡中藻在《坚磨生诗抄》中写有"一把辛酸论浊清",受到乾隆的训斥:"加'浊'字于国字上,是何肺腑?"因"浊"在"清"前,被理解为影射清朝,因此,言语障碍与语言材料的选择有关。言语病是对语言规范的负偏离,而言语创新是对言语规范的正偏离,言语障碍的判定应该研究语言规范和偏离之间的关系。

三、文化障碍

语言是文化的载体,它记载文化,传递文化,语义中还可蕴含文化因素。语言可以表达任何文化,它本身也是文化。在修辞活动中不可避免地会产生因文化差异而出现的障碍。主要的文化障碍有以下四种。

（一）问候方式

中国人友善的问候有时会被西方人误解为多管闲事的盘问。这是由于中国人见面时习惯于明知故问,用当时交际场景和行为方式作为招呼语:"上街啊？买菜呀？泡水呀？下班啦？吃了没有？修自行车？理发了？热了？"面对这些问候语,西方人觉得很纳闷:为什么中国人对他人的生活细节如此好奇,就连吃饭、买菜、泡水之类的小事也要过问。他们以为这是在盘问自己。也许是出于礼貌的缘故吧,西方人常常一本正经地对这些"盘问"作出回答,结果却发现中国人根本就没有听答案的意思。

中西方在招呼语上存在着明显的文化差异。比如,中国人一般不和陌生人打招呼,否则就以为你认错了人,甚至认为你动机不良。而美国人的习惯是不管认识与否,彼此见面时都打招呼,说声 Hi(嗨)！据语言学家弗格森研究,英语和阿拉伯语的招呼语和告别语通常是从祈祷神灵赐福的用语中衍生而来的。它们约定俗成,有固定的格式或习惯搭配。而汉语的招呼语和告别语是和双方相遇时的交际场景相连的。在中国人看来,交际双方相遇时,结合具体场景说一些有关饮食起居方面的问候语极其自然,它体现了一种对他人随时随地的体贴关心,反映了友好的人际关系。

（二）恭维方式

中国人的热情恭维有时被西方人误解为无礼的嘲讽。例如,中国学生见西方留学生买了许多食品,会说:"嗬,你买了这么多好吃的!"在银行见西方留学生存款,会说:"你一定有不少存款吧？"如果见西方留学生烫了发,会说:"你今天真漂亮,比过去年轻多了。"西方人常常将这些恭维话误解成说话人是在打听和干涉自己的个人隐私,有时会认为是一种嘲讽和不友好的言语。西方人喜欢在公共场合谈论天气、新闻等公众话题,即使谈及个人也是谈论某人的个性、爱好等大众化的话题,比如"你喜欢集邮吗？""你对演讲比赛有何看法？"而不会问及他人的家庭背景、工资收入、婚姻状况、年龄等隐私。相反,中国人喜欢在日常交际中询问他人的家庭私事,以显示双方关系的融洽。不理解这一点,就会产生言语交际障碍。上海电视台的一位女记者在一次电视采访中,向日本电影明星栗原小卷问道:"你今年多大了?"对方不无窘意地迟疑了一下才回答:"这,这是我的秘密。"后来这段采访在正式播出前被删去了。

(三) 自谦方式

一位中国妇女在美国,身上穿着一件漂亮的服装。当别人对她说:"这件衣服真雅致,颜色美极了。"这位中国妇女很高兴,但有些不好意思,就按中国习惯回答说:"这是件普通的衣服,我在中国国内买的。"别人也许以为中国妇女的回答是说对方不识货,对一件普通衣服如此大惊小怪,可见美国妇女鉴赏能力有问题。

一位中国学者刚到美国,到一所大学去参加招待会。女主人是他的老朋友。两个人正在谈话,女主人的一个熟人走过来。她对那个人说:"罗恩,我来介绍一下,这位是陈先生,他是杰出的物理学家,是一位很了不起的人。"陈先生同刚走过来的人握手,看看女主人,笑着说:"叫我脸红呢,还是跟他说您只是开个玩笑呢?"那位姓陈的物理学家的回答,如果不是带着笑,别人可能认为他的意思是:"你这么说,不过是表示客气,不是真心话。"

在称赞什么人的问题上,也反映文化方面的差异。人们常听到美国妇女谈她丈夫工作如何努力,干得怎样出色,历次提级,得到奖励,等等。她也会夸自己的子女多么聪明,学习成绩怎样好,在集邮小组里多么积极,在什么地方的音乐会上演出过,等等。在中国,人们就会认为这样做未免太俗气,他们不会在外人面前夸自己家里的人。

中国人的谦虚礼让,有时被西方人误解为虚伪做作。请看下列场合的自谦语:

外国游客表示感谢,中国导游谦虚地说:"不谢,这是我应该做的。"

外国客人赞扬英语说得好,中国学生说:"不,差远了。"

外国客人赞扬菜做得可口,中国女主人说:"哪里,哪里,我不会做菜。"

外国客人赞赏所赠的礼品,中国同事说:"这不是什么值钱的东西,一点小意思。"

中国人谦虚有礼的答谢,外国人不易理解,以为中国人对他们的赞扬不领情。如果被赞扬的一方是西方人,他们会直接感谢对方的赞誉,或表达自己的喜悦心情。在上述四种场合,西方人会分别作出如下回答:

"谢谢,我是上海的老导游。"

"我的英语是在上海外国语大学学的,那儿有出色的英语教师。"

"这的确是我的拿手好菜。"

"这是我精心挑选的礼物。"

语言学家里奇认为,言语交际有合作原则和礼貌原则。合作原则包括要讲真话和讲实话的准则,礼貌原则包括赞誉准则和谦虚准则。中国式的自谦比较注重礼貌原则,特别是其中的谦虚准则,甚至于不惜以牺牲讲真话和讲实话的合作原则为代价。中国人认为,在上述场合自我贬抑比讲真话和讲实话更得体,更能维持一种友好、和谐的人际关系,使双方在交谈中能最大限度地合作并取得一致。而西方人比较注重讲真话和讲实话,当然也并非无视礼貌原则,但是当二者难以相兼时,他们宁可牺牲礼貌原则,这可能与西方人重视自我价值的观念有关。从这里也可以看出,里奇对这两种原则的解释没有普遍意义。中国人认为谦虚可以维持合作,外国人则认为讲实话才是合作。实际上,在言语交际中,该谦虚时不能骄傲,该讲实话时,不能维持虚荣,双方真正的理解才能保持言语交际中的合作。

(四)委婉方式

中国式的委婉有时被西方人认为是莫名其妙。例如,两个中国人深夜交谈,甲委婉地向乙表示自己很累,想早点休息,便对乙说:"您很累吧,要不要早点休息?"乙回答说:"我不累,您呢?"甲为了表示礼貌只好顺应:"您不累,我也不累。"又如,中国学生请求美籍教师帮助他修改用英文写的小说,便说:"不知您是否有空,我是第一次用英文写小说,里面一定有许多错误。"在上述两种场合,中国人都不愿意直言真实意图,而是希望对方从自己的委婉话语中领悟真意。这也就违反了里奇所谓的合作原则中讲真话和讲实话的准则,而让礼貌原则再占上风,以达到双方减少分歧、增加共识的目的。而西方人对这样的交际策略不易理解,有些莫名其妙。这种交际文化的障碍,容易引起言语交际的信息差,而降低交际效果。中国人还忌讳夸别人的妻子长得漂亮。许多中国人认为说"你的妻子真漂亮"这样的话近乎下流,对于中老年人来说尤其是这样。然而,对于西方人来说,却很自然,被夸奖的人颇为欣赏。

四、心理障碍

修辞活动中的心理障碍很多,从理解话语的角度看,主要有耳误和口误。

(一)耳误

耳误是由于心理障碍对话语内容产生接受上的偏差。听是一种受心理支配的行为,分注意、接受和理解三个步骤,在每一步骤中均会由于情境的变化和听话人心理的变化而影响听话效果。当你对说话人的话语感兴趣时,就会由注意发展到接受和理解。如果注意力涣散、兴味索然,就会影响接受。另外,当你无法接受说话者的观点时,心理上也会筑起一道封闭的墙。

说话者的说话方式也会引起听话障碍。如以教训、命令、强迫、指责、贬斥、谩骂、盘问等方式说话,往往会使听话人产生心理上的反感而形成耳误。

在言语交际中不加倾听而急于发言,或来不及听清、听完、听全对方的话,都会产生耳误。言语交际中,听话时只重事理不重情感,只考虑对方的话语是否合理,而忽略了情绪和情感所表达的言外之意,往往难以形成情感上的沟通,给对方以"话不投机"的印象。

偏听极易形成耳误。这时听话人先入为主或带有偏见地听别人讲话,实际上往往听而不闻,不能客观全面地领会话语信息。

分心也是耳误的主要原因,造成分心的客观原因可能是讲话者声音太小听不清,讲话者的仪表神态不同寻常,讲话者的语速太慢,旁人催促、下课时间快到、别人的打扰、工作上的压力,等等。分心的主观原因可能是有重要的事心不在焉、情绪激动不能平静、受到批评或表扬,等等。俗话说"一心无二用",这些主观因素会导致耳误。

误解是耳误的最直接的后果。偏听、分心等原因,会导致对话语信息的误解。当然误解还与文化水平有关,有人专心倾听,也会由于对词语不懂或知识欠缺而产生误解。学生在课堂上不能复述讲授内容,一种可能是没有认真听课,一种是认真听了,但无复述能力。

(二) 口误

口误是正常人在言语交际中不由自主地偏离想要表达的语音、语义、词汇、语法形式的失误现象。常见的口误来自于心理,可以说口误的主要原因是心误。大脑疲劳时,不能有效地支配词语的选择和话语的组合,口误于是产生。分心、怯场、心情紧张或激动时易于形成口误,认知困难或认知不明确的人在挑选字眼时容易出现口误。如:

有一次老师叫小王站起来背文天祥《过零丁洋》,他一时紧张读成《过文天祥》,全班爆笑。

我不是铁打的!/我不是打铁的!

一片冰心在玉壶。/一片冰心在夜壶。

晚上我们一起数星星。/晚上我们一起数星星,数月亮。

依次排队,不得拥挤。/依次拥挤,不得排队。

希尔顿大酒店/希尔店大酒顿

一哥儿们爱上一个女孩,准备对她表白。两个人呆坐良久,他才鼓起勇气对女孩说:"你有没有男朋友?"女孩说:"还没有。"那哥儿们他狂喜道:"那你可不可以当我的男朋友?"

初中的时候,在教研室,一同学推门进来问:"动物老师在吗?"(他要找教动物学的老师。)

三顾茅庐/三顾毛驴

有一回去珍珠湾,导游说:"珍珠港到了,下车!"

老板,蛋炒饭里怎么光有饭,没有鸡呢?

小王去买大黄,到了药店,对老板大声问:"我买点大麻!"老板吓得诚惶诚恐说:"我们不卖这种东西的。"小王没反应过来,问:"那哪里有卖?"老板无语。

不要搬起石头砸自己的脚!/不要搬起脚砸自己的舌头!

夫妇二人来到墓地。妻子责备丈夫:"你看,你连你奶奶的名字都不知道?"丈夫委屈地回答:"我咋知道,我死的时候奶奶才七岁。"妻惊讶:"什么?"丈夫忙改口:"不不,是奶奶七岁时我才死的!"

有俩哥们吵架,其中一位骂道:"你这王八蛋,我是你爸爸!"

一个人骂另外一个人:"我真想狠狠地往你脸上吐一泡狗屎!"

小学老师骂一个学生:"我一巴掌就把你踢出去了!"学生想笑不敢笑。

小王差不多每天都到食品店买老婆饼吃,一天看到新出了一种稍微小一号的饼,样子基本一致,于是向售货员阿姨发问:"这个是小老婆饼吗?"

我问一同事:"哪里有充气的?"同事说:"街上到处都是打胎的!"

公交车上,一男热情地与站着的小孩说:"来,你坐我屁股上吧!"

第三节 正常人的语病与非正常人的失语症

从语言主体看,语病学应研究正常人的语病和非正常人的失语症。

一、正常人的语病

语言就像空气和阳光,生活中缺少不得。据研究,每人每天平均要用10~11分钟的时间来讲话,平均每句话占2.5秒左右。正常的语速是每分钟

230个音节。㉒ 正常人讲话,有95%～99%的话语是合法的,只有1%～5%的话语是不合法的。正常人的语病在话语中占的比例极小,据研究,正常人有95%～99%的话语是合法的,不合法的话语与三种人关系最密切:小孩子、语言艺术家、语法学家。㉓

小孩子在语言习得过程中往往出现不合法的话语,这是语言社会化不可避免的,这和儿童语言习得的特点密切相关。

语言艺术家在言语创新时往往对语言结构规则有所偏离,正偏离的话语成为佳句,负偏离的话语成了语病。

语法学家往往难以从理论上解释正偏离的话语,而常常将负偏离的话语作为抨击的对象。此外语法学家本身为了说明语法规范,往往造出那些病得简单、病得明显、病得生硬、无病装病的病句供学习者去修改。以往的语病分析往往注重表层的语句,而忽视了深层的语句,它只注重生成合法句子的语法规则,而忽视了生成不合法句子的语法规则。

二、非正常人的失语症

失语症是神经语言病理学研究的重要内容,目前失语症的类型主要有言语形成的组合性装置障碍、言语形成的聚合性装置障碍、言语理解障碍。㉔ 神经语言学是处于心理学、神经学和语言学之间的一门新兴边缘学科。它研究言语活动的大脑机制及大脑局部损伤时言语过程的诸种变化。现代语言学进入20世纪60年代以后,总的发展趋势是由描写转向解释,人们致力于探索人类生成和理解自然语言的内部机制,转换-生成语言学的产生、认知心理学的发展和计算机的广泛应用越来越使自然语言的生成和理解成为一个迫切问题,同时各类脑损伤引起的各种失语症需要进行积极的治疗。神经语言学就是在上述背景下产生发展起来的。按理想的要求,神经语言学家必须在相关的诸多方面训练有素,可惜这样的通才并不多,这需要各方面的专家通力合作。神经语言学的困难在于,语言学所获得的成果及所改进的研究方法都是

㉒ "从前的新闻播音速度,一般为每分钟180个音节左右。现在的新闻播音速度大大加快,一般为每分钟230～250个音节,这是现代生活节奏加快的缘故。正常语速与年龄、性别有关,青年女性的语速往往较快。正常语速也与个人说话的习惯有关,教师讲课,有的每分钟150个音节左右,有的每分钟240个音节左右。"引自孙汝建《口语交际理论与技巧》,中国轻工业出版社2007年1月第一版。2007年1月第1次印刷,2008年2月第2次印刷。

㉓ 王德春,孙汝建,姚远《社会心理语言学》,上海外语教育出版社1995年12月第一版。

㉔ (苏)卢利亚《神经语言学》,北京大学出版社1987年第一版。

以正常人的语言为对象,而语言的神经学研究是以非正常人的语言材料为依据,因此,研究者曾对神志清醒的患者用电流刺激其大脑皮层来诱发暂时的失语,以确定语言不同功能在大脑中的部位。也可以根据病人失语症的不同特点(失读,失写,或语音、语法、语汇、语义等不同层次上的障碍)来判定病人脑损伤的部位,从而进行康复治疗。

第四节 语言病和言语病

从语言工具及其运用看,语病学要研究语言病和言语病。

语言是音义结合的符号体系,它是相对静止的工具,而言语是对语言的运用,它是一种动态过程。语言病是对语言结构规则的违背,言语病是对言语规律的违背。语言病可以从语言规则上去分析,并可以用所掌握的语言知识去避免语言病的产生;言语病可从言语规律的角度加以剖析,并用相应的言语学知识去解释或防治。

语言上有病的句子进入言语交际可以成为无病的句子。"我们是社会主义"在特定语境中可以是合法的。韩复榘的演讲进入小品文构成了绝妙的讽刺。语言上无病的句子进入言语交际可以患上言语病。"还不把门关上",语言上无病,但在言语交际中,用于儿子对父亲的发号施令,就显得不得体。语病学应该划清语言病和言语病的界限,同时研究两者的关系,并分析各自的病因,找出防治的方法。

一、语言病

语言病是对语言结构规则的违背。传统语言学习惯上所讲的语病就是指语言病。传统语言学在语音、词汇、语法等语言要素上确立了各种规范标准,对避免语言病的产生起了一定的抑制和矫治作用,它对语言病的类型、病因的分析形成了自身的系统。虽然它存在着注重语言忽视言语、偏重实用忽视理论、偏重规定忽视创新、偏重正常人的语病忽视非正常人的语病等缺点。

语病学可进一步充实和调整传统语病分析的内容,根据语言的发展和新的语言学理论,确定和修正规范标准,这些标准可以是文字上的,也可以是语音、词汇、语法上的。规范标准和语用实践具有游离性,几十年前确立的规范标准,有很多不适合今天的语用现实,20世纪50年代中国语文杂志社编辑出版的《语文短评》一书,今天看来其中的许多规范标准大多不能适用。由此可见,语病学应在传统的语言规范问题上层楼更上,不应老抱着几十年一贯制的规范标准,应从文化、民俗、心理等不同的角度更多地解剖"约定俗成"这只语言的"杂物箱"。事实上"约定俗成"不是一种理论,它对语言单位的组合和搭配缺少解释力,如何在传统的语病分析基础上,确立和强化语言规范理论,使之具有理论上的解释性,这是语病学研究的一大课题。

二、言语病

言语是对语言的具体运用,言语学有其自身的规律,言语病是话语对言语规律的违背。言语病的类型可从不同的角度来划分。

（一）根据话语是否适切得体

话语不适切于听说者的身份、地位、性别、年龄、职业、籍贯、思想性格、文化修养、经历、处境、心绪、听话目的。

话语不适切于说话者和听话者之间的关系,表现为:言语与亲近关系相违,与长幼关系相违,与疏远关系相违,与上下关系相违等。

话语不适切于语境,即话语不适切于时间、地点、场合、气氛、话题、社会文化背景等。

话语不适切于内容与形式的统一,表现为话语形式与思想内容不一致,话语内容不合事理等。

（二）根据言语单位

根据言语单位,言语病可分为句子病、句群病、篇章病。句子、句群和篇章都是言语的交际单位,它们各自的语病类型及病因是言语病研究的重要内容。目前,国内语言学界已有人对句群病理进行了研究,又有人提出创建文章病理学,这都为言语病的研究提供了借鉴。

（三）根据言语能力

根据言语能力,言语病可分为说话障碍（口吃、口误）、听话障碍（耳误）、阅读障碍（眼误）、写作障碍（笔误）、翻译障碍（译误）。这些障碍的形成有生理、心理的原因,也有文化的原因。口吃主要是生理原因,口误和耳误、眼误、笔误既有生理原因,又有心理原因。1970年,西德语言学家比尔维施发表《话语错误语言学》一文,1980年西德切鲁比姆主编《话语错误语言学》一书,以及国外《语言学专号》对口误问题作了初步的研究,上海外语学院张宁博士在王德春教授的指导下撰写了博士学位论文,就口误的转换生成机制进行了较系统的研究。译误最常见的原因是文化的差异,不同民族语言承载的文化不同,目前跨文化交际和文化语言学的研究已取得长足的进展。但国内外语言学界对耳误、眼误、笔误的研究还十分薄弱,语病学应加强这方面的研究。

第五节　语言规范与言语规范

一、语言规范

传统语言学对语言规范进行了一系列的研究,在语音、词汇、语法、文字、文学风格等方面确定了规范标准,它强调语言知识的学习,对语言病的防治有一定的作用。但是随着语言和语言学的发展,传统的语言规范理论在指导人们能动地运用语言上则显得苍白无力。

理想的语言规范理论应该确立以下五个不同层面的内容,并在使用中互为补充。

一是确立正式规范。正式规范是指语言规则、语言文字政策包括语言规范条例,它是明文规定的规范。

二是确立非正式规范。非正式规范是群体中自发形成的规范,如朋友见面时的问候语、委婉语、流行语等包含的规范。

三是确立所属规范。所属规范包括个体所属的阶级、阶层所具有的阶级方言和阶层方言,个体所属的行业所具有的行业用语,以及性别语言和社会角色用语规范。

四是确立参考规范。个人往往以心目中的偶像作为自己运用语言的准则。偶像语言的影响力及仿效者的模仿度都是参考规范的内容。

五是确立地区规范。地区规范是指某个地区的群体所特有的语言规范,如方言土语对标准语的渗透程度。

这五种规范既包含了语言的规范,又包括了言语的规范。

理想的语言规范理论应具有以下三个特征。

第一,规范的视角不仅仅是语言,同时也将视野指向言语,并能正确处理规范与创新的矛盾关系。

第二,应充分考虑到语言规范和言语规范的社会心理。语言规范受制于社会心理,一种新的言语现象的产生,是语病还是属于言语创新,要看群体的心理接受程度。

第三,语言规范应该有一个适度。一种新的言语现象刚产生时,可能和原有的语言规则相偏离,但是后来这种用法渐渐普及并为人们所接受,量变引起了质变,使它成为一种新兴用法并补充到语言规则中去,以致引起某种语言规范的变化。

二、言语规范

言语理论旨在揭示言语规律。言语理论的基本模式是：言语即说话，言语交际有五大基本要素，一是言语主体即说话人，二是听话人，三是说话人和听话人之间的关系，四是言语环境，五是言语交际工具——语言。

语境是说话的环境，包括说话者、听话者、语言、说话者和听话者之间的关系。说话者和听话者之间所进行的交际是具体可感的，而说话者和听话者之间的关系以隐性的性质参与显性的言语交际。这五种言语要素均可以分别分解成若干规则。

第六节 语病的外因与内因

一、语病存在的外因

语言最基本的功能是交际，但交际的进行不仅仅是语言本身的问题，还受生理、心理、社会、文化等因素的影响。语言问题是个综合性的问题，所以语病的出现必然有多方面的原因。

1. 生理因素

这是在有关语言的生理机制受到破坏的条件下出现的语病，属于神经语言学的研究范畴。这种语病出现的原因是生理方面的，是脑局部损伤导致的言语障碍。比如脑干、大脑内侧皮层或边缘皮层组成网状结构，这一区域损伤会降低大脑皮层的紧张度，使选择性心理活动难以进行；大脑左颞叶、左顶枕部的损伤使接受和加工言语信息的功能遭到破坏，影响对信息的处理；大脑额叶的损伤影响言语信息的主动加工，破坏言语交际的调节与控制等。

2. 非生理因素

这是在正常生理条件下出现的语病，具体可以分为下面七类。

（1）一般事理不明、专业知识欠缺。

（2）心理因素：由于某种情况造成的说话人心情激动、紧张、恐惧等，常常容易出现与正常的言语表达失调的现象。

（3）文化差异：不同民族、国家，由于语言、文化、风格的差异，在语言运用上自然会出现不尽相同的情况，有的表意欠准确，有的词不达意，甚至笑话百出。

（4）思维因素：当内部言语向外部言语转化时，话语不是在表达者的大脑中完全考虑好以后说出来的，而是由语义初迹向扩展的线性的外部语言过渡，一边想一边检索一边说出来的，由于情况的突变而改变表达者原有的语言计划从而造成语病。

（5）社会因素：语言是一种社会现象，某些语言有其独特的社会语境，比如，中国古代只有天子死才能称为"崩"，如果一般人死了也说"张三驾崩了"，就违反了语言的社会性。

（6）无意失误：比如编辑、作家、理论工作者、教师等，按理是不应该在书面语言的表达上出什么错误的，但在他们经手的文字里，仍然有不少语病（不包括他们的知识失误），大都是他们疏忽所致。

（7）智力因素。青少年是出现语病最多的人群，语病出现频率相当高，并表现出独特性。一方面是他们的语言知识不够丰富；另一方面，他们所处的年龄阶段的影响也不可忽视。有人认为，他们的言语机制正处在初步适应言语交往的阶段，也还没有形成完整的思维方法，对事物的好奇心和表现欲望，促使他们迫切要求改变以前的习惯和框框。⑤ 强烈的表现欲与欠缺的表达能力之间产生了距离，这种距离表现在语言运用中便出现了语病。

二、语病存在的内因

偏离包括大偏离和小偏离，大偏离指明显地改变了交际效果的偏离，小偏离指不引起交际效果大的改变的可容忍的偏离。"因为劳资纠纷，美国最大的'灰狗'长途汽车公司 6 300 名司机今天举行全国罢工。"这样一个"有语病"的句子，却有一半以上的被调查者表示能接受，原因有文化背景的干扰，但句子的句式本身没有问题，使得语病更为隐蔽。语病存在的内因有二。

一是人们的容错能力。大多数语病的存在不影响人们对语句的理解，这是因为人们在长期的语言实践中，养成了一种对语言的容错能力。有人指出："人们并不是消极被动地接受语言信息的，而是在日常积淀的知识、经验和语言规范所营造的心理定势的驱动下，通过对某些局部的偶然不合乎语言规则的话语进行必要的整饰和再创造，补足某些缺损的语义信息和语言成分来主动接受语言信息的"。⑥ 人们凭借这种容错能力，可以透过错误的语句理解作

---

⑤ 常宝儒《汉语语言心理学》第 141 页，知识出版社 1990 年第一版。
⑥ 肖贤彬《语言的"陌生化"与广告词创作》，《深圳大学学报》（人文社会科学版）1994 年第三期。

者想要表达的本意。

二是语义激活。研究表明,先出现的一个词可以激活紧随其后的与之语义相关的词语,这时这个先出现的词可以被称作"先锋词",而这一激活过程则称作"先锋激活"(priming)。那些在语言结构上经常同时出现的语言单位在语义上具有很强的联系,在人们的认知过程中经常被作为一个整体经历着连续不断的固化过程。语言单位一旦在人们的头脑中固化,那么它就可能作为一个整体得到激活,即使它的某一部分是以一种偏离的形式出现的,其余的组成成分也可以激活整个认知单位。人们对语言的理解首先是对语义的认知,人们总是自动地将语言单位的意义与它所出现的上下文语境相整合,凭借对病句的上下文乃至全文的理解,读者还可以根据自己的知识积累,来获得作者想要表达的本来意思。由于人们经常调动自己的语义消解能力,能大概理解语句的原意,语病将会永远存在,这是语病存在的内因。

第七节 "离经叛道"的语用现象

在运用语言规则时,经常会出现偏离语言规则和思维常规的现象,这种现象我们称之为"离经叛道"。"离经叛道"的语用现象,有的具有活力,具有弹性,具有张力;有的是语病,是规范的对象,需要现代语言学作出合理的解释。

老师考学生,让学生填空:"鲁迅是＿＿＿＿人。"答案五花八门:"鲁迅是中国人";"鲁迅是浙江人";"鲁迅是绍兴人";"鲁迅是男人";"鲁迅是死人"。到底哪个是标准答案? 老师自己也说不清楚。

老师教小朋友唱《四季歌》:"郎呀,咱俩本是一条心。"一个小朋友站起来反驳:"老师,不对! 狼是坏东西,我们不能跟它一条心!"老师没有考虑到小朋友的年龄特点,他们只懂"大灰狼"的"狼",而不懂"郎君"的"郎",因为小朋友们还没有到理解"郎君"的年龄。

郑和航海600周年的时候,家长问孩子:"郑和是谁?"孩子答道:"郑智化的哥哥,也可能是郑少秋的弟弟。"

老师让小朋友用"难过""如果""天真""十分""从容"造句,小朋友造出的句子令人惊讶:

我家门前的小水沟难过。

 孙汝建《话语的规范与创新》,《时代文学》2007年第十一期。

罐头不如果汁好吃。

今天真热,是游泳的好日子。

妹妹的数学只考了十分,真丢脸。

我做事情,都是从容易的做起。

老师没有交代用来造句的是短语还是词,也没有交代是什么词性,学生造出这样的句子也不能算错,反而看出他们的创造性。

老师让学生默写成语"默默无闻""依依不舍""天长地久""莫失良机",学生写出了下列广告用语:"默默无蚊"(推销蚊香)"衣衣不舍"(推销时装)"天长地酒"(推销酒类)"莫失良鸡"(推销炸鸡)。显然,这都是广告搞的鬼。

小学一年级有篇课文《祖国的森林》,课文中有这么一句话:"你看,黄莺在愉快地歌唱。"有个小学生问老师:"老师,这里为什么用'愉快'而不用'高兴'啊?"老师对这突如其来的提问一时慌了手脚,就反过来问学生:"同学们,你们说这里用'愉快'好呢,还是用'高兴'好呢?"同学们异口同声地说:"用'愉快'好!"老师对提问的小朋友说:"你看,大家都说用'愉快',还是用'愉快'好吧!"老师本身没有讲清"愉快"与"高兴"的差异,而是用表决的方式来解决问题。

下课之前还有时间,老师与学生互动。老师问学生:"同学们,《东郭先生和狼》这篇课文,你们还有什么问题要问吗?"一个小朋友举手问:"这只狼也真是的,干吗一定要追着吃东郭先生呢?驴子的肉不也很好吃嘛!"老师被问住了,只得把皮球踢给其他学生:"其他同学有没有不同意见?"几只小手纷纷举了起来。有的说:"也许狼觉得东郭先生的肉比驴子的肉嫩。"有的说:"驴子是东郭先生的,狼先吃了东郭先生,再吃驴子不就容易了嘛!"有的说:"如果狼先吃了驴子,课文的题目就不能叫《东郭先生和狼》了,应该叫《东郭先生和驴》。"有的说:"这是一则寓言故事,里面肯定讲了一个什么道理,老师,能不能问问作者本人?"老师慌了手脚。

练习课上,老师说:"现在默写30个字,全写对了,得100分,看谁能得满分。但是写错一个字要扣5分,所以,要特别细心。"学生说:"老师,不对吧,按你的算法,如果写错了一个字扣5分的话,满分应该是150分吧,怎么会是100分呢?"老师说:"识字是阅读的基础,也是写作的基础,写错了一个字扣5分,是为了引起你们的重视,这样扣分也比较方便。识字重要,分数有什么重要的?"学生反驳说:"识字重要,算术也很重要,算法不对,要实事求是。再说,分数对老师不重要,但是对我们很重要,我们的分数要给爸爸妈妈看的,考得不好,爸爸妈妈要怪我们的。"请问,老师是不是要按客观规律合理安排分数呢,不然怎样培养学生的科学精神呢?

学生写作文乱用"而"字,老师给他写了这样的批语:"该'而'不'而',不该'而'而'而',而今而后,而已而已!"学生感到很吃惊:"我不到一百个字的作文才用了21个'而',老师的批语一共只有17个字,就用了9个'而',他到底是我的老师啊。"

督学到学校巡视,与学生交谈,随口问道:"你知道阿房宫是谁烧的吗?"学生一脸惶恐,连声说:"不是我烧的,不是我烧的。"督学把此事通报了校长。校长虽不懂"阿房宫"到底是怎么回事儿,但他很平静地说:"鄙校学生一向诚实,既然那个学生说不是他烧的,就一定不是他烧的。"督学盛怒之下,写了一封信给教育局局长,禀明原委。局长即刻复函:"烧掉就算了,再拨经费重建阿房宫。""学生""校长"和"局长"都不理解"阿房宫"为何物。

大学校园流行这样的公式:

大学生＝吃饭＋睡觉＋谈恋爱

猪＝吃饭＋睡觉

所以　大学生＝猪＋谈恋爱

以上推出　大学生－谈恋爱＝猪

即　大学生不谈恋爱的都是猪

同理得出　猪只要谈恋爱就可以变成大学生

所以　大学＝大型猪圈

老师＝养猪专业户

"例不十,不成律",这足以说明在汉语教学过程中,学生确实会出现"离经叛道"的现象。由此可以引发我们的思考。

思考一:教学可以相长

教师是培养学生的,但是,学生有时也可以培养教师,这叫"教学相长"。学生提出的问题,有的是"人人眼中有人人心中无"的,有的是富有创造性的,有的是具有丰富想象力的,有的是幼稚无知的。问题是,教师如何引导,如何保护学生的创造性和想象力。

思考二:教师对汉语现象要认真研究

从教学和科研的关系来说,教学是培养学生的,科研是培养教师的。讲到科研,很多教师有畏惧感,认为研究是学者的事儿。其实不然,复旦大学前校长、著名修辞学家陈望道先生说,饭没有煮熟,是火候不到,还是水放少了,可以思考一下,这就是研究。当然,这只是粗浅的研究。如果能用系统的理论和方法对汉语现象进行研究,那就更好了。要把汉语现象放到社会、文化、心理语境中去加以研究。要研究教材,研究学生,要激发和保护学生的创新思维。

汉语教师科研水平的高低,主要是看能不能吃透汉语现象,吃透教材,吃透学生。汉语教师科研水平的高低,还要看高水平的科研成果,高档次的科研课题,高层次的科研奖项。只要是汉语教师,都要会写文章,写文章就如同住宾馆,住宾馆讲究"星"级,文章也讲究"新"级。这个"新"就是创新的"新",假如一篇文章有新观点、新理论、新方法、新角度、新语料,就达到了五"新"级,就如同住进了五星级宾馆。当然,这是高标准,但是不管怎样,总得有一"新"。文章有大、中、小之分,小文章是练笔的,大文章是扬名的,中文章既可以练笔又可以扬名。写文章总得由小而大,汉语研究也是如此。

思考三:因势利导,加强创新思维训练

学生出现"离经叛道"现象的时候,我们可以因势利导,加强创新思维训练。

有一位老师让学生做游戏,在相应的题目后面用电影名或成语去填空。有的学生运用拈连中的义连手法写道:

课堂提问:《哑女》《哑姑》

老师来了:《这里的黎明静悄悄》

班主任:《垂帘听政》

数学课:《R4之谜》

化学课:《精变》

语文课:《老北京的叙说》

外语课:《天方夜谭》

美术课:《赤橙黄绿青蓝紫》

生物课:《血凝》

自习课:《大闹天宫》

考试前:《顾此失彼》

考试后:《莫斯科不相信眼泪》

宣布成绩:《悲惨世界》

家长会后:《今夜有暴风雪》

转学后:《勿忘我》

有的学生写道:

最遥远的地方:天涯海角
最荒凉的地方:不毛之地
最悬殊的区别:天壤之别
最反常的气候:晴天霹雳
最昂贵的稿费:一字千金
最宽阔的胸怀:虚怀若谷
最绝望的前途:山穷水尽
最高的巨人:顶天立地
最难做的饭:无米之炊
最短的季节:一日三秋
最困难的恢复:万劫不复
最长的寿命:万寿无疆
最有学问的人:博古通今
最长的腿:一步登天
最快的速度:风驰电掣
冲得最高的气:气冲霄汉
最吝啬的人:一毛不拔
最艰难的争辩:理屈词穷
最快的流水:一泻千里

再如:

林肯在学校读书的时候,有一次考试,老师问他:"林肯,你是愿意考一道难题呢,还是考两道容易的题呢?"

"考一道难题吧。"

"好吧,那你回答。"老师说:"蛋是怎么来的?"

"鸡生的呗!"林肯答道。

"鸡又是从哪里来的呢?"

"老师,这已是第二个问题了。"林肯说。

这种"离经叛道"充满了智慧。

一个学生问老师:"老师,咸鸭蛋是从哪里来的?"老师回答:"是鸭蛋用盐腌的。"学生说:"不对,是咸鸭子生的。"再问一个问题:"老师,一加一等于几?"老师不敢回答,以为又是脑筋急转弯。学生说:"算了,那么,'太平洋'中间是什么?"老师说:"我问一下地理老师再告诉你。"学生说:"不用了,'太平洋'中间不就是'平'吗?"

又如,交通安全周期间,老师组织学生为某个城市的交通部门写交通安全标语。一个学生写道:"阁下驾驶汽车,时速不超过三十里,可以欣赏本市的美丽景色;超过六十里,请到法庭做客;超过八十里,欢迎光临本市设备最新的医院;上了一百里,祝您安息吧!"这与通常的交通标语相比,"离经叛道"艺术手法的运用,使交通标语不同寻常。

我们除了对学生进行正规训练之外,也可以进行类似的训练。《恶魔的辞典》对所有词条的解释全是"离经叛道"的,但充满着智慧,因此在词典史上独树一帜。

思考四:学会探究性学习

学习是从"未知"到"知"、从"不会"到"会"、从"没有"到"有"、从旧的"有"到新的"有"的过程。"未知""不会"和"没有",可能是所有人都"未知"、都"不会"、都"没有",也可能是别人"已知""已会""已有",只是自己"未知""不会""没有"。

长期以来学生所习惯的学习过程是通过教材、教师把别人"已知""已会""已有"的东西传授给自己,通常的做法是,在教师的训练下一步一步靠近现成的答案,或者干脆等教师把答案告诉自己之后,花工夫背下来;再就是跟着教师按设定的模式反复操练,逐步掌握由别人设计好的技能和方法。这样的接受性学习当然是需要的,但是,它产生的"被动性"、一定程度的"强制性"和"简单重复性"等不利因素,也是需要加以改变的。《基础教育课程改革纲要(试行)》指出:要"改变课程实施过程过于强调接受学习、死记硬背、机械训练的现状,倡导学生主动参与、乐于探究、勤于动手,培养学生搜集和处理信息的能力、获取新知识的能力、分析和解决问题的能力以及交流与合作的能力"。对学生进行"离经叛道"的训练,是学生主动参与、乐于探究、获取新知的一种训练方式。

第八节 正偏离和负偏离

言语是对语言的运用,言语必须符合语言结构规则,同时又允许出现偏离,这种偏离有正负之分,正偏离是言语创新,负偏离便是语病。言语创新是积极的,它是对语言结构规则的补充;语病是消极的,是规范的对象。言语对语言规则的正负偏离从本质上来讲是言语创新和语病之间的矛盾,以往对此类问题的研究只限于语法和修辞矛盾关系的研究,这与其说是语法和修辞的矛盾,还不如说是言语的正负偏离之间的矛盾。

"零度"是常规,就是一般的、常规的、规范的形式,中性的不带有任何修辞色彩的形式。[23] 偏离是指说话人对已有的、人们掌握的语言常规进行改变,从而打破接受者头脑中已建立起来的对常规型的一种期待。偏离有正负之分,文学作品中有许多非常规的句子,但这些非常规的句子是作者有意为之的艺术佳句,艺术佳句是对语言的正偏离,语病存在于语言的负偏离中。考虑一个句子是不是语病,当然有许多制约因素。[24]

人的思想情感具有无限性、具体性和复杂多变性,但语言的表达却是有限的,要解决这两者之间的矛盾,就必然在常规中寻求突破,那么语言运用中产生偏离就在所难免。偏离有正负偏离之分,正偏离是出于特殊的需要从而打破传统常规,赋予事物以新的文化内涵的变异;负偏离则是一种不规范的语言,是各种各样的语病,它同人们的现实、文化和心理相矛盾,是表达失误造成的不真实、不合常规或对传统文化的偏离。

正负偏离之间可以相互转化,负偏离的长期使用可能变成规范形式。区分正负偏离的标准是是否合乎语境,语境能使一些词语、句式突破社会习惯和语法规范的制约,超越常规,获得一种崭新的意义,具有特殊的表达效果;也能使一些负偏离转化为正偏离,实现语言的艺术性。艺术语言与语法病句在形式结构上具有相似性,但人们可以通过思维基础、表达模式、表达效果、语体风格去辨析。对于艺术语言,我们要用心灵去解读,而不能从字面上来理解;而对于语法病句,我们要用理性的目光去审视,就会发现语病所在。

言语对语言规律的突破不是无限的,语言能对言语的变化起到一种制约作用,就是语言在受到相关因素的作用时,语言内部存在着相应的自我调适能力和向外延伸力。

(1) 句法的合格性因素。一个合格句的形成是许许多多的语言规范对之制约的结果,所有的语言规范都能得到满足的句子才是我们语言学中的句子。违反这一因素的语病是指从句子表面通过与语法规范的对比就可以发现的错误,包括两类:一类是句法上的语病造成不准确甚至相反的理解;另一类是不影响句子的理解甚至能提高表达效果的偏离。

---

[23] 王希杰《修辞学通论》第185页,南京大学出版社1996年第一版。
[24] 王芬《现代汉语语病的三个平面分析》,南京师范大学汉语言文字学专业硕士论文,2005,导师孙汝建。

（2）语义的情理性因素。违反语义因素的语病是句子成分之间超出了语义选择限制,也分为两类:违反情理性要求的同时造成理解失当的语病,虽违反了情理因素却达到特殊效果的偏离。

（3）语用的有效性因素。违反这一因素的表现是说话人言语交际中使用了语言符号正确的句子,但不自觉地违反了人际规范、社会规约,或者不合时间、空间,不看对象等,这种性质的语病就是语用上的语病。

（4）语用是句子正误的终极标准。句法上的语病和语义上的语病并不一定全部是错误的,只有语用上的语病才是我们研究的对象。我们的研究对象是在语用中消极地背离规范标准产生的语病,包括三个部分:一是违反语用规范的句法上的语病;二是违反语用规范的语义上的语病;三是违反语用规范的常规句子。

语言的发展中有这样一种情形,即曾经被判为不规范的语句得到越来越广泛的使用,如20世纪50年代就受到批评的"恢复疲劳""打扫卫生"等。又如"泡桐是我国生长最快的用材树种之一",有文章分析:"此句属于典型的不合逻辑的病句。既然是'最快',就不会是'之一',因为'最'是副词,表示某种属性超过所有同类的人或事物。"但这种用法现在已经非常普遍。

目前有些语言学家对广告中采用破坏固有成语的方式持有异议,认为这种广告会对人们,尤其对青少年产生误导作用,不利于成语的发展,这是不无道理的。但是应当承认的是,这种对固化成语的偏离使用符合人们的认知特性,既然人们有能力理解广告的制作意图并且接纳它,说明它还是具有存在的可能性和必要性的。这些足以说明规范标准和语用实践的游离性。

其实规范与不规范是相对而言的,它们处于变化之中,尤其是那些中间状态表现得更加明显,这种变化可表示为A—C—D—E—F—B。A是规范的一端,B是不规范的一端,C—F处于变化之中,随着时间的推移,可能进入A系统,也有可能进入B系统。我们确定某些语言现象是否规范时不能全从语言学家总结的规律或一般的逻辑事理去衡量,语言是动态的发展的,有发展就有变化,没有发展就会僵化,有许多变异可能代表语言发展的方向,不能一概否定;语言是客观的,不能用先验的"理想"去套;语言是复杂的,有些现象可能暂时解释不了,但不一定是错误的。新的现象的出现,往往是个别人或个别集团的人开始使用,最初肯定是不规范的。我们在研究汉语规范化时应注意从动态的角度,以灵活的观点去观察,判定语言现象。要把"合语法的句子"与"可接受的句子"区别开来。"可接受的句子"是一个语感问题,而"合语法的句子"是一种理论推导的逻辑结果。

第九节 "山内观山"和"山外观山"

西方有一位语言学家是搞语义的,他说宁可去坐牢,也不搞语义,因为语义太复杂,不好搞。其实,语用也不好搞。"搞"来自西南方言,后来进入普通话,它的搭配能力很强。如,搞教学、搞科研、搞人事、搞运动、搞小动作、搞杯酒、搞支烟、搞张票、搞噱头、搞笑、搞鬼、搞人、搞女人、搞男人、搞对象,等等,几乎无所不能"搞",唯独汉语不好"搞"。汉语的语用现象有很多是"人人眼中有人人心中无"的,碰到无法解释的语用现象,就往贴有"约定俗成"字条的垃圾箱里扔。其实,与其说它是垃圾箱,还不如说是八宝箱,因为其中的许多语用材料(语料)不是"废"而是"宝"。现代语言学的特点之一在于它的解释性㉚,发达的语言学理论在于它能解释更多的语用现象,在于"变废为宝"能力的提升,在于解密"约定俗成"这只箱的科学性。下面不妨打开"约定俗成"这只箱,奇妙的语用现象令人深思。

带"多"的汉语问句,只能"从大不从小"。"你今年多大了"不问"你今年多小了","这条路有多宽"不问"这条路有多窄","电话线有多长"不问"电话线有多短","离车站有多远"不问"离车站有多近","他个子有多高"不问"他个子有多矮","问你爱我有多深"不说"问你爱我有多浅"。

"东、西、南、北"表示方位,可以单用,也可以组合起来表示方位,如"东南""西南""东北""西北",但不说"南东""南西""北东""北西"。

一般认为,"不"和"没(有)"都表示否定,"不"表示主观的否定,"没(有)"表示客观的否定。其实,"不"和"没(有)"未必表示否定。"教室里好热闹"和"教室里好不热闹"意思是一样的;"开会之前来找我"和"没(有)开会之前来找我"意思也是一样的。用了否定词"不""没(有)"也未必表示否定,守门员说"球差点儿没进"是说球进了;不用否定词也可以表示否定,射门员说"球差点儿进了"是说球没有进。

"救命"是把人救活,"救火"不是把火救活,而是把火救灭。

"戒烟"是把烟瘾戒掉,"戒指"不是把手指戒掉。

古代汉语中的"短小精悍"是形容一个人个子矮但很有精神,现在不能这样讲,否则会伤感情的,除非是开玩笑,这个词经常用来指文章。

茅盾《白杨礼赞》中的"白杨",象征了北方农民的质朴与坚强不屈,但"白

㉚ 传统语言学的特点是规定性,结构语言学的特点是描写性,现代语言学的特点是解释性。

杨"在中国古代是象征"悲伤"的,古人有"白杨多悲风"的诗句,古人在坟墓旁边栽上白杨表示对逝者的怀念。

"嘴"本来是指鸟的嘴,后来用于指其他事物,如茶壶嘴。再后来用于人,如,"亲嘴""他是乌鸦嘴"。现在用"口"来计量人,如,"三口人""几口人"。但是,"嘴"和"口"在语用上有差别,日本学者写了一篇论文《亲嘴是亲谁的嘴?》就不能说《亲口是亲谁的口?》;"你亲口讲的"不说"你亲嘴讲的";"你家有几口人"不说"你家有几嘴人"。但是,有时形容一个人生气,就说"他脸不是脸,嘴不是嘴的"。

"星星还是那个星星,月亮还是那个月亮,山也还是那座山哟,梁也还是那些道梁,帘子是帘子,缸是缸哟,爹是爹来娘是娘……"这是电视连续剧《篱笆·女人和狗》主题歌《篱笆墙的影子》中的一段唱词,表面看来像是废话,其实不然。

"我圆圆地画了一个圈儿","圆圆"在句法上做"画"的状语,但是,在语义上指向"画"(状语)和"圈儿"(宾语);"我热热地喝了一杯牛奶","热热"在句法上做"喝"的状语,但是,在语义上指向"我"(主语)和"牛奶"(宾语)。"我们战胜了敌人","战胜"在句法上是动补结构,"胜"指向"我们"(主语);"我们战败了敌人","战败"也是动补结构,"败"指向"敌人"(宾语)。"中国队大胜韩国队"是中国队胜,"中国队大败韩国队"还是中国队胜,韩国队不理解,认为中国队在胜败面前反正都是胜。

"吃饭"可以搭配,"喝饭"就不能搭配。"干饭"可以"吃","稀饭"只能"喝",我们可以说"吃干饭""喝稀饭",也可以说"吃稀饭",但不说"喝干饭"。"喝"跟具有"液体"特征的事物相搭配,它具有[+液体]的语义特征。"喝"搭配的是液体名词,如,"喝水""喝酒""喝汤"。"喝"也可以与具有[+流动]语义特征的名词搭配,如,"喝西北风"。但是在所有的风当中,只有西北风能喝,东南风、西南风、东北风都不能喝。

"吐痰一口,罚款两毛",那么擤鼻涕罚不罚款呢?校园里禁止抽游烟,站在校园里抽烟,禁止不禁止呢?

"我借他一本书","借"有[+向心]和[+离心]两个语义特征:具有[+向心]语义特征的"借"是内向的"借",是"借进来"的意思;具有[+离心]语义特征的"借"是外向的"借",是"借出去"的意思。"我借你一千元"可以是我借给你的,也可以是你借给我的,写借条时要特别留意。

在现代英语中,bank 有银行和仓库两个义项。The Bank of England(英格兰银行);a blood bank(血库)。但由于"银行"这一义项比"仓库"的义项更常见,于是,近年来现代汉语中便出现了"血液银行""生命银行""精子银行""道德银行""精液银行""皮肤银行""眼球银行""心脏银行""人才银行""水牛银行""牙齿银行"等,这些词语讲起来很别扭,中国人更习惯于用"血液库(血库)""精子库""眼球库""精液库""人才库"等。上海有一种叫做"催乳冲剂"的中成药很畅销,有关部门根据药的组成成分命名为"复方海螺冲剂"之后,顿时成了滞销货,名称不太让人好接受。

"少年""青年""中年""老年"是模糊词语。如"青年"一词就是模糊的,40岁左右的作家叫"青年作家",45岁的语言学家叫做"青年语言学家"。《中国社会科学院青年语言学家奖章程》中规定:"在适当的时候,45周岁改为40周岁。"在这里,"青年语言学家"的年龄是人为规定的,并且还可以调整。

汉语中有许多"潜词"。"美籍""菲籍""华裔""亚裔"等词都是我们已经见到的并实际在使用着的词。"尼籍""阿籍""南籍""古籍""保籍""匈籍""罗籍""捷籍"等也都是词,虽然我们不经常听到,但不能轻易扣上"生造词"的帽子。这些"潜词"是大量存在的,只不过是没有进入语用或者语用频率不高。"小小说""超短小说""千字小说""一分钟小说""微型小说""米粒小说""拇指小说""瞳孔小说"指的是同一对象,只是使用的场合和出现的频率不同而已。有的汉语词语可以类推,如,"大嫂""军嫂""空嫂"(飞机上的服务员)"地嫂"(地铁里的服务员)。有的不能类推,如,"校长""院长""系主任"(不叫系长);不能从"倒爷"类推出"倒妹""倒叔""倒侄""倒婶""倒孙""倒弟";也不能从"煤倒"类推出"电倒""水倒""书倒""人倒""鞋倒""袜倒"。有人问:"你们知道为什么只有美圆才被叫做'美金',却从来没有听说过有叫'英金''法金'?""潜词"有两种情况:一是社会上还没有出现与"潜词"相应的事物,一旦这种事物出现,相应的"潜词"就开始启用了,逐步变成"显词";二是已经出现了与"潜词"相应的事物,使用频率不高,一旦使用频率高了,就会变成"显词"。"潜词"在变成"显词"的过程中,有规范不规范的争论,这要靠语用来检验。

骂人为什么骂"二百五",不骂"二百四",也不骂"二百六"?"溜须拍马"是形容人的,为什么与马有关系?马路上不跑马,为何称"马路"?"立刻""立马""马上"是同义副词,与"马"有什么关系?脸盆也可以洗手,为什么不叫手盆?为什么有脚盆,而没有手盆?

"把生产搞上去,把人口降下来"是宣传计划生育的标语,把它刷在火葬场的围墙上会产生不一样的效果。"文革"时期,西部山区经济很困难,山民不识字,用化肥袋做短裤,屁股后面写着"净重25公斤",前面写着"有效期两年"。为什么同样的话语在不同的语言环境中意义就发生了变化?

在不同的文化背景下对语言有不同的解读。普通话说"两个人抬了一头猪",有的方言(河北藁城话)却说"两只人抬了一位猪"。巴金的小说《家》写道:"鸣凤长着一副瓜子脸。"南方人说鸣凤很漂亮,北方人说鸣凤不漂亮。因为南方人常嗑西瓜子,而北方人常嗑葵花子。南方人认为鸣凤长着一副西瓜子脸,当然很漂亮,北方人说鸣凤长着一副葵花子脸,有什么漂亮的?

"批评与自我批评",在西方有人翻译成"你骂我,我骂你,最后自己骂自己"。中国学生穿了一套新西装,外国留学生夸奖他:"你的衣服很漂亮!"中国学生谦虚地说:"哪里,哪里。"外国留学生从上到下反复打量中国学生的全身,说:"全身都漂亮!"问题当然出在"哪里"上,外国留学生把谦虚用语的"哪里"理解成了方位。我教日本学生学汉语的招呼语,先教第一条规则,中国人在干什么,你就问什么,这就是汉语的招呼语。日本留学生立马学会了,看到同学泡开水就问:"泡开水呀?"看到同学理发就问:"理发呀?"看到同学上街就问:"上街呀?"第二次上课,日本留学生提出:"老师不对呀,我看到女同学在上厕所,我上前跟她打招呼'上厕所呀?'她没有理会我。"我说:"今天补充一条规则,碰到中国人隐秘的不便宣之于口的事情除外。"第三次上课,日本留学生又提出:"老师还不对,我看到王老师在散步,我跟他打招呼:'王老师,走路啊?'王老师纠正我说,应该这样讲:'王老师,散步啊?'为什么'王老师,散步啊?'是招呼语,'王老师,走路啊?'就不是招呼语了呢?"

不同的阶层有不同的话语。常人说"我要睡觉",西方中古时期的上层贵族小姐却说"我要把身体放到床上去"。常人说"我要打喷嚏",那些贵族小姐却说"我要用一下手帕"。她们把"胡子"说成"长在脸上的草",把"请坐"说成"让您满足椅子拥抱您的愿望吧"。喜儿被黄世仁强暴了,某个学者写论文,研究喜儿的心理状态,题目是《论杨氏之女在黄氏性骚扰境遇下的心态历程管窥》。

有人认为名称对于事物来讲完全是外在的东西,名称只是个符号,我看也不见得。"张小三"这个名字也没有什么不好,但是用于国家领袖,就显得不大气。假如有报道称:"某某国国家主席张小三出访美利坚合众国",听起来总觉得不顺耳。王二狗在抗洪抢险时壮烈牺牲了,有一篇关于他的报道,第一句话就是"王二狗烈士生于1964年10月15日"。编辑部讨论稿子。有人说,小孩子刚生下来就叫人家烈士,似乎不太好,于是改成"王二狗同志生于1964年10月15日"。又有人说,小孩子刚生下来就叫人家同志,好像还太好,再改:"王二狗生于1964年10月15日"。意见一致了,去征求王二狗家里人的意见,王二狗的母亲不同意,她说:"我们家二狗生下来是三个月以后才取名字的,生下来的那天并没有取名字啊。"

如何来分析语用现象?我去过两次庐山。第一次到庐山,是在庐山里面游庐山,确实对庐山没有什么整体的印象。第二次到庐山,是在庐山外面游庐山。我把两次游庐山的印象糅合起来,对庐山似乎有了一个更加全面的印象。当时,我就自然而然地想起苏东坡的诗句:"横看成岭侧成峰,远近高低各不同。不识庐山真面目,只缘身在此山中。"我把这种现象称为"苏东坡效应"③。

汉语研究不也存在着"苏东坡效应"吗?

汉语现象的研究不能仅仅局限于"汉语本体",要把目光投射到"汉语之外"。"汉语本体"是什么?是指汉语的语音、词汇、语法、语义,这是汉语的四个内部要素。"汉语之外"指什么?是指与汉语相关的边缘学科。与汉语相关的边缘学科有哪些?社会学、文化学、心理学、民俗学等都是。如果仅仅在汉语本体的"此山中"研究汉语现象,还不一定能真正认识汉语的"真面目"。汉语研究应该把"山内观山"和"山外观山"结合起来,才能揭示汉语规律的全貌。

汉语研究要走出"苏东坡效应"的误区。尽管有学者认为,"山内观山"是市中心的学问,"山外观山"是郊区的学问,但是,不管是"市中心的学问"还是"郊区的学问",既然都是学问,就都可以研究,不妨在郊区呼吸着新鲜空气、看看市中心,也许会另有一番风味儿,说不定会发现市中心的一些问题,说不定会走出"苏东坡效应"的误区。其实,学问没有固定的做法。你如果想从事汉语研究的话,最好是把"山内观山"和"山外观山"结合起来。

"山内观山",就是要熟悉汉语的大街小巷和门牌号码。"山外观山",就是要走访汉语的左邻右舍,从人文社会科学的角度看,就是要从社会学、文化学、心理学、民俗学等不同的学科研究汉语现象。

汉语研究只有把"山内观山"和"山外观山"结合起来,才能走出"苏东坡效应"的误区。

---

③ 孙汝建《修辞理论与修辞方法》,(韩国)新星出版社2002年4月第一版。该书"自序"指出:语言研究中存在着"苏东坡效应"。"不识庐山真面目,只缘身在此山中。"心理学将这种现象称作"苏东坡效应"。以往的语言研究,仅仅局限于语言结构体系本身,只是"山内观山",这样做并不能真正认识语言的"真面目"。要开辟语言学的"又一村",必须立足于"山外观山",立足于语言学与其他相关学科的接缘地带,从边缘学科来探索语言学的规律。"山外观山"有时不免会使语言学"横看成岭侧成峰",但从多角度多层面透视当代语言学,对全面科学地揭示语言及其使用规律,不失为一种重要的研究视角,这也符合当代语言学发展的接缘性趋势。

第十节　语用与汉语语病学

王希杰指出:"病句评改严格说,到目前为止,还算不上一门学问,从未有人对它进行科学上的思考:对象、任务、方法,确定病句的标准,修改病句的原则……这些重大问题从未有人认真讨论过。"㉜建构语病学是一件很有意义的工作,但是也有许多问题值得研究。

汉语语病学的建立可以弥补传统语病分析的不足。传统的语病分析只研究语言文字病,它仅从语言结构规则本身确立语音规范、语汇规范和语法规范,比如在语法规范上,简单分出词类误用、搭配不当、成分残缺、语序颠倒、句式杂糅等病类,这些病类病得明显、病得简单,并将语病限制在语言结构符号体系之内。而现当代语言学将言语也作为语言学的重要研究内容,与此相应,语言规范的对象不仅仅是语言,同时也包括了言语,顺理可推语病学应该既研究语言病又要研究言语病,这才顺应了现当代语言学的发展趋势。

汉语语病学拓宽了神经语言病理学的研究视野。神经语言学的研究对象是人类神经系统与人类自然语言的形成和理解之间的关系,以及在这些方面的病理障碍。神经语言学中的神经语言病理学是研究与大脑神经系统相关的语言错乱现象,有人因此提议叫失语症学。我们所建构的语病学除了研究失语症外,还研究因违背语言规则和言语规律而产生的正常人的语言病和言语病。从这一点上讲,语言病理学有着更广泛的社会实用价值。

汉语语病学从更广阔的语境中确立规范标准,为人们能动地利用语言规律和言语规律进行言语创新以及有效地防治语病提供了理论依据。在特定的语境中,有语言病的语句有时未必有病,如"糕糕、糖糖"之类作为儿语,让小孩儿讲出就显得自然,让成人用来交际就有语病。有时无语言病的语句在特定语境中也可患上言语病,"你长得很苗条"这句话对于青年女性来说是一句恭维话,并无语言病,但对于孕妇来说无疑是一种讽刺,这种不得体的话语就患了言语病。又如,"麦浪"是新造词,而"蠹耷"是生造词。语病学将语境作为语言规范的重要参考项,更多地从动态交际的角度衡量言语现象是否符合规范,为言语的正负偏离提供了理论解释,为人们能动地运用语言进行言语创新提供了依据。

汉语语病学跳出了传统语病分析的圈子,将视角指向所有运用语言的人

㉜　王希杰《病句生成学》,《汉语学习》1989 年第三期。

（包括正常和非正常的人）。由于视野的开拓，研究内容的丰富，需要语言学、言语学、神经语言学、社会心理语言学等学科的研究者共同参与研究。在学科性质上，语病学是以上学科相接缘的产物。

由于语病学的研究对象是正常人的语言病、言语病和非正常人的失语症，与此相应，语病学的基础理论是语言规范理论、言语理论、神经语言学理论，这三大理论奠定了语病学的理论基础。此外，转换生成语言学理论、社会心理语言学理论、文章学理论都会不同程度地对语病学起作用。至于研究方法，应根据研究对象的不同而变化，如对语言病可采用统计法对语病类型出现的频率进行研究；对言语病可置于动态交际的语境中加以检验。但从总体上来讲，语病学的研究大体可从以下几方面着手：一是在句法、语义、语用的层面上研究语病生成的句法规则、语义规则、语用规则，研究表层语病和深层语病的转换关系，这种研究是语言学因素的研究；二是研究非语言的因素，研究听说者的主客观因素以及语境因素与语病之间的关系；三是用生理学和心理学的方法研究失语症和听、说、读、写、译方面的种种障碍。

第十一节　语用与语文教学

语文观是对语文现象、语文学科性质、语文教育的本质看法。语文和语文课程的性质，是语文观的核心问题。

看法一：语文观是千古谜题

对于"语文是什么""语文课程的性质是什么"的问题还有许多不同的看法。"语文"的内涵和外延是随着社会发展的需要而不断发展的，不可能是凝固的、封闭的。关于语文课程的性质和功能，里面既有学术的问题，也有一个体现国家意志的问题。因此，随着社会的发展，随着人们认识的深化，只要有语文课的存在，关于"语文"的内涵和外延的讨论很可能是没有休止的，语文的性质问题也会成为一个长期的话题。

看法二：关于语文的内涵和外延

语文是什么？"语"，大家都认为是指语言；"文"，有人说是指文字，有人说是指文章，有人说是指文学，有人说是指文化。也有人考证这门课程定名的由来，

---

③　教育部基础教育司组织、语文课程标准研制组编写《全日制语文课程标准（实验稿）解读》第34页，湖北教育出版社，2002年5月第一版。

认为"语文"是指"口头语"和"书面语"。其实,说"文"是指"文字",不可能是指一个个分散的字,它必然少不了"文章";说它是指"文章",写文章则离不开文字;说"语文"是指口头语和书面语,这书面语当然离不开文字和文章。这几种不同的说法,所指的内容还是差不多的。有分歧的可能是"文"该不该包含"文学"的问题。按上面提到的"文字说""文章说""书面语说","语"和"文"应该包含由语言文字包含的各种作品,文学作品自然应该包含其内。㉞

看法三:语文课程性质是多重的、有偏重的、有层次的

关于语文课程的性质,多年来人们提到过基础性、实践性、思想性、科学性、民族性、综合性,等等。可见语文课程的性质不是单一的,而是多重的。不过大家谈及的各种性质不是在同一个平面上的,是有偏重的,也是有层次的。通过一段时间的讨论,大家获得了比较接近的认识:语文课程性质的核心应该是工具性和人文性的统一。……语文课程"先实现工具性目标,后补充人文性内容",或者"首先突出人文性,而后再加强工具性",这两种想法都是不妥当的。工具性和人文性是结合在一起的,语文课程要同时实现这两方面的目标并不矛盾。㉟

看法四:语文素养和语文能力

通过九年的学习,学生应该具备基本的语文素养。这基本的语文素养内涵是丰富的,课程目标根据"知识和能力""过程和方法""情感态度和价值观"三个维度来设计展开。这里面体现了工具性和人文性相统一的思想,包含了扎实的基本功的培养和潜在能力与创新能力的开发。……有人问:什么是语文素养?为什么要提"语文素养"的说法?这些年来大家已经习惯于"语文能力"的说法,这里提"语文素养"有什么用意?"语文素养"和"语文能力"有什么实质性的差别?……"能力"是指人能胜任、能完成某项工作的自身条件(应该包括心理和生理的条件),重在"功用性"。"素养"是指通过长期的学习和实践(修习培养)在某一方面所达到的高度,包括功用性和非功用性。长期以来我们已习惯了的说法"语文能力"是指读、写、听、说的能力。《语文标准》所提的"语文素养"包括字词句篇的积累,语感,思维品质,语文学习方法和习惯,识字写字、阅读、写作和口语交际的能力,文化品位,审美情趣,知识视野,情感态

㉞ 教育部基础教育司组织、语文课程标准研制组编写《全日制语文课程标准(实验稿)解读》第32页,湖北教育出版社,2002年5月第一版。

㉟ 教育部基础教育司组织、语文课程标准研制组编写《全日制语文课程标准(实验稿)解读》第32—34页,湖北教育出版社,2002年5月第一版。

度,思想观念等内容。"语文能力"包含其中。㊱

看法五:语文教育的特点

语文课程具有丰富的人文内涵;语文课程具有很强的实践性;儿童学习母语重在感性把握;汉语言文字的特点对语文教育具有重要的影响。㊲ 语文教学本质上是语用教学,现代语文教学最显著的特征是语用教学,所有阶段的语文教学都是语用教学。㊳

看法六:五种语文观

关于语文观的讨论,人们先后提出了五种语文观:

第一,语文是语言、文学;

第二,语文是语言、文字;

第三,语文是语言、文章;

第四,语文是语言、文化;

第五,语文就是语言。㊴

我们提出的第六种语文观是:语文就是语言和言语。主要支撑观点如下。

1. 语文教育的内容包括语文知识和语文能力

语文知识包括语言知识和文字知识。

语言知识——语音、词汇、语义、语法等语言的内部要素。

文字知识——字形、字音、字义组成的记录语言的书写符号系统。

语文能力包括言语作品和言语能力。

言语作品——话语、篇章的表达与接受训练。

言语能力——听、说、读、写、译能力的培养。

2. 语文教育不应忽视以下隐含着的内容

语文教育还包括以下隐含着的内容:言语活动以及言语活动赖以进行的语境知识,言语活动涉及的生理、物理、心理因素,大语境中涉及的时代、社会、文化因素,小语境中的具体时间、地点、场合、交际双方、话题、情景等

㊱ 教育部基础教育司组织、语文课程标准研制组编写《全日制语文课程标准(实验稿)解读》第34—35页,湖北教育出版社,2002年5月第一版。

㊲ 教育部基础教育司组织、语文课程标准研制组编写《全日制语文课程标准(实验稿)解读》第38页,湖北教育出版社,2002年5月第一版。

㊳ 王元华《语文教学本质上是语用教学》,《语文建设》2008年第7-8期合刊。

㊴ 孙汝建《现代语文观与语文素质教育》第2页,景圣琪主编《大学语文》(素质教育版)所作的序言,重庆大学出版社2006年5月版。

因素。

3. 语文的学科性质不在同一个平面上

关于语文的学科性质，人们先后提出过语文具有工具性、人文性、实践性、思想性（载道论）、科学性、民族性、综合性等，语文课程的性质不是单一的，而是多元的。这些性质不在同一个平面上，有层次，有侧重。语言和文字主要体现了工具性，也体现了基础性、民族性、科学性；言语活动、言语作品、言语能力主要体现人文性；说和写的训练、话语、篇章的表达（说和写）与接受（阅读理解）训练，听、说、读、写、译能力的培养，主要体现人文性，也体现了语言运用的实践性、言语作品的思想性和民族性、各种训练的综合性和科学性。

4. 语文课程的主导性质应该是工具性和人文性的统一

如果说工具性体现的是功能本位的话，人文性就是体现的人本位，《语文课程标准》体现了工具性和人文性的统一，也就是体现了功能本位和人本位的统一。这反映了语文观从工具本位走向人本位的发展趋势。工具本位的语文教学已经有了很好的基础，但是它重知识轻能力。在素质教育的背景下，人本位语文教学的本质就是要重点探索运用语言的社会人与语言工具之间的关系，这是新旧语文观本质的不同。

5. 现代语文观对人本位的重视，顺应了语言学发展的趋势

语言是人类最重要的交际工具，可是打开语言学的著作，只见语言工具而人不见了。现代语言学不只是研究语言符号本身，语言和使用者的关系已经成为研究的主线。现代语言学一方面重视语言的社会性质、工具性质、文化性质、物理性质、生理性质等的研究，另一方面重视"使用者"所具有的各种属性的研究，因为"使用者"是社会的人，社会的人所具有的各种"人学"特性肯定会影响到语用。语言被人们使用，当然离不开具体的特定的语用环境，语用学就是要研究在特定情景中的特定话语，特别是研究在不同的语言交际环境下如何理解语言和运用语言。它从表达者和接受者的角度，把人们使用语言的行为看做是受社会规约的行为。现代语文观对人本位的重视，顺应了语言学发展的趋势，语文教育应从现代语言学理论中吸取营养。

1. 举例说明哪些汉语现象是"人人眼中有人人心中无的"。

2. 举例说明"离经叛道"的语用现象。
3. 举例分析汉语的社会、文化、心理内涵。
4. 区分正偏离和负偏离、语病的外因与内因。
5. 我们研究汉语语用现象,如何把"山内观山"和"山外观山"结合起来。

第七章

语用偏误与语用教学

参考文献

[1] 伍谦光.语义学导论[M].长沙:湖南教育出版社,1998.
[2] 何兆熊.语用学概要[M].上海:上海外语教育出版社,1989.
[3] 胡壮麟,等.系统功能语法概论[M].长沙:湖南教育出版社,1989.
[4] 何自然.语用学概论[M].长沙:湖南教育出版社,1988.
[5] 沈开木.现代汉语话语语言学[M].北京:商务印书馆,1986.
[6] 陈平.现代语言学研究——理论方法与事实[M].重庆:重庆出版社,1991.
[7] 余志鸿.现代语言学[M].延吉:延边大学出版社,1990.
[8] 中国社会科学院语言研究所"汉语运用的语用原则"课题组.语用研究论集[M].北京:北京语言学院出版社,1994.
[9] 许威汉.汉语学[M].广州:广东教育出版社,1995.
[10] 北京师范学院中文系汉语教研组.五四以来汉语书面语言的变迁和发展[M].北京:商务印书馆,1959.
[11] 布龙菲尔德.语言论[M].北京:商务印书馆,1980.
[12] 弗里斯.英语结构[M].北京:商务印书馆,1964.
[13] 费·帕默.语法[M].上海:上海译文出版社,1988.
[14] 奥托·叶斯柏森.语法哲学[M].北京:语文出版社,1988.
[15] 太田辰夫.汉语史通考[M].重庆:重庆出版社,1991.
[16] 费尔迪南·德·索绪尔.普通语言学教程[M].北京:商务印书馆,1980.
[17] 周礼全.逻辑——正确思维和有效交际的理论[M].北京:人民出版社,1994.
[18] 周斌武,张国梁.语言与现代逻辑[M].上海:复旦大学出版社,1996.
[19] 大河内康宪.日本近、现代汉语研究论文选[M].北京:北京语言学院出版社,1993.

[20]曹逢甫.主题在汉语中的功能研究——迈向语段分析的第一步[M].北京:语文出版社,1995.

[21]余志鸿.现代语言学——理论建设的新思考[M].北京:语文出版社,1994.

[22]刘坚.近代汉语读本[M].上海:上海教育出版社,1985.

[23]蒋绍愚.近代汉语研究概况[M].北京:北京大学出版社,1996.

[24]赵元任.汉语口语语法[M].北京:商务印书馆,1997.

[25]孙耀祖.教活 练活 考活[M].上海:上海学林出版社,1997.

[26]孙汝建.语气和口气研究[M].北京:中国文联出版社,1999.

[27]孙汝建.性别与语言[M].南京:江苏教育出版社,1997.

[28]孙汝建.现代语言学研究[M].香港:香港大名出版公司,1998.

[29]孙汝建,李树平.取名的学问[M].南京:江苏人民出版社,1989.

[30]孙汝建,陈从耘.言语技巧趣话[M].南京:东南大学出版社,1988.

[31]王德春,孙汝建,姚远.社会心理语言学[M].上海:上海外语教育出版社,1995.

[32]曲彦斌.中国民俗语言学[M].上海:上海文艺出版社,1996.

[33]高慎盈.社会心理效应透视[M].杭州:浙江人民出版社,1988.

[34]任骋.中国民间禁忌[M].北京:作家出版社,1990.

[35]司马云杰.文化社会学[M].济南:山东人民出版社,1987.

[36]祝畹瑾.社会语言译文集[M].北京:北京大学出版社,1985.

[37]朱曼殊.心理语言学[M].上海:华东师范大学出版社,1990.

[38]孙汝建.汉语语用学探索[M].北京:中国文联出版社,2001.